KB141343

불패의 리더
이순신

23전 23승,
전승 신화의 기록!

불패의 리더
이순신

윤영수 지음

하늘재

이순신과 21세기와의 대화

한국사 최고의 명장면

그것은 한국사를 넘어 세계사 명장면이었다.

"타앙-."

아침 해가 뜰 무렵, 기어코 적탄 한 발이 그의 왼쪽 옆구리로 파고 들었다. 둔중한 느낌이었을 것이다. 어쩌면 오랫동안 예감해오던 느낌 이었는지도 모른다. 휘청이는 그의 주변으로 아들과 조카, 그리고 부 장들이 몰려들었다.

"싸움이 급하다. 나의 죽음을 알리지 말라."

그의 마지막 당부는 그대로 지켜졌다. 싸움이 끝날 때까지 최고 지 휘관의 전사는 알려지지 않았고 조선 수군들은 기나긴 7년 전쟁을 승리로 끝냈다. 나중에 그의 시신이 처음 육지로 모셔진 곳에 자그마 한 사당이 하나 섰다. 이락사李落祠! 이순신이 최후를 마친 곳이라는 뜻이다. 그리고 또 나중에 현판이 붙었다. 대성운해大星殞海. '큰 별이 바다로 지다.'

그렇게 그는 역사의 바다로 졌다. 찬란한 빛을 품은 채…….

이순신의 죽음은 전투 도중에 벌어진 불행한 사고, 전사일 뿐이다.

아니다. 싸움은 끝나가고 살아나 봤자 선조가 핍박할 것 같으니까 몰래 전장을 빠져나가 산속에 숨어 살다가 실제로는 16년 후에 돌아가셨다.

무슨 소리, 이순신은 스스로 죽음 택했다. 살아남아서 역적으로 몰려 멸문지화를 당하는 것도 견디기 어려운 고통이지만 함께 싸웠던 부하 장수들과 병사들의 안전도 책임지지 못한다. 이순신을 역적으로 몰려면 함께했던 장수와 병사들도 역도로 몰아야 하니까! 그래서 차라리 내가 모든 걸 안고 가리라. 이렇게 생각했을 수 있다.

역사 속 한 인물의 최후를 두고 이렇게 많은 해석, 혹은 억측이 나오는 것, 그만큼 그의 생애가 우리에게 던지는 울림이 크다는 반증일 것이다.

1598년 11월 19일, 마지막 노량해전에서 장군은 순국했다. 그의 나이 쉰넷—기록으로 남은 이순신의 생애는 파란만장 그 자체였다. 서른 둘의 나이에 처음 무관으로 관직에 나가 변방을 떠돌았다. 훈련원 봉사 시절에는 특혜 인사를 두고 상관과 부딪혔고, 결국 이는 발포 만호 시절 그의 파직으로 이어진다. 복직한 후에도 조산보 만호 시절 녹둔도 패전의 책임을 지고 백의종군을 했으며, 전란 도중에도 그를 폄하하거나 탄핵하는 목소리들이 그치지 않았다. 급기야 삼도수군통제사 시절 임금을 능멸했다는 죄목으로 압송되어 죽음의 문턱을 넘

5

나들었다. 이 와중에 어머니가 돌아가셨고 기적적인 명량대첩 이후에는 스무 살짜리 그의 막내아들이 일본군과 싸우다 전사했다.

내가 너를 따라 죽고 싶다마는 아직도 네 어미와 네 형제들이 살아 있구나.
어디로 갔느냐 내 아들아, 오늘 하룻밤이 마치 일 년과 같구나.

쉰셋의 아버지는 삼도수군통제사라는 직책도 잊고 막내아들의 죽음 앞에서 크게 울었다.
궁지에 몰린 적은 길만 열어달라 했다. 그냥 돌아가겠노라고, 심지어 뇌물 공세를 펼치며 이순신의 해상 봉쇄를 풀어달라고 애원했다. 전쟁 막바지, 조선 침략의 제1선봉장 고니시 유키나가 부대는 순천 왜성에 갇혀 있었다. 이순신은 적을 섬멸하려 했다. 단 한 척의 배도 단 한 명의 적도 살려 보내지 않으리라 맹세했다.

천지신명이시여, 이 적을 무찌른다면 당장 죽어도 여한이 없겠나이다.

자신의 최후를 예감이라도 한 걸까? 마지막 해전을 앞두고 그는 대장선 뱃머리에서 기도를 올렸다. 그리고 몇 시간 후, 그는 끝까지 전장을 지키다 최후를 맞이했다.

칼과 붓을 든 장수

이순신, 도대체 어떤 사람이었을까?

성웅이거나 혹은 영웅이거나, 이순신은 불행한 사내였다. 문관 대신 선택했던 무관의 길. 그의 벼슬살이는 순탄치 못했다. 마흔여덟의 나이에 전란을 맞았다. 노장이 겪어야 했던 전장은 고난의 길이었다. 비록 해전에서 연전연승을 거뒀지만 최고 지휘관 이순신의 나날은 단 하루도 편치 못했다. 그 자신 늘 몸이 아팠다고 기록하고 있다.

　－몸이 불편하다.
　－몸이 극도로 불편하다.
　－몸이 아파 앉아서 밤을 지샜다.

늘 불안에 시달렸던 탓일까? 이순신은 자주 꿈을 꾸었다.

바다 가운데 외딴섬이 달려와 눈앞에서 주춤 멈췄는데, 그 소리가 우레와 같아 사방에서 모두 달아나고 나 홀로 서서 그 광경을 끝까지 지켜보았다.

꿈에 원균과 함께 모였는데 내가 원균보다 윗자리에 앉아 음식상을 받을 때 원균이 즐거워하는 것 같았다. 무슨 영문인지 알 수가 없다.

첩 부안댁이 아들을 낳았다. 계산해보니 달 수가 아니므로 꿈이지만 쫓아버렸다.

육신은 병들었고 그의 심리도 늘 쫓기는 상태였다. 불행한 사내였다. 그래서일까? 자주 점을 쳤다. 점괘가 잘 나오는 날은 매우 즐거워했다. 성웅 이순신, 그 역시 어쩔 수 없는 한 인간이었던 것이다. 두려움도 많고 감정의 폭도 컸다. 원망도 숨기지 않았고 미움도 감추지 않았다. 평범했던 한 인간 이순신, 그런데도 그는 한 개인으로서 숱한 고통과 고난을 견뎌냈고 마침내 나라와 백성과 역사를 구했다. 《난중일기》를 분석해보면 이순신이 가장 잘하고 가장 자주 한 것이 활쏘기와 술 먹기 아닌가 싶다. 그런데도 그는 지금 우리가 가장 존경하고 좋아하는 역사 속 인물이 되었다. 무엇이 그를 이순신답게 했을까?

《난중일기》에 주목한다.

전쟁이 나던 해 임진년 1월 1일부터 당신이 전사하기 이틀 전인 1598년 11월 17일까지, 2,539일간의 기록 《난중일기》. 물론 그중에는 빼 먹은 날도 많다. 약 1,600일 정도의 일기만 지금 확인되고 있다. 또 그중에는 한 줄짜리 일기도 수두룩하다.

　－맑다.

　－비, 비.

　－맑았다가 흐렸다.

이런 일기도 적지 않다.

　－오늘은 아무 일도 하지 않았다.

－어제 몹시 취했다.

－여종 금이가 와서 자고 갔다.

일기란 것이 무엇인가? 한 인간의 가장 은밀하고 내밀한 기록이 아니던가? 이순신의 《난중일기》도 크게 벗어나지 않는다. 자신의 생얼굴을 가감 없이 드러내고 있다. 원균 등에 대한 비난과 조소도 그대로 표현돼 있다. 가족을 잃었을 때의 참담한 심경도 그대로 적고 있다. 나라를 걱정하는 마음도, 굶주림과 전염병에 시달리는 부하들에 대한 걱정도, 왜군에 대한 경계와 두려움도 모두 적고 있다.

약 13만여 자에 이르는 이순신의 《난중일기》! 하루 중 어느 순간만큼은 이 일기를 쓰기 위해 홀로 앉아 먹을 갈고 붓을 들었을 것이다. 바로 이 순간만큼은 자신과 만나는 시간이었을 것이다. 자신을 가장 깊숙이 들여다보고 정리해보는 시간……. 지금 나는 어디에 와 있는가? 어디로 가야 하며 무엇을 해야 하는가? 이 난관은 또 어떻게 극복할 것인가? 말하자면 이 일기를 쓰는 순간만큼은 깊은 사색의 시간이었을 것이다.

또한 이순신이 남긴 시詩를 살펴보면 무엇이 이순신을 이순신답게 만들었는지 짐작이 가능하다. 그의 시 중에는 "한산섬 달 밝은 밤에……"로 시작되는 〈한산도가〉를 비롯 〈수국가〉 등 여러 수가 전한다. 그런데 이순신의 시를 자세히 보면 무관이 쓴 시라고 보기 어려울 정도로 시가 굉장히 감성적이다. 그의 시어에 보면 저녁노을, 갈매기 울음, 파도 소리, 새벽 달빛…… 이런 시어들이 자주 나온다. 또한 나라 걱정하는 시들도 적지 않다. 보통 장수의 시라면 호연지기가 가장 먼저 느껴져야 할 텐데 이순신의 시는 아름다고 서정적이다. 어쩌면 이런 것이 아닐까? 사색과 독서를 통해 다져진 인문학적인 소양, 이를 바탕으로 한 인간에 대한 깊은 이해야말로 이순신과 그의 정신, 그의 리더십을 만들었을 것이다. 칼과 붓을 든 장수, 그가 바로 이순신이었고 그래서 이순신일 수 있었던 것이다.

이순신과 조선 수군의 전쟁

임진왜란 7년 전쟁은 조선이 이긴 전쟁이라고들 한다. 그 근거로 제시하는 것이 도요토미 히데요시의 야망이 무너졌다는 것이다. 도요토미는 전쟁을 일으키면서 내년 음력 설날 떡국은 중국의 자금성에서 먹겠다고 호언장담했다. 그러나 전선은 평양까지밖에 확대되지 못했고 전쟁 첫해 이후 평양과 서울에서 철수한 후 일본군은 오랫동안 남해안에 웅거하다가 결국 철수했다.

엄밀히 이야기하면 조선 백성이 견뎌내고 이순신과 조선 수군이 이겨낸 전쟁이라고 할 수 있다. 이순신과 조선 수군은 절대 열세의 전력 속에서 7년을 견딘 끝에 마침내 승리를 거두었다. 그것도 전승으로 이겼다. 세계 해전사에 유례가 없다고들 한다. 더 놀라운 사실은 7년간 단 한 척의 우리 판옥선을 잃은 적도 없다고 한다. 이것이 사실일까? 실제로 이순신 기록 어디에서도 조선 판옥선이 침몰했다는 기록을 찾을 수 없었다.

정말로 이런 기적 같은 승리가 가능했을까? 일본군이 누구인가? 지난 100년간 내전을 치른 전쟁 귀신들이 아닌가? 어느 심포지엄 자리에서 일본인 노학자를 만날 기회가 있었다. 그는 임진왜란 연구에 있어서는 일본의 권위 있는 학자였다. 지금은 나이가 많아 현직에서 은퇴했지만 여전히 임진왜란 연구에 몰두하고 있는 천생 학자다. 통역을 통해 그에게 궁금하던 것을 물었다.

"임진왜란과 정유재란, 일본에서는 '문록 경장의 역'이라 부르는 이 전쟁에서 일본군이 조선 수군을 단 한 번도 이기지 못한 것이 사실인지요?"

'문록 경장의 역'은 1910년 이후 임진왜란을 표현하는 일본의 공식 용어다. 문록은 1592년부터 1595년까지, 경장은 1596년부터 1614년까지 일본 천왕이 사용하던 연호다. 즉 문록과 경장 시대의 전쟁이라는 뜻이다. 어쨌거나 나의 이 무식하고도 직설적인 질문에 노학자는 나를 잠시 바라보더니 고개를 가로저었다.

"일본군이 조선 수군을 크게 이긴 싸움이 있습니다. 거제도 칠천량 전투입니다."

질문을 수정했다.

"일본군이 이순신의 조선 수군을 이긴 적이 있습니까?"

그는 말없이 고개만 가로저었다. 내친김에 또 물었다.

"이순신이 전승을 거뒀고 단 한 척의 판옥선도 잃지 않았다는데, 사실이라는 근거가 있습니까?"

잠시 주저하던 그가 말했다.

"문록 경장의 역에 대한 기록은 한국보다 일본에 훨씬 더 많이 남아 있습니다. 당시 일본군은 분대장까지도 전투 상보를 모두 보고했습니다."

노학자는 학자적인 양심과 역시 학자다운 표현으로 이순신의 전승을 인정하고 있었다.

이 책에 대하여

그렇다면 도대체 어떻게 이런 기적과 같은 승리가 가능했을까? 이 의문에 답하고자, 10여 년 전, 《불패의 리더 이순신, 그는 어떻게 이겼을까》라는 책을 출간하였다. 드라마와 다큐멘터리 대본과 원고를 쓰며 만났던 이순신, 특히 그의 해전을 상세히 그려보고 싶었다. 나름대로 이순신의 숨결과 조선 수군의 함성 소리를 생생하게 전달하기 위해 애쓴 책이었다. 역사학자의 시각이 아니라 영상물을 만드는 방송작가 입장에서 이순신을 되살리고픈 마음에서였다.

세월이 흘러 10년 전의 책은 이제 더 이상 출간되지 않고 있다. 앞으로는 헌책방에서나 가끔 만나려나 싶은 순간 출판사 측에서 다시 내자는 제안을 해왔다. 당연히 망설였다. 그러나 망설임은 오래가지 않았다. 여전히 이순신의 생생한 해전과 싸움에 임했던 그의 마인드와 리더십, 그리고 깊은 고뇌 또한 유효하다고 믿었기 때문이다.

10년 전 책을 접하지 못했던 더 많은 독자를 위해 부끄러움을 무릅쓰고 감히 세상과 장군 앞에 이 책을 내놓는다.

이순신 리더십과 승리의 비결을 만나는 것보다 더 중요한 것. 이순신 시대의 위기는 왜 왔는가? 위기의 징조는 무엇이었나? 도대체 당시 조상들이 무슨 짓을 했기에 그런 위기를 당했는가? 이런 것을 잘 따져보고 지금 이 순간에도 우리 안에서나 혹은 우리 밖에서 위기가 자라고 있는 것은 아닌지…… 해서, 위기를 미리 진단하고 예방하는 것, 이것이야말로 역사로부터 배워야 할 진정한 교훈이 아닌가 생각합니다.

지난 10여 년간 '21세기와 이순신 리더십'이라는 제목으로 수백여
차례 강연을 다니면서 한 마무리 발언이다.
  부디 이 책이 누군가에게는 용기와 자부심의 원천이 되기를 바라
는 마음, 간절하다.

2014년 첫여름
여전히 푸르른 장군의 바다를 바라보며

차례

|머리말| 이순신과 21세기와의 대화 4
　　한국사 최고의 명장면 | 칼과 붓을 든 장수 |
　　이순신과 조선 수군의 전쟁 | 이 책에 대하여

|프롤로그| 전야前夜 19
　　무너지는 산하 | 선조는 임진강을 건너고 | 20일간의 고뇌

1부 신화의 시작

1 옥포해전
　　1. 동쪽으로 쏜 화살은 동쪽으로 간다 30
　　2. 이겨본 자만이 이긴다 38

2 합포해전
　　1. 바람이 불 때 돛을 올려라 44
　　2. 여세를 몰아라 53

3 적진포해전
　　1. 적은 언제나 뒤에서 접근한다 56
　　2. 그래도 신중하라 63

4 사천해전
  1. 긴 활이 짧은 활을 이긴다 68
  2. 비책을 준비하라 78

5 당포해전
  1. 가장 견고한 곳이 가장 약하다 83
  2. 핵심부를 공략하라 91

  진해 앞바다 해전_신뢰가 힘이다 95

6 당항포해전
  1. 봄바람에도 꽃은 진다 97
  2. 자신의 행위가 끼칠 영향을 생각하라 105

7 율포해전
  1. 싸움은 나의 것, 전공은 그대의 것 110
  2. 전공을 내세우지 마라 118

8 한산대첩
  1. 주먹은 자신이 쥐는 것이다 123
  2. 그 누구보다 자신을 믿어라 132

2부 풀은 바람보다 빨리 일어난다

9 안골포해전
1. 야생동물은 제 키보다 큰 적을 두려워한다 142
2. 때로는 과시하라 150

10 부산해전
1. 전면전 없는 승리란 없다 156
2. 전면전을 피하지 마라 165

11 웅천해전
1. 자신을 공격해야 상대를 이길 수 있다 171
2. 자신을 공격하라 180

12 견내량 봉쇄작전
1. 적의 눈동자를 보면서 지켜라 184
2. 제1선에서 지켜라 192

    2차 당항포 및 진해해전_적을 격리시켜라 196

13 칠천량해전
1. 풀은 바람보다 빨리 일어난다 198
2. 적은 더 빨리 강해진다 207

    어란진해전_어려울 때 앞장서라 212
    벽파진 1차 해전_작은 적을 쫓으며 큰 적을 기다려라 214

14 벽파진해전

  1. 기적은 신뢰의 땅에서 생긴다 215

  2. 신뢰의 중심이 되어라 223

3부 장군의 길

15 명량대첩

  1. 밀집된 방패가 견고하다 230

  2. 힘을 집중하라 239

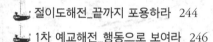 절이도해전_끝까지 포용하라 244

 1차 예교해전_행동으로 보여라 246

16 예교해전

  1. 승리는 굴욕의 눈물을 먹고 자란다 248

  2. 굴욕을 견뎌라 256

17 노량해전

  1. 바람 앞에 맨몸으로 설 때 비로소 인생의 주인이 된다 261

  2. 인생은 스스로 완성하는 것이다 269

|덧붙이는 글| 이순신의 리더십 275

전야前夜

무너지는 산하

1592년 음력 4월 13일, 기어코 일본군 16만 대군이 부산으로 쳐들어왔다. 단 한 줄로 기록할 수 있는 역사, 그러나 조선 역사상 최악의 위기가 시작되고 있었다. 16만 일본군이 부산에 모두 상륙하는 데에만 한 달 정도 걸렸다. 당시 부산항에 16만 명이 한꺼번에 접안할 부두 시설도 없었고, 또 일본군의 선박도 700척에서 900여 척밖에 되지 않았기 때문에 일본군은 부산과 대마도를 오가며 계속 병력을 실어 날랐다. 모두 9개 부대로 편성된 일본군, 한 부대에 1만 8,000명에서 2만여 명이었다.

맨 처음에 부산에 상륙한 부대는 고니시 유키나가 부대, 제2선봉대는 가토 기요마사 부대였다. 그리고 알려진 그대로였다. 부산진 첨사 정발 부대가 순식간에 무너졌고, 동래부사 송상현이 지키던 동래산성도 세 겹 네 겹으로 포위되고 말았다.

"우리는 명을 치려 하니 길을 비켜달라!"

동래산성 앞에 다다른 일본군은 나무판자에 전쟁의 명분을 적어

송상현에게 보였다. 송상현의 대답은 '쿨'했다.

"죽을 수는 있어도 길은 비킬 수 없다."

곧이어 일본군의 대공세가 시작되었다. 송상현의 지휘로 동래부의 민관군은 그야말로 결사적으로 싸웠다.

> 외로운 성에는 달마저 흐렸는데
> 옆 고을은 잠이 들었구나.
> 임금과 신하의 의리는 무겁고
> 부모와 자식의 온정은 가볍구나.

송상현, 〈절명시〉

동북쪽 성벽이 무너지고 일본군이 밀물처럼 동래산성으로 밀려 들어왔다. 부녀자들은 지붕으로 올라가 기왓장을 던지며 저항하기도 했다. 최후를 절감한 송상현은 조복으로 갈아입고 북향사배한 후 단정히 앉았다. 그리고 자신이 지키던 성에서 의연히 왜군의 칼날을 맞고 순국했다.

이후 일본군은 그야말로 파죽지세로 북상했다. 일본군의 전면 공격 소식이 전해지자 조선 조정은 글자 그대로 공황상태에 빠졌다. 일본군의 진격 속도가 너무나 빨랐던 것이다. 당시 조선 육군의 방어체계는 이른바 제승방략制勝方略, 즉 각 지역의 군사들을 약속된 장소에 집결하게 한 후 조정에서 지휘관이 내려오기를 기다렸다가 적에 맞서는 체계였다.

이전의 진관법은 요즘말로 하면 내 고장은 내가 지킨다는 체계였다. 그러다 보니 적에 신속하게 대응할 수는 있지만 방어 병력의 숫자가 적다는 단점이 있었다. 이를 극복하기 위해 조선은 제승방략을 취하고 있었다.

제승방략에 따라 대구 수성천 변에 조선군들이 모였으나 중앙에서 지휘관이 내려오기도 전에 일본군이 북상하자 뿔뿔이 흩어져버렸다.

조정에서는 즉시 이일을 순변사로 삼아 남하하게 했다. 이일이 누구인가? 이순신과 질긴 악연이 있는 인물이었다. 이순신의 조산보 만호 시절 녹둔도 패전의 책임을 뒤집어 씌웠던 바로 그 인물이 이일이었다. 그런데 이일이 데려갈 군사가 없었다. 급히 한양에서 군사를 모았다. 고관대작들의 종도 동원했다. 어중이떠중이가 모여들었다. 어떤 한량은 옆구리에 책을 끼고 왔다.

"그게 뭐냐?"

"책입니다."

"책은 뭐하게?"

"채, 책은…… 읽는 물건입니다요."

이렇게 급조된 군사들을 이끌고 상주 관아까지 내려갔으나 그곳에는 판관 한 명밖에 없었다. 모두 도망치고 없었던 것이다. 이일의 닦달로 판관은 인근 농민들을 주력으로 겨우 몇백 명의 군사를 모집했다. 전혀 훈련이 안된 그야말로 오합지졸이었다. 적은 쳐들어오는데 이일은 이들에게 기초 군사 훈련을 시켜야 했다.

"장군, 왜군들이 상주로 올라오고 있습니다. 거의 목전에 다다랐습니다."

농민 하나가 달려와 이일에게 급보를 전했다.

"그럴 리가 없다. 괜한 소리로 군사들의 사기를 무너뜨리다니, 군법으로 다스리리라. 당장 저놈의 목을 쳐라!"

이일은 중요한 정보를 갖고 온 농민을 처형해버렸다. 군사들 사이에는 사기 대신 공포감만 흘렀다.

다음 날 기어코 일본군은 쳐들어왔고 그들의 신무기 조총 앞에 상주군은 여지없이 무너졌다. 이일은 문경 새재 넘어 도순변사 신립 진영으로 도망가고 말았다. 이때 이일은 군복을 벗고 벌거벗은 채 도망갔다고도 전해진다.

전쟁 초기 조선 육군의 패배는 제승방략이 가진 한계와 허점을 여실히 보여주는 것이었다.

선조는 임진강을 건너고

이일은 새재를 넘어 충주로 도망쳐 왔다.

"이번의 적은 단순한 도적떼가 아니외다."

이일은 공포에 질려 있었다. 그는 그길로 한양으로 보고를 간다며 도망쳐버렸다. 신립도 적의 북상이 예상외로 빠르다는 점이 몹시 불길했다.

"장군, 험준한 새재에 진을 치고 매복합시다."

"아닐세, 충주 벌판에 진을 칠 것이네."

신립은 달래강을 뒤에 두고 너른 들판에 진을 쳤다. 이 대목에서 논란이 적지 않았다. 신립이 전략적인 실수를 저질렀다는 것이다. 참모들의 충고대로 새재에 매복을 해야 했다는 것, 그러나 이는 신립 부대를 잘 모르고 하는 평가일 수 있다. 당시 신립의 주력군은 기마병 5천이었다.

기마병이 어떤 부대던가? 넓은 들판에서 기동성 있게 저돌적으로 적진을 무너뜨리는 군대가 아니던가? 실제로 신립은 이 기마병으로 북방에서 여진족들과 숱한 전투를 치렀고 수많은 전공을 세운 바 있었다. 기마병을 산속에 매복한다는 것은 탱크 부대를 산속에 배치하는 것과 같은 것이었다.

신립의 배수진, 도망칠 자리는 없었다. 아마 신립의 기마병들도 사기 충전했을 것이다. 그러나 일부 기록에 보면 그날 비가 왔다고 전해진다. 왜군이 예상보다 빨리 새재를 넘어왔을 때 말밥굽이 진창에 빠져 기동성을 충분히 살리지 못했다고도 전해진다. 신립의 기마병도 일본군의 조총 앞에 버티지 못했다. 설령 날씨가 좋았다고 하더라도 결과는 크게 달라지지 않았을 것이다. 신립은 스스로 달래강에 뛰어들어 조선 장수답게 최후를 맞았다. 이후 조선 육군의 저항은 거의 없었다.

일본군은 부산에 상륙한지 딱 20일 만에 서울을 점령했다. 동대문을 통해 맨 처음 서울로 입성한 부대는 고니시 유키나가의 제1선봉대였다. 20일 만의 한양 점령! 있을 수 없는 일이었다. 지금도 부산에서 서울까지 걸어가면 보름쯤 걸린다. 도로 포장도 잘돼 있고 다리도 터널도 다 있는데도 족히 보름은 걸리는 길을 전쟁을 하러 온 일본군들은 형편없는 도로 사정인데도 20일 만에 한양을 점령한 것이다. 그만큼 조선 육군이 저항다운 저항을 못했다는 뜻이다.

일본군들은 지난 100년간 내전을 치렀기에 전쟁 공식이 있었다. 상대방 성만 차지하면 싸움이 끝난다는 것이었다. 이들이 조선에 올 때도 그렇게 생각했다.

"우리가 조선의 도성에만 들어가면 조선 왕이 나와서 항복을 할 것이고 그럼 이 싸움은 우리의 승리로 끝이 난다!"

그래서 고니시 유키나가와 가토 기요마사 두 부대는 부산에서 서울까지 마라톤을 하다시피 했다. 누가 먼저 조선 왕을 잡을 것이냐? 전쟁의 1등 공신을 위한 진격 대회였다.

결국 고니시 유키나가 부대가 가토 기요마사 부대보다 하루 먼저 한양으로 들어갔다. 동대문을 통해 들어선 한양, 그런데 고니시 유키나가 앞에는 뜻밖의 상황이 기다리고 있었다.

찾아보니까 조선의 왕이란 자는 도망을 가고 없고 백성들 저희들끼리 남아서 궁궐에 불을 지르고 난리가 나 있었다.

선조는 백성들을 따돌리고 빗속에 도성을 떠났다. 선조의 파천을 두고 조정에서 설왕설래가 적지 않았으나 선조와 대신들은 피난 외에는 방법이 없다는 것을 모두 알고 있었다.

"파천하오소서."

"아니 되옵니다."

어쩌면 명분을 쌓기 위한 논쟁이었는지도 모른다. 파천은 이미 정해진 바. 문제는 평안도냐 함경도냐? 어디로 가느냐였다. 이 역시 많은 논란이 있었지만 결국 선조의 의중대로 평안도로 결정되었다.

'여차하면 중국으로 넘어가겠다.'

이것이 선조의 복안이었다. 선조의 파천은 어떤 의미였을까? 일단은 나라를 살려야 한다는 절박감이었을까? 아니면 조선 백성이 다 죽는다 하더라도 임금과 선왕들의 신위만 살아 있으면 조선은 망한 게 아니라고 여긴 것일까?

그렇게 선조는 도성을 버리고 임진강을 건넜다.

20일간의 고뇌

일본군의 대규모 공격 소식은 전라좌수영에도 전해졌다.

전라좌수사가 된 이후 1년 2개월 동안 착실히 전란에 대비해온 이순신, 그러나 우려가 현실이 되자 그 역시 적잖이 당황했다. 전란 소식을 들은 이순신, 모두의 예상과 달리 그는 꿈쩍도 하지 않았다. 대신 바다만 바라보았다. 경상도 쪽에서 왜군의 침공 소식이 전해지자 이순신은 해남에 있는 전라우수영으로 급보를 띄웠다. 우수사 이억기가 함대를 이끌고 합류해주기를 바랐던 것이다. 그런데 기다려도 기다려도 이억기 함대는 오지 않았다. 조정에서도 출전하라는 명령이 없었다. 그러다가 마침내 4월 27일 조정으로부터 공문이 내려왔다.

왜적은 부산 동래를 함락시키고 밀양까지 쳐들어왔다고 한다. 경상우수사 원균의 장계를 보니 여러 포구의 수군을 이끌고 바다로 나가 적을 덮쳐 격멸시킬 계획을 세우고 있다고 하니…… 만약 네(이순신)가 원균과 합세하여 적의 배를 부수기만 한다면 적을 평정시키는 것은 일도 아닐 것이다…… 너는 각 포구의 전선들을 독려하여 거느리고 급히 달려가 기회를 잃지 않도록 하라.

원균과 합세하라는 명령, 4월 27일.

이에 이순신은 그날로 장계를 올렸다.

삼가 구원병 나가는 일로 아뢰옵니다…… 소속 각 고을과 포구에 모든 전투 기구를 잘 손질해놓고 명령을 기다리라는 공문을 보내

났습니다. 왜적들이 침입한 지 오래되었으니 적들은 지쳐 있을 것이고 전쟁 물자도 다 떨어졌을 것이니 적을 쳐야 할 시기는 바로 지금이라 하겠습니다…… 수군의 여러 장수들 중 보성 녹도 등에서 본영으로 오는 데는 3, 4일이 걸리므로 모두 집합하는 데 시일이 걸리겠지만 이달 29일 본영 앞바다로 집결하라고 명령했습니다. 이제 곧 경상도로 구원 나갈 계획입니다.

경상도로 구원 나가는 이순신의 장계, 4월 27일.

전란 소식을 듣고서도 20여 일이나 지나도록 출전하지 않은 채 여수의 전라좌수영에 머물고 있었던 이순신, 그동안 경상우수사 원균이 몇 차례 적이 쳐들어왔다는 공문을 보내왔지만 이순신은 군사를 움직이지 않았다.

이유가 무엇일까? 물론 공식적인 절차가 필요했다. 아무리 전란이지만 일선 장수가 함부로 군사를 움직일 수는 없었을 것이다. 명령 없이 함부로 위수지구를 벗어날 경우 자칫 역모로 몰릴 수도 있는 것이었다.

그렇다면 그동안 이순신은 무엇을 했을까? 이순신은 남해 등으로 척후선을 보냈다. 여수와 가까운 남해의 청야 작전을 위해 배를 보내기도 했다. 적의 전력은 어떤지, 무기는 어떤 것이며 주로 어떤 전술을 쓰는지 관찰하고 분석했을 것이다. 이순신의 신중함! 그러나 이 신중함에 부하들이 반기를 들기도 했다.

"장군, 왜 출전을 미루는 것이오?"

"함부로 군사를 움직일 수 없다는 것을 잘 알지 않는가?"

"나라가 다 무너진 후의 군사가 무슨 소용이란 말이오? 우리끼리라도 출전하겠소!"

가장 강력하게 항의한 장수는 녹도 만호 정운이었다. 이순신보다 4년 군 선배였지만 계급은 이순신보다 낮았다. 용장 정운은 나중에 부산해전에서 전사한다. 어쩌면 이순신은 부하 장수들의 이런 자발성을 기다린 것은 아니었을까?

'나를 따르라!' 대신 '함께 갑시다'를 의도한 것이 아닐까? 이순신은 마침내 출전을 결행했다. 조정에서 적군과 싸우라는 공식 문서가 도착한 다음이었다. 그날은 왕이 도성을 버리고 도망가던 날이었다.

이순신의 전라좌수군은 판옥선 24척이 주력군이었다. 경상도 바다에서 원균 부대와 합류했다. 그런데 원균이 끌고 나온 배 겨우 네 척이었다.

일본군이 부산으로 쳐들어오자 당시 경상좌수사 박홍은 싸워보지도 않고 휘하 전선을 모두 격침시키고 달아나버렸다. 우리 배를 적에게 뺏기지 않겠다는 명분이었다. 부산 수군이 도망갔다는 소식은 거제도로 전해졌고, 원균 휘하 각 포구에 있던 장수들의 선택도 부산 수군과 크게 다르지 않았을 것이다. 또한 원균은 전쟁이 나기 몇 달 전에 수사로 부임했기 때문에 미처 예하 부대를 장악하기도 전에 전쟁을 맞았다. 이 바람에 전쟁 초기 겨우 4척의 판옥선밖에 수습을 하지 못했다.

이런 상황 속에서 이순신은 20일을 고뇌하다가 결국은 출전을 감행, 전란의 중심에 섰던 것이다.

적은 강하다.
강한 적을 불러들인 것은 결국 우리 자신이다.

1부 신화의 시작

三尺誓天 山河動色 一揮掃蕩 血染山河

1
옥포해전

1. 동쪽으로 쏜 화살은 동쪽으로 간다

"닻 들어라!"

"둥 둥 둥……."

"돛을 올려라!"

"둥 둥 둥 둥……."

1592년 5월 7일 새벽 두 시 무렵, 화톳불이 환히 밝히는 여수의 전라좌수영은 북소리와 함성 소리가 진동했다. 마침내 전라좌수군의 출전이었다. 한밤중인데도 좌수영 주변에는 수많은 백성들이 나와서 걱정스러운 눈빛으로 전라좌수군의 출전을 지켜보고 있었다. 일본군이 쳐들어온 지 20일, 조선 도성이 함락되던 그날 밤, 마침내 이순신은 출전을 명령했다. 얼마나 긴 싸움이 될지 어떤 싸움이 기다리고 있는지 알 수 없는 출전 명령이었다. 판옥선 24척으로 구성된 함대, 뒤로는 작은 배들이 식량, 식수, 땔감 등을 싣고 함대를 따랐다.

다음 날, 하동 앞바다에서 이순신은 당시 경상우수사이던 원균과 합류했다. 그런데 원균은 겨우 4척의 판옥선만을 수습하고 있었다. 이렇게 해서 모두 28척의 판옥선으로 조선국 연합 함대가 편성되었다.

지금의 거제시 옥포만에 적이 있다는 첩보가 입수되었다. 이순신은 작전회의를 열었다. 마침 전라좌수군과 경상우수군의 연합 함대에는 당시 옥포 만호이던 이운룡이 있었다. 이순신은 그에게서 옥포의 지형에 대해 자세히 들었다. 옥포만은 넓고도 깊어서 넓은 바다 쪽에서 쳐들어간다면 적에게 쉽게 노출될 것이 뻔했다. 일본군 몰래 기습을 한다는 것은 사실상 불가능했다. 당시 판옥선의 속도를 봐도 기습전은 무리였다. 판옥선은 평소에는 돛과 노를 함께 이용하지만 전투 시에는 돛을 접고 오로지 노의 힘만으로 운행해야 하기에 속도가 느렸다. 돛을 접는 것은 적의 화공에 대비하기 위해서다.

이순신은 그동안 수집한 모든 정보를 바탕으로 적의 무기 체계를 파악했다. 당시 일본군은 최첨단 무기인 조총을 확보하고 있었다. 수군도 조총을 이용했다. 주력 무기는 조총과 활, 그리고 그들이 자랑하는 일본도가 그것이었다.

그렇다면 어떻게 싸울 것인가? 조선 수군의 판옥선에는 총통이 있었다. 조선 수군이 적의 조총 피해를 입지 않고 적선을 격파할 수 있는 방법, 그것은 포격전이었다. 일본군 조총의 유효 사거리에 비해 조선 총통의 사거리는 훨씬 멀었다. 조선 총통의 경우 500보 넘게 발사체를 쏠 수 있지만 일본군 조총의 유효 사거리는 100보 내외, 따라서 먼 거리 포격으로 적을 제압할 수 있다고 이순신은 판단했다. 또한 조총은 인명 살상용이지만 조선 수군의 총통은 목재로 된 일본군 전선을 파괴시키고도 남을 위력이 있었다.

이 모든 것을 종합한 후 이순신은 원거리 포격전이라면 승산이 있다고 판단했다. 이순신이 자신의 작전을 설명했다. 그러나 원균 등 다른 용맹한 장수들은 원거리 포격전이 마음에 들지 않았다. 그들이 생각하는 승리란 적에게 접근하여 그들의 목을 베는 것이었다. 그러기 위해서는 필연적으로 적선에 아군의 전선을 접근시키고 적이 후퇴할 경우 상륙하여 끝까지 추격해야 한다고 여겼다. 이순신은 이런 생각을 단호하게 뿌리쳤다.

"접근전은 결코 허락하지 않는다. 적이 도망치더라도 섣불리 상륙하지 마라!"

"적의 수급(머리)을 취할 생각하지 마라. 적의 배를 격파하는 자의 전공을 더 높이 살 것이니라."

원균 등 일부 장수들은 불만스러웠지만 이순신의 전라좌수군이 주력군이었으니 그의 작전에 따르지 않을 수 없었다.

진격, 두려워하지 마라!

마침내 이순신의 조선 연합 함대는 옥포 앞바다로 진격했다. 그때까지 조선 수군이 오는 것을 모르고 방심하던 일본의 도도 다카도라 군은 전선의 뱃머리를 육지 쪽으로 대놓은 채 노략질에 한창이었다. 그들은 개전 이후 제대로 전투다운 전투를 치러보지 못했다. 듣던 대로 조선군은 오합지졸이었다. 조선 육군은 힘 한번 써보지 못하고 무너졌으며 조선 수군 역시 마찬가지였다. 안심한 그들은 벌써부터 승전 분위기에 젖어 있었다.

드디어 이순신 함대가 옥포만 입구에 다다랐다. 적선은 30척! 포구 곳곳에는 검은 연기가 피어오르고 있었다. 멀리서 적선을 바라보는 이순신은 만감이 교차했다.

'저들인가? 이 나라를 순식간에 도륙낸 왜적이 저들이란 말인가?'

옥포해전 1592년 5월 7일 지금의 거제시 옥포만에서 벌어진 이순신의 첫 해전. 28척의 함대를 이끌고 단 한 명의 전사자도 없이 완벽한 승리를 거두었다.

전쟁에 나가 처음으로 일본군을 마주한 조선 수군들 역시 긴장과 두려움에 떨었다. 옥포를 바라보는 조선 수군들은 마른침을 삼켰다. 그런 병사들을 바라보는 이순신의 마음 또한 착잡했다.

'적은 백 년 넘게 전쟁만 해온 무리, 과연 우리 수군이 이길 수 있을까? 이겨야 한다. 언제까지 이어질지 모를 전란, 첫 싸움에서 이기지 못한다면 앞날은 없다. 이겨본 자만이 이길 수 있는 법! 동쪽으로 쏜 화살은 동쪽으로 날아가지 않던가?'

옥포해전 33

이순신은 함대를 포격 사거리까지 진격시켰다. 그러고는 일자진을 펼치게 했다. 원균의 판옥선까지 모두 28척이 일렬횡대로 늘어섰다. 아직은 조선 수군의 판옥선 앞머리가 적을 향하고 있었다. 그러나 이 상태로는 전투가 불가능했다. 왜냐하면 조선 수군의 총통 대부분은 배의 측면에 배치되어 있었기 때문이다. 총통이 적선을 향하게 하려면 배를 돌려야 했다.

"전 함대 우현으로!"

이순신의 명령에 따라 조선 판옥선이 90도로 회전했다. 이제 배의 측면에 있는 총통이 적선을 향했다.

뒤늦게 이순신 함대를 본 일본군은 부랴부랴 전투 태세를 갖추고 조선 수군을 향해 진격해오기 시작했다. 일본군은 뱃전에 늘어서 조총 사격을 가해왔다. 순간 벼락 같은 총소리가 옥포 바다를 가득 메웠다. 그 소리에 조선 수군들이 몸을 움츠렸다. 조선 육군도 그러했다. 조총 총탄이 날아오기도 전에 소리에 놀라 전열이 무너졌던 것이다. 난생처음 들어보는 엄청난 총소리에 대부분의 육군은 제대로 싸워보지도 못하고 도망쳤던 것이다.

"두려워하지 마라, 적의 조총은 우리 배에 미치지 못한다. 천자총통을 준비하라!"

이순신의 명령에 따라 화포장과 포수들이 천자총통에 대장군전을 장전했다.

천자총통은 조선 수군이 보유한 총통 중에서 가장 큰 것이었다. 천자총통은 자체 무게만도 200킬로그램이 넘는 대형 총통이다. 따라서 육지의 경우 바퀴가 달린 동차에 싣고 총통을 옮겼으며 적의 성벽이나 성문을 깰 때 사용했다. 그러나 육전의 경우 무겁고 기동성이 느

천자총통天字銃筒 대장군전과 조란탄을 발사하는 대형 총통.

리기 때문에 매우 불합리한 무기였다. 이순신은 이를 배에 실어 기동성 문제를 해결했던 것이다. 이 천자총통을 이용해서 발사하는 대장군전, 통나무로 만든 화살! 길이 2미터 30센티미터가량, 무게 약 33킬로그램, 최대 사거리 약 1.1킬로미터, 대장군전의 위력은 대단했다. 실제로 육군사관학교에서 총통에 대장군전을 장전해 발사해본 결과 석축에 50센티미터 가까운 구멍이 났다. 대정군전은 날아가서 폭발하는 것이 아니라 그 무게로 적의 성벽이나 배에 치명상을 입힌다. 얇은 삼나무 판자로 만든 일본군 전선은 대장군전을 맞으면 그대로 갑판부터 배 밑바닥까지 구멍이 뚫리고 그 구멍으로 바닷물이 솟아올라 침몰하게 되는 것이다.

총통의 구조는 비교적 간단하다. 쇠로 만든 커다란 통으로 아래쪽이 막혀 있는 원통형이라고 생각하면 된다. 막혀 있는 맨 아래쪽에 적당량의 화약을 넣고 그 화약에 닿을 수 있도록 종이로 꼬아 심지를 만들어 총통에 나 있는 심지 구멍으로 밀어 넣는다. 화약을 넣은 다음 바로 대장군전을 넣는 것이 아니라 그 사이에 격목이라는 나무토막을 끼운다. 이는 화약이 폭발할 때 그 폭발력이 새어 나가지 않도록 막는 역할을 한다. 격목 대신 흙을 다져 넣는 경우도 있다. 입자고운 흙을 다져 넣어 폭발력을 유지시키려는 것인데 이를 토격이라

한다. 화약을 넣고 격목을 박은 다음 총통 입구에 대장군전을 넣는
다. 이제 화살 앞머리가 적진을 향한다. 그런 다음 화포장은 심지에
불을 붙인다. 심지에 붙은 불이 타들어가 화약이 폭발하면서 격목과
대장군전을 함께 날려 보내는 것이다.

쓰러지는 적, 승리를 확인하라

"방포하라!"

화포장이 떨리는 손으로 심지에 불을 붙였다. 심지에 붙은 불이 타
들어가자 엄청난 폭발음과 함께 둔중한 충격이 뱃전에 전해졌다. 무
게 약 33킬로그램, 길이 2미터가 넘는 대장군전이 천자총통에서 발
사되었다. 대장군전은 까마득히 멀어져가서 적선을 넘어 옥포 포구에
떨어졌다.

"넘어갔습니다."

포수가 즉각 보고했다.

"화약을 줄여라! 포신을 낮춘 후 방포하라!"

다음 순간 일제히 조선 판옥선에서 총통이 발사되었다. 대장군전,
차대장군전, 그리고 단석들이 어지러이 날았다. 조선군의 포격을 받
은 일본군은 혼비백산했다. 대장군전이 떨어진 일본군 전선에는 그
대로 구멍이 뚫렸고 커다란 단석 역시
구멍을 냈다. 그 틈으로 바닷물이
치솟기 시작했다.

단석이란 둥근 돌덩이로, 이는
입구가 큰 '완구'라는 총통에 넣어
발사되는 무기였다. 일본군으로서는

중완구中碗口 넓은 입구에 단석이나
비격진천뢰를 넣어 발사했다.

모든 것이 처음 보는 신무기들이었다. 그들은 조총과 활로 대적했으나 사거리 밖이었다. 일순 숨이 멎는 듯한 공포가 그들 사이를 휩쓸고 지나갔다.

뒤이어 조선 판옥선 28척은 대장군전 대신 저마다 200여 발이 넘는 새알 모양의 조란탄을 한꺼번에 발사했다. 조선 총통의 방포 소리는 일본군 조총에 비할 바가 아니었다. 조선 수군이 쏜 발사체들이 넓은 화망을 형성한 채 끊임없이 날아들었다. 30여 척의 일본 전선이 힘없이 격파되어갔다. 일본군은 완전히 전의를 상실했다.

그제야 이순신은 접근을 명령했다. 군사들에게 적의 실체를 보여주고 그들이 조선군 앞에서 얼마나 무기력한지 직접 보여주고 싶었다. 판옥선의 격군들이 노를 저어 이미 전의를 상실한 일본군 가까이로 접근했다. 드디어 적이 화살 사정거리까지 들어왔다.

"사수 준비하라!"

뱃전에 늘어선 조선 수군들이 팽팽하게 시위를 당겼다. 그동안 수없이 많은 화살을 과녁을 향해 날렸던 조선 수군이었다. 이순신의 활 쏘기 훈련은 엄격했다. 그러나 사람을 향해, 적을 향해 날리기는 처음이었다. 시위를 당긴 팔들이 가늘게 떨렸다.

"발사!"

이순신의 명령과 함께 사수들이 시위를 놓았다. 날아간 화살은 수많은 일본군을 쓰러뜨렸다. 화살에 맞은 일본군은 뱃전에 쓰러지거나 바다로 고꾸라졌다. 조선 수군들 자신도 눈앞에 벌어지는 상황을 믿기 어려웠다. 적들이 쓰러지고 있었다. 그들이 날린 화살에 맞아, 총통에 맞아서…… 싸움에서 승리할 수 있다는 자신감이 군사들 사이에 일었다. 조선 수군들은 쉬지 않고 화살을 날렸다.

이순신은 안도했다. 이제 적진은 완전히 무너졌다. 적선은 겨우 6척만이 해안을 끼고 필사적으로 탈출을 시도하고 있었다. 옥포 앞바다는 불타는 적선과 물에 빠진 일본군 시체로 가득했다. 조선 수군은 목청껏 함성을 울렸다. 그들이 이긴 것이다. 누구도 믿지 못했던 승전, 야차 같다는 일본군을 단 한 명의 전사자도 없이 완벽하게 격파했던 것이다. 그렇게 이순신과 조선 수군의 첫 전투 옥포해전은 승전으로 끝이 났다.

2. 이겨본 자만이 이긴다

이겨놓고 싸워라

마침내 출전을 결심한 이순신, 그는 임진왜란이 단 한 번의 전투로 끝나지 않을 거라는 사실을 직감했다. 전선은 넓고도 길게 형성되었다. 무엇보다 이미 일본군 주력군이 육지로 진격하며 주요 거점을 장악하기 시작한 시점이었다. 또한 수많은 일본군 후발대가 대마도를 떠나 속속 부산으로 이동하고 있었다. 하루 이틀, 한두 번의 전투로 끝날 전쟁이 아니었던 것이다.

서기 645년, 당나라 태종이 고구려를 침략했을 때 고구려 장수 양만춘은 안시성에서 그들을 맞았다. 안시성 싸움에서 양만춘이 이끄는 고구려군은 30만 당나라 대군의 공세를 막아냈고, 결국 당 태종은 심각한 부상을 입은 채 퇴각하고 말았다. 안시성 한 곳의 싸움이 전쟁을 판가름한 경우다.

그러나 임진왜란은 달랐다. 특히 해전은 육지의 전투와 또 달랐다.

전장은 드넓게 펼쳐진 바다, 언제 어디서 어떤 적과 마주칠지 알 수 없는 노릇이었다. 한 번의 해전으로 이 전쟁을 끝낼 수 없다는 것을 안 이순신, 그는 긴 싸움을 준비했다. 그래서 첫 전투가 무엇보다 중요했다. 앞으로 치를 숱한 전투를 위해서라도 첫 싸움, 서전은 반드시 이겨야만 했다. 첫 전투 승리를 위해 그가 준비한 전술, 그것은 원거리 포격전이었다. 그리고 이순신은 조총보다 총통(포)이 훨씬 위력적이라는 사실을 유감없이 보여주었다.

나폴레옹이 짧은 기간에 정복왕이 될 수 있었던 것도 포병을 잘 운용했기 때문이다. 나폴레옹 이전 시절은 기마병이 주력군이었으나 나폴레옹은 적의 기마병을 포격으로 간단히 제압하여 정복 전쟁의 영웅이 되었던 것이다.

원거리 포격전을 기획한 이순신, 적과 아군의 무기 체계를 연구한 다음 전술을 선택했고 결과적으로 그것은 적중했다. 이미 이겨놓고 싸운 것이다. 조선 수군은 단 한 명의 전사자도 없이 첫 해전에서 압승을 거두었다. 이순신은 일단 안도했다. 조선 수군들도 적에 대한 공포감을 없앴다. 앞으로도 이길 수 있으리라. 이겨본 자만이 이길 수 있으므로.

실패는 실패를 부른다

수험생이 시험장 앞에 섰다. 이미 서너 차례 시험에서 떨어진 경험이 있는 수험생이다. 입학시험이든 입사시험이든 상관없다. 절박한 상황에 처한 이 수험생, 시험장에 들어서면서 무슨 생각을 할까? '이번에는 꼭 통과해야 한다. 할 수 있다'라고 생각한다면 천만다행이다. 그는 합격할 가능성이 크다. 반면 '이번에 또 떨어지면 어떡하지?' 낙방을 먼저 생각하는 수험생도 있다. 이미 몇 차례 실패해봤기 때문에 또다시 그렇게 될지도 모른다고 지레짐작하는 것이다. 이겨본 경험, 합격해본 경험이 없기 때문이다.

첫판에 이겨야 한다. 중요한 일일수록 다시는 기회가 없다는 생각으로 신중하고 치밀하게 접근해야 한다. 첫판을 이겨본 자는 성취감과 자신감을 백배 충전하여 다음 싸움에도 최선을 다한다. 이겨본 자는 승자의 기쁨만이 아니라 패자의 처절함까지도 경험할 수 있다. 무너진 상대를 보며 패자의 비참함까지 느낄 여유가 있는 것이다.

지는 것은 습관이다. 이기는 것 역시 습관이다. 이순신이 첫 해전 옥포에서 가장 주력했던 것, 그것은 처음 전투에 나서는 조선 수군에게 승리의 기쁨, 승전의 기억을 갖도록 하는 것이었다. 첫판에 이겨라. 그 뒤에는 승승장구가 기다린다. 서전의 승리, 그 기억이 자신을 바꾸어놓을 것이다.

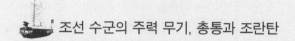

조선 수군의 주력 무기, 총통과 조란탄

일본군이 조총이라는 신무기로 무장을 한 반면 조선 수군에게는 특별한 무기가 실려 있었다. 바로 총통이라는 무기였다. 총통! 글자 그대로 무쇠로 만든 통이었다. 크기에 따라 천지현황天地玄黃 네 종류로 나뉘었다. 가장 큰 것이 천자총통이었고 가장 작은 것이 황자총통이었다. 그런데 이 총통의 생김새는 매우 단순했다. 아래쪽이 막힌 그야말로 무쇠로 만든 통이었다.

문헌상으로는 1425년(조선 세종 7년) 1년에 전라감사가 천자철탄자天字鐵彈子 1,140개 등을 새로 주조하여 바쳤다는 기록에 처음 나타나지만, 태종 때 지자총통地字銃筒과 현자총통玄字銃筒이 이미 사용된 것으로 미루어 세종 이전부터 사용된 것으로 보인다(두산백과사전).

백과사전을 찾아보면 총통에 대해 이런 설명이 나온다. 이미 조선 초기부터 총통을 보유하고 있었다는 것이다.

천자총통의 경우 전체 길이는 약 1.5미터, 포 구멍의 지름 약 13센티미터였다. 그런데도 무쇠로 만든 두꺼운 총통인지라 그 무게가 거의 300킬로그램에 육박했다. 그래서 육지에서는 바퀴가 달린 동차에 싣고 다니며 포를 쏘았다. 그런데 무겁고 둔중하기 때문에 육전에서는 매우 불합리한 무기였다. 이를 이용하여 적의 성문이나 성벽을 깰 때 주로 사용했다(천차총통에 대한 역사 백과사전의 설명).

현존하는 천자총통은 2점이 있다. 1555년(명종 10년)에 제작된 가정을묘명천자총통嘉靖乙卯銘天字銃筒은 전체 길이 1.31미터, 통 길이 1.16미터, 포구 지름 12.8센티미터, 무게 296킬로그램으로 보물 제647호로 지정되었으며, 국립진주박물관에 소장되어 있다. 나머지 1점은 현충사에 소장되어 있으며, 정확한 제작 연대는 알 수 없으나 외형상 임진왜란 이후의 것으로 추정된다(두산백과사전).

그런데 이순신의 조선 수군은 이런 총통을 배에 싣고 있었던 것이다. 총통은 주로 판옥선의 양면에 설치했다. 한쪽 면에 총통의 크기에 따라 8문에서 10문, 양쪽을 합하면 판옥선 한 척에 16문에서 20문의 총통을 설치했던 것이다.

　그리고 천자총통의 경우, 대장군전이라는 대형 화살을 발사했다. 통나무로 만든 화살이었다. 화살 끝에는 쇠가 박혀 있고 중간에는 날개도 달려 있었다. 한눈에도 요즘의 로켓이나 미사일과 똑같이 생겼다.

　그런데 대장군전, 이 화살이 대단했다.

　《화포식언해》라는 책에 보면 대장군전은 두 해 묵은 나무로 만드는데 그무게가 56근 3냥, 약 33.7킬로그램에 이르며, 사정거리는 900보로 되어 있다. 이를 요즘 거리로 환산하면 약 1.1킬로미터, 1보를 1.8미터로 계산하면 최대 사거리는 1.6킬로미터에 이르는 것이다.

　이에 반해 일본 조총의 경우 최대 사거리 약 250미터, 유효 사거리 100여 미터이며, 갑옷을 입었을 경우 유효 사거리는 50~60미터로 줄어들었다. 대장군전이 일본 조총보다 사거리가 4배 이상이었던 것이다.

　그렇다면 33킬로그램의 대장군전이 날아가서 뭘 해야 되느냐? 일본군 머리를 맞혀서는 안 된다. 적병을 직접 맞히는 대신 적의 배에 부딪혀야 했다. 당시 일본 배는 얇은 삼나무로 만든 목선! 대장군전이 부딪히면 당연히 배에 구멍이 나고 물이 솟아오르고 배가 침몰하였다. 그럴 경우 일본군들도 물에 빠질 것이고 사람은 대부분 물에 들어가면 두 손으로 헤엄을 쳐야 하기 때문에 물 위에 목만 나와 있게 된다. 이때 조선군이 가서 긴 낫으로 적병의 머리를 수습하면 되는 것이었다. 이른바 원거리 포격전이었다.

　총통뿐만이 아니었다. 완구라는 무기도 있었다. 주둥이가 둥글고 총통의 길이가 비교적 짧은 화포였다. 주둥이가 넓은 것은 대완구, 좁은 것은 중완구라 불렸는데 최소 지름이 28센티미터였다. 이 완구에는 주둥이에 들어가는 물체는 무엇이든 넣고 쏘았다. 둥근 돌덩이 단석과 역시 둥근 쇠뭉치 등 무게 나가는 물체는 무엇이든 넣고 쏘았다. 그리고 그 무게로 적의 배를 파괴하는 무기, 즉 총통과 완구가 바로 조선 수군의 주력 화포였다.

　조선 수군과 일본 수군의 차이, 총통이라는 무기를 장착한 조선 판옥선은 요즘 개념으로 말하자면 함포를 장착한 구축함 혹은 전투함이었다. 반면 일본 배는 조총을 든 보병을 태운 수송선이었던 것이다. 그러니 전투함과 수송선이 싸움이 되겠는가? 바로 이 총통이 조선 수군의 압승에 결정적인 기여를

했던 것이다.

그런데 이렇게 적의 배만 깨는 무기로는 뭔가 부족하다. 인마살상용 무기가 필요했다. 그것이 바로 조란탄이었다. 조란鳥卵, 새알이라는 뜻이다. 조선 수군은 천자총통 등 각종 총통으로 조란탄을 발사했다. 조란은 골프공보다 약간 작은 크기의 둥근 쇠구슬이었다. 천자총통의 경우 학자들 주장마다 약간씩 다르지만 한꺼번에 200여 발 이상의 조란탄을 발사했다.

조란탄의 발사 과정은 대장군전 다른 발사체와 비슷했다. 먼저 총통 내부를 잘 닦은 다음 기다란 깔때기를 이용하여 화약을 넣었다. 화약은 심지와 바로 연결되도록 되어 있다. 심지는 총통에 구멍을 뚫어 총통 밖에서 불을 붙일 수 있었다.

그다음이 중요했다. 총통 안에 화약을 넣고 나서는 총통의 규격과 똑같은 둥근 나무토막을 끼워 넣었다. 이를 '격목'이라 하는데 이로써 화약은 총통과 격목 사이의 좁은 공간에 모이게 되는 것이다. 이렇게 격목을 끼운 이유는 화약의 폭발력을 유지시키기 위한 것이었다. 그런 다음 대형 화살이나 조란탄을 넣고 나서 심지에 불을 붙이고 발사를 했다.

조란탄의 경우에도 최대 사거리가 약 1킬로미터에 이르렀다. 이럴 경우 직경 약 50미터의 탄착군이 형성됐다. 당시 일본군이 타고 있었던 가장 큰 대장선의 경우, 갑판에 약 300명까지 탔다. 만약 수백 발의 조란탄이 명중하기만 한다면 한 번 포격으로 갑판 위의 일본군을 거의 쓸어버릴 수 있는 가공할 무기가 바로 총통에서 발사하는 조란탄, 즉 새알탄이었다. 실제로 일본군이 제일 두려워한 것이 조란탄이었다. 대장군전 같은 경우는 날아올 때 살짝 피하면 당장 죽지는 않았다. 요즘처럼 터지는 작렬탄이 아닌 덕분이었다. 그런데 조란탄은 눈에 보이지도 않는 것이 날아와 벼락 치는 소리와 함께 수십 수백 명이 한꺼번에 쓰러졌던 것이다.

각종 대형 화살과 단석과 쇠공, 그리고 조란탄을 발사하는 조선 수군의 총통은 당시 일본군 입장에서는 그야말로 가공할 무기였다. 개전 초기, 28척의 조선 함대가 횡대로 늘어서서 대형 함포를 발사하는 장면을 상상해본다. 함대가 한 번 발사할 때마다 약 250에서 280여 개의 발사체들이 날아갔을 것이고, 이들이 일정한 화망을 형성한다면 일본군 입장에서는 그야말로 속수무책이었을 것이다. 조총 사거리 밖에서 날아와 여지없이 자신들의 배를 깨뜨리는 조선의 각종 발사체들, 벼락 소리를 내는 조란탄 등은 그야말로 공포의 대상이었다. 육전에서 조선 수군이 맞닥뜨렸던 조총 이상의 공포였을 것이다.

2
합포해전

1. 바람이 불 때 돛을 올려라

1592년 5월 7일은 이순신에게 그리고 그를 따르는 조선 수군 전체에게 매우 의미 있는 날이었다. 옥포해전의 승리, 첫 싸움에서 이겼을 뿐만 아니라 단 한 명의 부상자도 전사자도 없는 완벽한 승전이었다.

옥포 앞바다는 침몰하는 일본 전함과 떠다니는 시체, 불타는 잔해들로 어수선했다. 이순신은 전장을 정리하도록 했다. 살아남은 적군은 포승줄로 묶었고, 일부 수군들은 적의 시체에서 머리를 벴다. 장병겸이라는 긴 낫으로 바다에 떠 있는 적의 머리를 벴다. 적의 수급은 곧 전리품이자 전공의 증거였다.

소규모 적도 소홀히 여기지 마라

이순신 부대가 전장을 정리하는 동안 옥포 포구에는 조선 백성들이 하나 둘 모습을 드러냈다. 일본군에게 온갖 약탈과 노략질을 당한 그들은 처음 조선 수군이 나타났을 때 크게 기대하지 않았을 것이다. 설마 일본군을 이길 수 있을까. 그러나 그들이 숨죽여 지켜보는 사이 조선군은 일본군을 여지없이 격파했다. 그들은 일본군을 무찌른 장수가 누군지도 몰랐다. 그런데도 포구로 나와 두 손 높여 '천세'를 불렀다. 우리에게도 저런 군대가 있었던가? 조선 백성들은 차오르는 감격과 피울음으로 이순신 함대의 승전을 축하했을 것이다.

네 시간여에 걸쳐 첫 전투 옥포해전을 치른 이순신은 함대를 거제 북쪽 영등포에 정박시켰다. 지친 군사와 격군들에게 휴식이 필요했다.

"군사들을 쉬게 하고 척후장들은 척후선을 띄워라. 이곳은 적진과 가까운 곳이니라! 그리고 군사들과 격군들은 충분히 휴식하라."

초여름 햇살이 아직도 따가운 오후, 영등포 바닷가가 갑자기 부산해졌다. 막 전투를 끝낸 조선 수군들이 배를 대기 시작했다. 한켠에서는 포로를 끌고 오고 한켠에서는 삼삼오오 모여 스스로도 믿기지 않는 승리의 무용담을 나누었다. 자신이 쏜 총통에 맞아 일본 배가 부서지는 장면을 직접 목격하지 않았던가? 그동안 수없이 화살을 쏘고 또 쏘았지만 움직이는 적병을 죽이는 것을 4,000여 조선 수군은 오늘 처음 경험했던 것이다. 그날 오후, 영등포에 오른 군사들은 승전의 기쁨에 들뜬 한편, 오랜 항해와 숨막히는 전투로 멀미에 시달리기도 했다. 노를 저은 격군들은 손바닥에 물집이 잡히고 터졌을 것이다. 이순신은 장수들을 모아 치하했다. 전라좌수영 장수들은 일사불란하게 이순신의 작전을 따랐다.

어쩌면 경상우수사 원균은 이순신이 옥포 포구까지 상륙해 적을 완전히 섬멸하지 않은 것에 불만을 터뜨렸을지 모른다. 이순신이 지장智將이라면 원균은 용장勇將이었다. 경상우수사 원균은 이미 북방의 여진족을 막아내는 데 숱한 공을 세운 전력이 있었다. 비록 수군은 처음 맡았지만 그에게 전투란 적진에 쳐들어가 초전에 박살내는 것을 의미했다. 원거리에서 포나 쏴 적선을 깨뜨리고 물에 빠진 적병이나 수습하는 것은 그의 생리나 전투 철학에 맞지 않았을 것이다. 그는 적이 육지로 도망가면 육지까지 올라가 적장의 목을 베서 긴 장대에 꽂아야만 직성이 풀리는 장수였던 것이다. 이순신과 원균의 이러한 시각 차이는 나중에 매우 큰 차이로 드러난다.

영등포 바다에서 그렇게 첫 전투를 정리하고 있을 때 급보가 전해졌다. 적선 5척이 거제 앞바다를 지나 지금의 진해 쪽으로 가고 있다는 첩보였다. 고작 적선 5척! 이순신은 잠시 고민했다. 5척의 적선을 치기 위해 군사를 출동시킬 것인가, 말 것인가? 군사를 움직인다면 어느 규모로 할 것인가? 고심하던 이순신은 전군 출동을 결정했다. 휘하의 몇몇 장수들은 이견을 달았다. 적선은 고작 5척, 닭을 잡기 위해 도끼를 들고 뛸 필요가 있느냐는 반론이었다. 그것도 이제 막 힘겨운 전투를 끝낸 군사들이 쉬려는 참이 아니냐며 출전 결정이 무리한 것이라고 했다. 그러나 이순신은 자신의 뜻을 번복하지 않았다.

"나도 알고 있소. 적선 5척은 우리의 상대가 되지 않는 규모요. 그러나 지금 5척을 격파하지 않는다면 나중에는 그 5척도 50척만큼 힘에 겨울 것이오. 지금 군사들의 사기는 최고조에 올라 있소. 휴식과 승전의 달콤함도 좋지만 이 여세를 몰아 나선다면 어렵지 않게 적을 제압할 수 있을 것이오. 바람이 불 때 돛을 올리라 했소. 군사들의 사기가 충만해 있는 지금, 적을 해치웁시다."

결국 이순신의 출전 명령이 떨어졌고 막 휴식을 취하려던 조선 수군은 즉각 전투 태세를 갖췄다. 병사들이라고 어찌 쉬고 싶은 마음이 없었을까. 그들의 심정도 마찬가지였을 것이다. 고작 5척을 잡기 위해 전 함대가 움직여야 하는가? 게다가 어려운 전투를 치르고 난 지금.

그러나 이순신의 명령은 단호했다. 얼마 지나지 않아 적선 5척이 보였다. 그들은 전속력으로 도주하기 시작했다. 곧 쫓고 쫓기는 추격전이 시작되었다.

조선 판옥선의 위력

일본군의 배는 속력 면에서 조선군의 판옥선을 능가했다. 좀체 거리가 좁혀지지 않았다. 항해하면서 쏘는 총통은 명중률이 현저히 떨어졌다. 그리고 28척의 전 함대가 한꺼번에 총통을 발사할 수도 없었다. 앞선 판옥선 몇 척에서 쏘는 총통으로는 도주하는 적을 명중시키기가 어려웠다. 조선군은 총통을 쏘며 기세를 올렸지만 일본군의 도주 역시 필사적이었다. 그러나 시간이 지날수록 적선과의 거리는 점차 좁혀졌다. 그 비밀은 노에 있었다.

일본군 배는 노가 조선 판옥선보다 많지만 노 하나에 격군(노꾼) 1명이 배정되어 있었다. 그러나 조선 판옥선은 최고 4명까지 저을 수 있는 커다란 노였다. 노의 개수도 16개 정도였다. 따라서 판옥선 한 척에 타는 노꾼만도 64명이었다. 노 하나에 두 사람이 2교대로 저을 때 32명은 노를 젓고 나머지는 휴식을 취했다. 그러다가 비상사태가 발생하면 노 하나에 4명씩 64명 전원이 젓기도 했던 것이다.

지금이 바로 그런 상황이었다. 필사적으로 도망치는 적을 따라잡기 위해 모든 격군이 노에 매달렸다. 드디어 적이 사정거리 안에 들어왔다. 조선 판옥선은 대형을 넓게 벌리며 총통 사격을 가했다. 넓게 포망이 형성되어 대장군전과 장군전들이 어지러이 날았다. 일본군도 간간이 조총으로 응사해왔으나 사거리가 미치지 못했다. 이미 일본군 조총의 단점을 파악한 조선 수군들은 이제 총소리가 울려도 놀라지 않았다. 먹잇감을 포위한 맹수처럼 조선군은 여유를 되찾았다. 한나 절 전의 옥포 승전이 가져다준 여유였다. 그리고 무엇보다 전선의 숫 자가 비교가 되지 않았다.

전투에서는 철저히 힘의 논리가 지배한다. 아무리 용맹하고 노련한 군사가 있다 하더라도 전력에서 차이가 나면 결과는 뻔하다. 더구나 매복전도 아니고 넓은 바다에서의 전투는 전선의 숫자가 많은 쪽이 훨씬 유리하다. 승패는 이미 마음속에서 결정된다고 하지 않는가. 조 선 수군은 추격전을 시도할 때부터 승기를 잡고 있었다.

다급해진 일본군은 육지를 향해 뱃머리를 돌렸다. 그러나 육지를 얼마 앞둔 지점에서 일본 전선들은 갑자기 멈추어 섰다. 수심이 얕아 지면서 배 밑바닥이 갯벌에 닿은 것이다. 그들의 배는 좌초하고 말았 다. 그러나 조선 수군은 포격과 추격을 멈추지 않았다. 더 이상 배가 움직이지 않자 일본군들은 배를 버리고 바다로 뛰어내렸다. 그러고는 육지를 향해 필사적으로 도망치기 시작했다. 조선 수군은 그런 일본 군에게 화살 세례를 퍼부었다. 그것은 더 이상 전투가 아니었다. 등에 화살을 맞고 쓰러지는 일본군이 속출했다. 도망치는 일본군은 1,000 여 명에 이르렀다.

원래 우리나라를 자주 침범하던 왜구의 배는 정원이 약 40명인 소 선으로 알려져 있다. 그러나 임진왜란 당시의 일본군 배는 대선(안택 선安宅船, 아다케)의 경우 약 200여 명이 탑승한 것으로 전해진다. 더욱 이 일본의 배는 전투보다는 전투 요원을 수송하는 수송선의 개념이 강했기 때문에 탑승 인원도 많았다. 합포해전에서 맞선 일본군 배는 대선 4척에 소선 1척, 그렇다면 대선 탑승 인원이 최소 800명 이상이 며 소선에도 40명 이상이 타고 있었을 것이다. 이들이 한꺼번에 배를

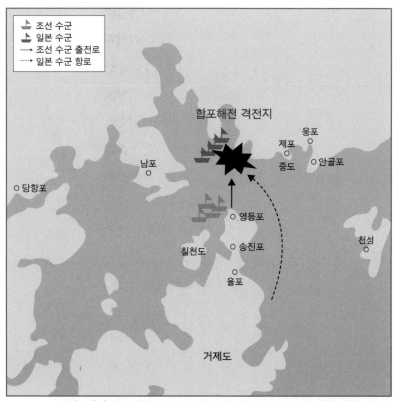

그림 속 지명과 범례:

조선 수군
일본 수군
조선 수군 출전로
일본 수군 항로

합포해전 격전지

웅포
제포
중도
안골포

남포

당항포

영등포

칠천도

송진포

천성

울포

거제도

합포해전 옥포해전 진후 지금의 진해시 앞바다에서 적선 5척을 격침시켰다.

버리고 육지로 도주하는 상황이었다.

"당파하라!"

이순신은 버려진 일본 배를 향해 그대로 돌진할 것을 명령했다. 조선 수군들은 잠시 당황했다. 당파라면 배를 몰고 적선에 그대로 부딪히는 것이다. 그것이 가능한지 그들도 확신이 서지 않았다. 일본 배는 조선 배에 비해 선체가 약한 것으로 알려져 있었지만 어느 정도인지 확인된 바는 없었다. 이순신은 지금 그것을 확인해보려는 것이다. 조

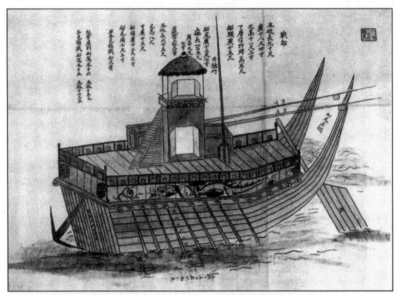

판옥선 1층에서 노를 젓고 2층에서 함포를 발사했다.

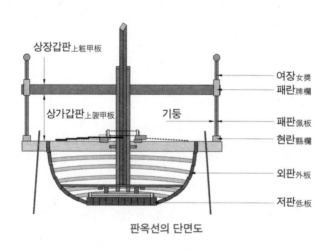

판옥선의 단면도

선 수군들은 이순신의 명령에 따라 그대로 일본 배를 들이받았다.

"쿵, 쿠쿵! 우지끈."

조선 판옥선들이 버려진 일본 배를 들이받는 소리가 바다를 진동했다. 배로 배를 들이받는 것, 그것이 당파 전술이었다.

조선 판옥선은 소나무로 만들어 매우 견고했다. 갑판의 판자도 두터웠으며 배를 지탱하는 골격도 이미 고려 시대 이전부터 가룡목을 이용하여 마치 대들보를 짜듯 견고하게 만든 구조였다. 반면 일본 배는 얇은 삼나무 판자로 만들었다. 그래서 일본 배에는 총통을 싣지 못했다. 총통을 발사할 때의 반동을 선체가 견디지 못했던 것이다. 더구나 조선 판옥선 정면에는 당파용 귀두(거북 머리)가 두 개 돌출되어 있었다. 통나무에 거북 머리를 조각한 이 돌기가 그대로 일본 배의 선체를 들이받는 것이다.

이순신이 임진왜란 때 주로 사용한 전술은 당파와 총통의 집중 발사, 그리고 거북선을 이용한 돌격전이었다. 이순신은 합포해전에서 처음으로 당파 전술을 시도했다. 그리고 이것이 매우 훌륭한 작전임을 확인했다. 조선 판옥선에 부딪힌 일본 배는 선체가 그대로 무너져 내렸다. 갑판이 주저앉고 옆구리에 구멍이 뚫렸다. 한번 들이받으면 일본 전선은 힘없이 옆으로 기울어졌다.

이러한 당파가 어떻게 가능했을까? 일본군 배는 밑바닥이 바다에 닿아 좌초했다. 그렇다면 수심이 얕다는 것인데 조선 판옥선은 어째서 좌초되지 않았는가. 그것은 배의 구조가 일본 전선과 달랐기 때문이다. 조선 판옥선은 일본 배와 달리 배 밑바닥이 평평한 평저선이다. 즉 배의 밑바닥이 대바구니처럼 평평하여 수심이 비교적 얕은 곳에서도 운항이 가능했으며, 특히 방향을 바꾸는 데 탁월했다. 반면 일본 전선은 배 밑바닥이 뾰족한 첨저형이었다. 즉 바닷물 속으로 배가 깊이 잠기는 형태였다. 정면으로 나아갈 때 속도가 빠르다는 장점은 있으나 방향 전환이 느렸고 수심이 얕은 곳에서는 좌초될 우려도 높았다. 전선의 구조와 성능 면에서 이미 조선 수군의 판옥선이 한수 위였던 것이다.

완벽하게 승리를 굳혀라

조선 수군의 당파 공격을 받은 일본 전선은 대부분 침몰 직전이었다. 육지로 도망간 일본군 중 일부는 조선 수군이 바라보이는 곳으로 나와 산발적으로 조총을 쏘아댔다. 그러나 조총은 조선 함대에 훨씬 미치지 못했다. 그들은 서서히 침몰하는 배를 바라보며 발을 동동 굴렀다. 해군이 배를 잃는 것은 목숨을 잃은 것이나 다름없다.

"멈춰라, 당파 중지!"

이순신은 신이 나서 적선을 들이받고 있는 조선군에게 중지 명령을 내렸다. 그러고는 모든 판옥선을 뒤로 물러서게 했다. 더 이상 당파는 무의미했다. 아무리 판옥선이 견고하다 해도 충격을 전혀 받지 않을 수는 없다. 적의 머리를 베려면 나의 팔 하나를 내주어야 하는 것이 전투이다. 당파 전술은 근접전을 펼칠 때 최후의 수단으로 사용할 터였다. 조선 수군은 이순신의 명령에 따라 적선에서 물러났다.

"후퇴합니까?"

이순신의 장수 하나가 물었다. 그가 보기에 이미 끝난 전투였다. 적은 도망쳤고 적선은 침몰하고 있으니 말이다.

"불화살을 준비하라!"

이순신은 사수들을 불렀다. 사수들은 시위에 불화살을 매겼다. 크

게 포물선을 그린 조선
수군의 불화살은 침몰되
는 적선 곳곳에 불을 붙
였다. 합포 앞바다가 훤
해졌다.

불화살火箭 신기전 또는 화전이라고도 한다.
화공과 신호용으로 사용했다.

이순신은 적선 5척을
당파한 후 모조리 불살라버렸다고, 합포해전에 대해 기록하고 있다.
침몰하는 배에 화공까지 펼친 이순신, 그것은 그날 전투의 마침표였
다. 이것으로 적에게 단호한 조선 수군의 면모를 유감없이 보여주었
다. 반면 조선 수군에게는 우리가 이길 수 있다는 것을 다시 확인해
준 전투였다. 옥포해전 직후의 합포해전, 그것은 첫 승전의 여세를 몰
아 거둔 완벽한 승전이었다.

2. 여세를 몰아라

승기의 고삐를 조여라

합포해전은 이순신의 고심에 찬 결단의 산물이었다. 치르지 않아도
괜찮을 전투였다. 첫 전투를 완벽한 승리로 이끈 다음 곧바로 다시
전열을 가다듬고 함대를 출전시키는 것, 그것은 매우 어려운 결단이
었다. 적선 5척을 쫓지 않는다 하여 그 누구도 비난하지 않았을 것이
다. 그런데도 이순신은 출전을 결정했다. 충만해 있는 군사들의 사기
를 이용하여 손쉽게 적을 제압하려는 의도였다. 낮에 치른 옥포해전
이 결코 우연이 아니었음을 확인시켜주고 싶었는지도 모른다.

그리고 아무리 적은 수의 적이라도 그냥 넘어가지 않겠다는 단호함도 보여주고자 했다. 또한 승리감이 남아 있을 때 여세를 몰아 적을 물리치는 것이 얼마나 용이한지 군사들이 직접 느끼게 해주고 싶었다. 그래서 조선 수군은 고작 5척의 적선을 격침시키기 위해 최선을 다해 추격전을 펼치고 마침내 적을 섬멸할 수 있었다.

전술학에 지속공격의 원칙이라는 것이 있다. 프러시아의 퇴역 장군인 칼 폰 클라우제비츠는 "추격전이 없는 승리는 충분한 효과를 거둘 수 없다"고 했다. 일단의 공격에서 목표를 달성했다고 해서 거기서 멈추면 그동안 거둔 성공조차 반감된다는 것이다. 기선을 제압한 후 적이 등을 보일 때 끝까지 추격하여 적의 전의를 완전히 상실시키는 것, 고지를 점령한 다음 깃발을 꽂고 만세를 부르는 대신 계곡 아래로 도망가는 적을 추격하여 다시는 고지를 넘볼 수 없도록 완전히 분쇄하는 것이야말로 전투의 완결판이다. 승전의 여세를 몰아 적을 축출함으로써 완전한 승기를 잡을 수 있는 것이다.

할 수 있을 때 하라

어떤 일이든 사람마다 자기 나름대로 하는 스타일이 다르다. 일단 시작하면 끝장을 보는 사람이 있는가 하면 오늘 이만큼 내일 다시 이만큼 서서히 하는 사람이 있다. 어느 쪽이 낫다는 이야기가 아니다. 중요한 것은 할 수 있을 때 기회를 놓치지 말라는 것이다.

만년 2위를 지키던 기업이 천신만고 끝에 시장을 장악했다. 한 번이라도 이겨보기 위해 최선을 다해 경쟁사의 상품과 판매 전략을 분석했다. 경쟁사 제품의 장점과 단점은 무엇이고, 어떻게 차별화할 수 있는지, 또 어떤 마케팅 전략을 세워야 1위 업체를 이길 수 있을지 연구했다. 면밀히 분석하고 모든 조직의 역량을 총가동한 끝에 마침내 시장을 장악했다. 주가가 오르고 언론의 주목을 받는다.

그러나 그 순간, 위기는 바로 찾아온다. 작은 성취감과 방심이라는 함정이 기다리는 것이다. 이긴 바둑을 지키기가 더 어렵고, 축구 경기에서는 골을 넣은 직후에 조심해야 한다. 산을 오를 때에도 정상을 앞두고 숨을 돌리는 순간, 금방일 것 같던 정상이 다시 까마득해지는 경험을 우리는 숱하게 하지 않는가. 이 모두가 여세를 모는 대신 긴장을 풀었기 때문이다. 서전을 승리로 장식했다면 그 여세를 몰아라. 절대로 혼자서 먼저 만족하지 마라.

남들이 그만하면 됐다고 하더라도 멈추지 마라. 할 수 있을 때 하라! 관성의 법칙은 여기서도 작용한다. 최후의 순간까지 최선을 다해야 한다. 자신의 역량을 120퍼센트 투입하라. 앞으로도 넘어야 할 봉우리는 너무나 많다. 겨우 한두 봉우리 넘은 상태에서 다 왔다고 할 수 있겠는가. 작은 성과나 성공에 만족할 때 그곳이 바로 깊은 함정이 된다. 성공하고 싶다면, 진정으로 이기고 싶다면 여세를 몰아가라!

3
적진포해전

1. 적은 언제나 뒤에서 접근한다

하루 동안 옥포와 합포해전을 치른 이순신 함대는 창원 땅 남포에서 밤을 보냈다. 길고 긴 하루가 지난 다음 날 새벽, 척후로부터 보고가 들어왔다. 진해 고리량에 적선이 있다는 것이었다.

주먹밥으로 군사들의 아침을 해결한 후 이순신은 즉각 출동을 명령했다. 병사들은 어제의 승리감에 들떠 있었다. 이제부터 보이는 대로 적을 쳐부수리라! 어쩌면 오늘 싸움은 더 쉬울지 모른다. 서전을 치른 군사들은 자신감과 함께 전투 요령도 생겼다. 군사와 격군들의 사기도 높다. 비록 두 번의 해전이었지만 완벽한 승리를 거둔 조선 수군, 그동안 연마했던 개인 전술과 함대 전술을 자유자재로 운용할 수 있으리라! 이순신은 함대를 이끌고 한달음에 고리량에 도착했다. 그러나 그곳에 적은 없었다. 첩보가 잘못된 것이었는가.

언제나 첫 싸움처럼 하라
아차, 순간 이순신의 뇌리에 번개 같은 것이 스쳐 지나갔다. 어제의 싸움에서 적은 우리의 존재를 몰랐다. 개전 초기, 경상 수군을 간단하게 제압한 일본 수군은 적어도 경상 앞바다에는 더 이상 대규모 조선 함대가 없다는 것을 알고 있었다. 전라도의 수군은 천천히 진격하면서 치면 되리라고 생각했을 것이다. 그래서 그들은 안심하고 옥포에서 노략질을 했던 것이다. 합포에서 모조리 격침당한 5척의 일본군도 그들 입장에서 보면 불의의 기습을 당한 것이 아니던가.

그러나 어제의 전투 소식이 밤새 일본군 사이에 널리 퍼졌다면? 엄청난 위력의 총통을 가진 30여 척의 조선 함대가 있다는 소식이 전해졌다면? 오늘은 우리의 존재가 적들에게 알려질 수도 있지 않은가. 방심한 적을 치는 것과 준비된 적을 치는 것은 하늘과 땅 차이! 만약 적이 우리의 움직임을 예의주시하고 있다면? 그들이 정찰병과 척후선을 운용하면서 우리의 동태를 낱낱이 감시했다면 일본군도 틀림없이 대비책을 세웠을 것이다. 방어전이든 매복전이든 말이다.

그런데도 이순신은 일단 적이 있다는 곳으로 무작정 진격했던 것이다. 만약 그 첩보가 아군을 유인하기 위한 것이라면? 그리하여 견고한 방어벽을 설치한 채 조선 수군을 기다리고 있다면 어찌할 것인가. 유능한 장수는 적이 견고하게 지키는 곳은 결코 쉽사리 공격하지 않는 법. 방비를 갖춘 적을 공격하려면 통상 세 배 이상의 병력이 있어야 한다지 않던가.

"속도를 늦춰라!"

이순신의 명령에 그나마 숨을 돌린 것은 갑판 아래에서 노를 젓는 격군들이었다. 격군장은 즉시 교대로 노를 젓게 했다.

이순신은 즉각 휘하 장수들을 모았다. 장수들은 영문을 몰라하며 이순신 대장선으로 건너왔다. 함대가 이동할 때는 전투선인 판옥선 뒤에 소선들이 따라 붙었다. 이들은 식량이나 식수 등 보급 물자를 싣거나 정찰, 연락 등의 임무에 투입되었다. 장수들은 대장선의 초요기를 보고 모두 소선을 타고 건너왔다. 그들도 적이 보이지 않아 어리둥절했다.

적은 다른 곳에 있었다

이순신은 자신의 경솔함을 털어놓았다. 적도 우리의 존재를 알고 있다는 전제를 깜빡 잊었던 것이다. 조선 수군이 정찰선을 띄우면 적도 띄울 것이다. 조선 수군이 육지의 높은 산에 관측병을 투입했다면 그들도 그러할 것이다. 일본군은 어제 하루에만 30척이 넘는 전선을 잃었다. 당연히 전황을 보고하였을 테고 전군에 비상령이 떨어졌을 것이다. 노략질을 당장 중지하고 조선 수군의 동향에 촉각을 곤두세우라는 명령이 왜 내려지지 않았겠는가. 이순신의 설명에 장수들의 얼굴에도 긴장이 감돌았다.

"섬과 해안을 철저히 수색하라!"

이순신은 즉시 함대를 분산, 인근 해역을 철저히 수색했다. 불만의 소리도 나왔다. 적이 없으면 적이 나타날 때까지 기다리면 되지 수색이라니. 차라리 화끈하게 한번 붙는 것이 낫지 수색은 할 짓이 못 되었다. 전투도 아니면서 전투 이상의 긴장을 요하는 것, 그것이 바로 수색이다. 수색을 하다 보니 항로도 길어졌다. 지금의 마산에서 고성 방면으로 이어지는 바다, 남해안에는 수많은 섬과 포구가 있다. 조선 수군은 섬과 포구를 천천히 수색해나갔다. 언제 적의 기습 공격이 있을지 몰라 모든 판옥선의 돛을 내린 채 항진했다. 오로지 격군들의 힘으로 항진하며 샅샅이 수색했다.

그러기를 몇 시간째, 산 너머에서 연기가 피어오르는 것이 목격되었다. 고성 땅으로 짐작되었다. 산 너머로 피어오르는 몇 가닥 검은 연기가 바다에서도 확연히 눈에 들어왔다. 일본군 주둔 흔적이 틀림없었다. 일본군들이 민가에 불을 질렀을 터였다. 민간인이 더 피해를 입기 전에 쳐들어가야 한다는 주장이 나왔다. 일본군은 조선 수군이 나타날 기미가 보이지 않자 상륙하여 노략질을 하고 있을 것이다.

이순신은 다시 망설였다. 만약 저들이 우리의 존재를 안다면 이는 아군을 유인하기 위한 술책인지도 모른다. 적이 아군의 항로 양안에 병력을 매복해놓고 기다린다면, 이는 돌이킬 수 없는 결과를 불러올 것이다. 이순신은 척후선을 띄웠다. 장수들과 군사들은 다시 바다에서 기다렸다.

원균이나 돌격장 출신의 녹도 만호 정운 등의 불만도 쏟아져 나왔으리라. 이순신의 신중함! 일부 장수들은 때로는 그 신중함이 지나치다고 생각했을지 모른다. 전란이 발발하고도 20여 일이나 지나 출전을 한 이순신이 아니던가. 마침내 어선으로 가장하여 척후를 나갔던 배가 돌아왔다. 척후의 보고를 받은 이순신은 안도했다. 적들은 적진포에 상륙하여 민가에 불을 지르며 약탈과 살육에 급급하고 있다는 보고였다.

"전 함대 전투 준비!"

마침내 이순신의 명령이 떨어졌다.

"적진포는 포구가 좁으니 전 함대가 일시에 쳐들어갈 수 없다. 모든 함대는 장사진을 펼쳐라!"

장사진長蛇陳이란 글자 그대로 긴 뱀처럼 판옥선을 일렬로 정렬시키는 것이다. 그리고 차례로 지나가면서 목격물을 포격하고 다시 돌아

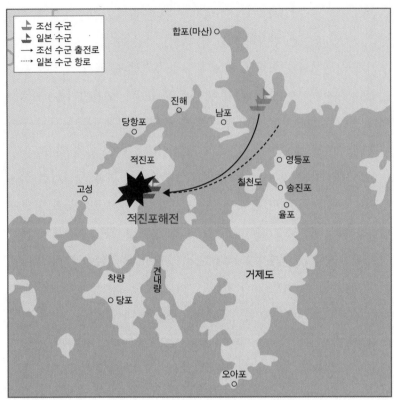

적진포해전 철저한 수색 끝에 고성군 당동만의 적선을 발견, 대승을 거두었다.

나오고 그다음 배가 포격을 가하는 방법이었다. 그 사이 포격을 마친 배는 다시 장전하여 앞 배의 꼬리에 붙는 진법, 이것은 적선을 향해 끊임없이 반복 포격을 가할 수 있는 전법이었다.

　이순신의 명령에 따라 전 함대가 일렬종대로 늘어섰다. 28척의 판옥선이 꼬리에 꼬리를 물고 적진포로 진격해 들어갔다. 옥포에서와 마찬가지로 적선은 뱃머리를 육지 쪽으로 대놓은 채 완전히 방심한 상태였다. 적진포의 민가들이 불타는 것을 본 이순신의 눈에 불똥이 튀었다.

"전 함대 공격하라! 한 척의 적선도 남기지 마라!"

조선 총통, 조란탄의 위력

이순신 함대는 차례대로 포구의 오른쪽으로 들어와 적선에 포격을 했다. 앞선 판옥선이 포격을 하고 지나가면 다음 배가, 또 그다음 배가 포격을 했다. 그리고 선두는 다시 장사진의 후미에 붙어 차례로 또 한 번 포격을 했다. 포구에 정박한 일본 전선을 향해 엄청난 포격이 가해졌다.

무방비 상태의 일본군은 조선 수군의 포격 앞에 속수무책이었다. 대장군전과 차대장군전, 그리고 둥근 돌로 된 단석들이 날아가 여지없이 일본 전선을 파괴했다. 조선 판옥선에 비해 선체가 얇은 일본 배는 단석과 장군전을 맞기만 하면 갑판이 부서져 나가거나 돛대가 부러졌다. 그리고 부서진 틈새로 바닷물이 올라와 서서히 침몰했다. 게다가 불화살 공격까지 이어지자 그나마 배에 남아 있던 일본군들은 모조리 육지로 도망을 갔다. 그러나 일본군들도 정예군이었다. 잠시 육지로 피해 전열을 가다듬더니 응사를 해왔다. 그들은 언덕 위 소나무 숲에서 조총과 활로 대적했다.

이는 조선 수군에게 치명타를 입히지는 못했으나 포격을 뜸하게 하는 효과는 있었다. 한동안 요란한 조총 소리와 조선 수군의 엄청난 포격 소리가 바다와 육지를 진동시켰다. 조선 수군은 언덕 위의 적을 향해 불화살을 날렸다. 그러나 녹음 짙은 숲 속에 숨은 일본군에게 큰 위협이 되지 못했다.

"방포 중지! 조란탄을 준비하라!"

지자총통地字銃筒 천자총통 다음으로 큰 화기.
조란탄이나 장군전을 발사한다.

현자총통玄字銃筒 천자총통, 지자총통 다음으
로 큰 화포. 거북선 앞머리에도 설치했다.

이순신은 일단 적선에 대한 발포를 중지시켰다. 그러고는 조란탄을 준비시켰다. 조란탄은 총통 안에 골프공만 한 쇠구슬을 최대 400여 개까지 넣어 발사하는 가공할 무기였다. 이 역시 천자·지자·현자총통 어디에나 넣고 발사할 수 있었다. 포수들의 손길이 바빠졌다. 역시 총통의 맨 아래쪽 약실에는 화약을 재어 넣었다. 그러고는 격목이나 토격으로 약실을 다졌다. 격목이나 토격이 허술하면 화약이 폭발할 때 그 힘이 새어 나가고 만다. 그래서 총통은 아래쪽으로 갈수록 약간 좁아지고 격목도 약간 원뿔형으로 만들어져 있다. 그래야만 총통 입구에서 격목을 넣고 긴 작대기로 다지면 총통의 벽면과 격목 사이에 공간이 없어지는 것이다.

천자총통 하나에 조란탄 약 400여 발, 지자총통이라도 300여 발은 가능할 것이다. 이런 총통이 10문이라면 조란탄, 즉 쇠로 만든 새알만 한 공이 동시에 삼사천 개가 날아가는 것이다. 주먹만 한 쇠공이 400~500여 미터를 날아와 사람에 맞는다면? 아무리 두터운 갑옷과 투구를 입고 있더라도 치명적일 것이다. 게다가 크기가 작아 날아오는 것이 보이지도 않으니 피할 수도 없다. 더구나 곡사포 형태로 날아가기 때문에 엄폐물 뒤에 숨은 적에게도 타격을 입힐 수 있다. 이처럼 조란탄은 인마 살상용으로는 가공할 위력이 있다.

마침내 수십 문의 총통에 조란탄이 장전되었다.

"방포하라!"

화포장들이 심지에 일제히 불을 붙였다. 그리고 다음 순간 엄청난 폭발음과 함께 정체 모를 소음이 하늘을 가득 메웠다. 소나기 소리 같기도 하고 파도 소리 같기도 했다. 혹은 수천 마리 철새떼의 날갯짓 소리처럼 들리기도 했다. 이어서 무수한 쇠공이 넓은 포망을 형성하며 적진에 떨어졌다. 이순신 함대에서 발사된 조란탄은 숲 속에 숨어 있는 적진을 유린했다. 일본군들이 부지기수로 쓰러져갔다.

일본군은 완전히 전의를 상실했다. 포구에는 13척의 배가 불타거나 침몰되었고 육지에는 수많은 사상자가 발생했다. 최소 2,000여 명의 일본군이 조선 수군에 의해 붕괴되었다. 살아남은 일본군도 돌아갈 배를 모두 잃고 말았다.

다행히 이순신이 우려하던 매복도 없었고 일본군이 조선 수군의 존재를 모르는 상태에서 치른 해전이었다. 그러나 이순신은 두 번의 연승 분위기에 편승하지 않고 신중하게 적진포해전을 치렀고 승전했다. 만약에 있을지도 모를 등 뒤의 적을 견제하며 올린 세 번째 승전고였다.

2. 그래도 신중하라

배후를 살펴라

출동을 나간 조선 수군들, 그들의 전투 외의 일상에 대해 알려진 바는 많지 않다. 무엇을 얼마나 먹었는지, 수군들과 격군들의 차이는 어땠는지 정확한 기록은 남아 있지 않다. 하루 두 끼, 주먹밥으로 때웠다는 주장도 있다. 어쨌거나 보급은 충분치 않고 수군과 격군 사이에는 차별도 있었을 것이다. 당시 노를 젓던 격군들 중에는 노비 출신이 적지 않았다. 수군은 대부분 양인이었다. 어쨌거나 그날은 꿈같은 밤이었으리라. 연이어 옥포와 합포에서 완벽한 승리를 거둔 그들의 숙영지는 사기충천했을 것이다. 더구나 계절은 양력으로 유월, 밤바다의 바람은 알맞게 부드러웠을 것이다.

다음 날 아침, 단잠에서 깨어난 그들 앞에 또다시 명령이 떨어졌다. 이순신은 서둘러 군사들을 먹이고 출동 명령을 내렸다. 적이 있다는 첩보였다. 사기충천한 이들을 이끌고 가면 역시 승전을 거둘 것이라 믿었다. 그러나 막상 그곳에 가니 적이 없었다. 그제야 이순신은 자신의 경솔함을 돌이켜본다. 어찌하여 배후를 걱정하지 않고 적의 매복을 염려하지 않은 채 함부로 함대를 움직였던가? 적이 있다는 첩보만 믿고 덜컥 대군을 출동시키는 장수가 어떻게 긴 싸움을 감당할 수 있단 말인가? 그리하여 이순신은 철저한 수색을 명령했고, 수색 끝에 애초의 첩보와는 달리 적진포에서 적을 발견했던 것이다.

아킬레스건 - 패장과 명장의 차이

위대한 장군들은 누구를 막론하고 자신의 약점을 감추고 상대의 약점을 간파하는 데 많은 노력을 기울였다. 전투는 궁극적으로 패리스와 아킬레스의 신화를 추구하는 것이라고도 한다. 3,000년 전 트로이 전쟁에서 패리스는 그리스의 전사 아킬레스의 유일한 약점인 발뒤꿈치를 쏘아서 그를 물리쳤다.

그렇다면 군대의 약점은 어디인가. 그것은 두말할 나위도 없이 배후이며 그다음이 측면이다. 동서고금의 수많은 전투에서 장군들은 적의 배후를 치기 위해 애를 썼다. 그러기 위해 적을 속이고 기만하고 과장하기까지 했다. 적의 의표를 찌르려 했던 것이다. 적에게 약점을 노출시킨 장군은 필연적으로 패장이 되었으며 적의 배후를 친 장군은 명장의 반열에 올랐다.

중앙아시아 정벌에 나섰던 칭기즈칸은 상대의 배후를 치기 위해 약 500킬로미터의 키질쿰 사막을 횡단했다. 도저히 사람이 건널 수 없다는 죽음의 사막을 칭기즈칸이 대군을 이끌고 건넌 이유가 무엇이겠는가. 바로 배후를 치기 위함이었다.

그렇다면 어떤 장군이 배후를 허용하는가. 첫째는 전체 전황을 제대로 보지 못할 때. 적의 전력과 병력, 적이 이용할 수 있는 전략 전술에 대한 모든 경우의 수를 냉정히 살피지 않았을 경우, 배후를 허용하고 만다. 또 하나는 지휘관이 작은 승리에 도취해 냉정을 잃는 순간이다.

적진포해전이 있던 그날 아침, 이순신조차 이런 함정에 빠졌다. 그러나 그는 곧 냉정을 되찾았고 함대 운용의 기본으로 돌아갔다. 척후를 내세우고 정찰선을 운용하며 내가 지난 자리에 적이 있는지 없는지 살폈다. 오랜 전란에서 그를 불패로 이끈 것은 탁월한 리더십과 더불어 이러한 신중함일지 모른다.

가장 무서운 적은 내 안에 있다

'잘나갈 때 조심하라'는 말을 자주 한다. 결코 가볍게 넘길 우스갯소리가 아니다. 확장일로를 걷던 사업이 하루아침에 망하는 사례가 적지 않다. 물론 많은 요인이 있겠지만 그중 하나가 승승장구의 분위기에 도취된 결과일 것이다. 눈앞의 작은 성과에 스스로 도취되는 순간, 그래서 나의 경험과 성과가 하늘 아래 최고라고 여기는 그 순간, 경솔해지고 냉정함을 잃고 만다. 신중해야 한다.

토종 감나무 중에 '해걸이'를 하는 나무가 있다. 해걸이란 한 해 감이 많이 열리면 그다음 해는 틀림없이 적게 열리는 현상을 말한다. 왜 그럴까? 지난해 열매가 많이 열렸다고 올해도 많이 열릴 경우 나무의 양분이 부족해질까 봐 그런 건 아닐까? 지난해 많은 열매를 지탱하느라 가지가 약해져 있을 때 또다시 주렁주렁 열매가 열리면 나무가 상하게 되지 않을까? 만약 이것이 사실이라면 붙박이 나무조차 신중함을 생존 전략으로 삼고 있는 것이다.

무서운 적은 등 뒤에 있고 그보다 더 무서운 적은 내 안의 방심에 있다. 등 뒤의 적을 허용하는 것은 바로 나 자신이다. 탑은 높을수록 위태롭고 자만은 클수록 위험하다.

하는 일마다 잘 풀리고 승승장구하는 느낌이 들 때, 잠시 걸음을 멈추고 주변을 살펴보라. 얼마나 많은 함정과 덫이 주위에 널려 있는지. 신중함이 지나치면 추진력이 떨어진다고도 한다. 일면 맞는 말이다. 그렇다면 둘 중 어느 것을 선택하겠는가. 신중한 전진인가? 강력한 추진력인가? 이 둘은 선택의 문제가 아니라 명장이라면 동시에 갖추고 있어야 할 필요 불가결한 자질이다.

복병은 항상 의외의 장소에서 나타난다. 《삼국지》나 각종 병법서를 보면 복병은 언제나 험한 계곡에 진을 치고 있다. 그런데 어째서 항상 복병에 당하는 쪽은 같은 곳에서 당하는가. 청산리의 김좌진 부대를 쫓아 들어왔던 일본군 지휘관이 이런 상식을 모를 리 없잖은가. 그런데도 마치 독자를 즐겁게 해주기 위함인 양 그들은 청산리 계곡에서 독립군의 매복에 걸려 엄청난 피해를 입었다. 지형이 문제가 아니었을 것이다. 매복에 걸려든 가장 큰 요인, 그것은 신중함의 결여, 승전에 도취한 지휘관의 방심이 가장 컸을 것이다.

다 아는 얘기라고 생각한다면 이미 한 발은 덫에 올려놓은 것과 같다. 의외의 복병은 어디서 나타날지 모르니까.

4
사천해전

1. 긴 활이 짧은 활을 이긴다

옥포, 합포, 적진포해전을 치른 이순신에게 비보가 전해졌다. 조정에서 한양을 버리고 북으로 피난을 갔다는 소식이었다. 즉 그것은 일본군이 한양을 함락했다는 뜻이었다. 이순신과 장수들과 조선 수군은 크게 낙심했다. 이대로 끝나는 것인가. 200년 조선 왕조가 문을 닫고야 마는 것인가.

그러나 정작 당황한 것은 일본이었다. 봉건 영주들의 성을 뺏고 빼앗기는 전쟁에 익숙한 일본군들, 그들은 조선의 도성인 한양만 차지하면 전쟁이 끝날 줄 알았다. 그런데 조선 왕과 조정은 피난을 갔고 도성을 빼앗겼는데도 조선군은 산발적으로 저항했다. 더구나 각지에서 의병이라는 무리들이 일어나 일본군의 배후를 괴롭히기 시작했다. 알고 보니 의병이란 작자들은 무인도 아니었다. 지방의 선비들이 자신이 집에서 부리던 노비와 소작인들을 모아서 몇백 명 혹은 몇천 명 단위로 저항했던 것이다.

적의 교두보를 격파하라

일본군으로서는 도저히 이해할 수 없었다. 전쟁은 무사 계급이 하는 것이었다. 전쟁이 벌어지든 난리가 터지든 농사꾼들은 죽은 체하고 농사만 짓는 그들의 문화에서 오합지졸들이 무명 띠 두르고 죽창을 들고 일어선 것이 이해되지 않았던 것이다.

이순신은 적진포해전을 마치고 휴식을 취하던 중 전라도 도사로부터 급보를 받았다. 군왕의 몽진! 이순신은 일단 여수의 전라좌수영 본영으로 귀환했다. 세 번의 해전으로 수군들도 지쳤지만 조정의 피난이라는 사태에 어찌 대처할 것인지 시간이 필요했다. 여수로 돌아온 이순신은 피난 조정에 장계를 올렸다. 첫 출전에서 거둔 승전보였다.

'삼가 적을 무찌른 일로 아뢰옵니다.'

이순신 승전보의 첫 문장이다. 이순신은 장계와 함께 식량도 보냈다. 아직 서해 뱃길은 조선군의 수중에 있어 평양의 피난 조정에 연락선을 띄우는 것은 어렵지 않았다. 이순신의 장계를 받은 조정은 놀라움을 금치 못했다. 개전 이후 처음 받는 승전보였던 것이다.

전란 초기, 조선 조정은 사태 파악에 실패했다. 조총이라는 신무기로 무장한 일본군에 대한 정보도 거의 없었다. 몇몇 장수와 군사들이 오로지 우국충정만으로 일본군에 맞섰으나 그야말로 속수무책이었다. 조정은 건국 이래 최초로 몽진이라는 현실을 감내해야 했다. 도성을 버리고 떠나는 임금과 벼슬아치들에 대한 백성들의 분노는 컸다. 그들은 임금의 행차를 막다가 마침내는 궁궐에 불을 질렀다. 피난길곳곳에서도 임금과 대신들은 수모를 당했다. 난생처음 굶주리기까지 했다. 피난 행렬에서 이탈하는 호위병들도 늘어났다. 이제 종묘사직은 백척간두, 서울을 차지한 왜적이 언제 임진강을 건너 북상해올지 모르는 상황, 그 절체절명의 상황에서 올라온 이순신의 승전보는 그야말로 가뭄에 단비였다. 선조는 즉각 이순신에게 가선대부라는 벼슬까지 내렸다.

전선의 이순신은 마음이 바빴다. 이제 어찌할 것인가? 이순신은 다시 한 번 자신의 위치가 막중함을 느꼈다. 왜적은 계속 북상할 것이다. 그렇다면 자신은 더더욱 남해와 서해 바다를 지켜야 했다. 일차적으로는 적의 원활한 해상 보급과 증원군 파견을 막고 이차적으로는 혹시라도 있을지 모를 조정의 피난지를 마련해야 했다. 다행히 아직은 전라도 바다와 전라도 육지까지 적은 진출하지 못하고 있었다. 그래서 전라 지역은 더 중요해졌다.

잠시 숨을 고른 이순신은 전라우수사 이억기에게 하루빨리 전투에 참여하라는 공문을 보냈다. 해남의 우수영에 있는 이억기 부대는 자기 지역을 방어하기 위해 대기 중이었다. 오지 않는 적을 기다리기보다는 좌수영과 연합해 적을 일선에서 막는 것이 더 중요하다고 판단했던 것이다. 그러나 이억기 함대는 즉각 출동하지 못했다. 함대가 자신의 관할 지역을 벗어나는 데는 절차가 필요했다. 임금의 명령 없이 함부로 군대를 움직일 수 없는 것이 일반적인 상황이었다.

그러던 차에 경상도에 남아 있던 원균으로부터 급보가 전해졌다. 일본군이 경남 사천까지 진출하여 교두보를 마련하고 있다는 소식이었다. 사천이라면 경상도 바다의 가장 서쪽, 여수에서 너댓 시간 거리에 있는 곳이다. 만약 이곳에 일본군이 진지를 구축한다면 여수 또한 위태롭다. 뿐만 아니라 일본군은 더욱 손쉽게 전라도 바다로 진출할 것이었다.

이순신은 즉각 출동을 명령했다. 전라우수사 이억기 부대가 합류한다면 좋겠지만 기다릴 여유가 없었다. 대신 이순신은 믿는 바가 있었다. 그것은 세계 해전사에 가장 극적인 신무기, 바로 거북선이었다.

만만치 않은 적을 만나다

1592년 6월 1일, 원균과 합류한 이순신은 곧장 사천만으로 함대를 이동시켰다. 함대가 진격하는 동안 적의 척후선 한 척을 만나 곧바로 격파했다. 그러나 살아남은 적의 척후병들은 육지를 통해 달아났다. 이제 사천 선진 포구의 적들은 이순신 함대가 쳐들어오는 것을 알고 있을 것이다. 그렇다면 옥포나 다른 해전처럼 기습전은 이미 생각할 수 없는 일이었다.

이순신은 전면전을 결정했다. 사천 선진 포구는 내륙으로 깊숙이 만이 형성된 곳에 있었다. 따라서 양옆으로 높은 언덕이 있어 선진 포구는 그 자체가 천혜의 요새였다. 그곳에 일본군은 전선 20여 척을 포구 깊숙이 정박해두었다. 그러고는 잡아온 조선 백성들을 동원하여 성을 쌓았다. 이순신 함대가 접근할 무렵, 일본군은 응전 태세를 갖추고 있었다. 그들은 대부분의 병력을 선진 포구로 들어가는 입구의 산언덕에 배치했다. 직접적인 해전 대신 육지에서 조선 수군을 맞겠다는 전략이었다.

이순신은 유인 작전을 펴기로 했다. 적이 포구 깊숙이, 더구나 육지에서 응전해온다면 어려운 싸움이 될 것이다. 이순신은 천천히 함대를 접근시켰다. 그러나 하필이면 썰물 때였다. 전선 앞바다는 넓은 갯벌이 펼쳐져 있었다. 일본 전선은 갯벌에 얹혀 있는 형국이었다. 대신 병력을 언덕 위에 배치해놓고 조선 함대가 접근하기를 기다리고 있었

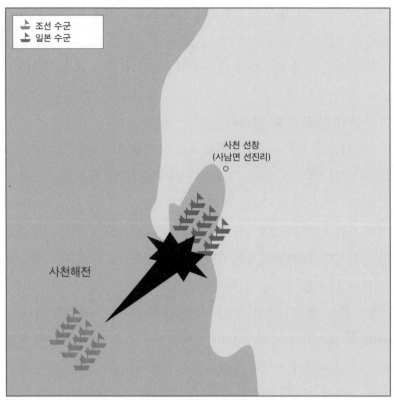

조선 수군
일본 수군

사천 선창
(사남면 선진리)

사천해전

사천해전 비장의 신무기 거북선이 최초로 출전, 맹활약하여 적선을 격침시켰다.

다. 일본군 가운데 흰옷 입은 사람들이 보였다. 일본군은 조선 백성을 총알받이로 내세웠던 것이다. 그들 때문에라도 유인 작전이 더욱 절실했다. 이순신 함대가 다가가자 적은 언덕에서 조총과 활로 응사해왔다. 조선 수군 역시 화살을 날렸지만 나무와 바위 등의 엄폐물 뒤에 숨은 적에게 타격을 입히기 어려웠다.

"방포하라!"

조선 함대에서 일제히 총통을 발사했다. 그러나 총통 역시 위력을 발휘하지 못했다. 썰물 때라 함대가 선진 포구로 근접하기 어려운데다 원거리에서 발사를 하자니 포격 각도가 제대로 나오지 않았다. 적은 조선 수군의 총통 공격을 비웃었다. 몇몇 일본군이 언덕 위로 몸을 드러낸 채 야유를 보내기도 했다. 조선군은 발만 동동 구를 뿐 뾰족한 대책이 없었다. 이미 심리전에서도 적에게 밀리는 느낌이었다.

"후퇴하라!"

이순신은 일단 함대를 후진시켰다. 함대가 물러나면 적이 쫓아 나올지도 모른다. 그러나 일본군은 좀체 포구 밖으로 나오려 하지 않았다. 이순신은 난감했다. 적이 포구 밖으로 나오지 않는다면 장기전이 될 것이고 그러면 배 위에서 싸우는 조선 수군이 불리해질 것은 뻔했다.

신무기 거북선, 불을 뿜다

그때까지 이순신은 거북선을 전면에 내세우지 않았다. 거북선은 적의 시야에 보이지 않는 곳에서 대기 중이었다. 적이 거북선의 외양을 보고 두려워할 것을 염려한 것이다. 만약 적이 거북선을 본다면 결코 넓은 바다로 쫓아 나오지 않을 거라는 계산이었다. 거북선을 감춘 이순신 함대가 물러나는데도 적은 유인당하지 않았다. 적을 눈앞에 두고도 썰물이라 제대로 공격하지 못하는 이순신 함대! 이순신은 기다리기로 했다. 밀려나간 물은 언젠가는 밀려들어 올 것이다. 한여름 해가 금오산 너머로 넘어갈 즈음 드디어 밀물이 되었다. 조선 판옥선이 선진 포구까지 진격할 수 있는 충분한 수심이 확보되었다.

"전 함대, 돌격하라!"

이순신의 명령으로 공격을 알리는 북과 신호기가 일제히 올랐다.

전열을 가다듬은 조선 함대는 선진 포구를 향해 진격했다. 적선이 조선 수군의 총통에 고스란히 노출되었다.

"방포하라!"

순식간에 선진 포구의 적선이 타격을 입기 시작했다. 그동안 언덕에서 야유를 보내던 일본군들이 발을 굴렀다. 수군에게 배는 생명과 같은 것! 선진에서 배를 잃는다면 부산까지 육로로 후퇴해야 하는데 안전을 장담할 수 없었다. 이판사판이라는 분위기가 적진에 팽배한 모양이었다. 일본군들이 포격당하고 있는 배에 오르기 시작했다. 그리고 이순신의 바람대로 배를 저어 포구를 벗어나오기 시작했다. 적들은 맹렬히 조총 사격을 하며 조선 함대를 향해 돌격해 왔다.

"거북선을 출동하라!"

곧바로 대장선에서 거북 귀龜가 선명한 기가 올랐다. 뒤처져 있던 거북선이 조선 함대를 헤치고 앞으로 나왔다. 노을을 배경으로 불쑥 나타난 거북선, 뱃머리는 흉측한 용의 형상이었고 배 위는 아예 밀폐되어 그 모양이 배인지조차 의심스러웠다.

조선 함대를 향해 진격해오던 일본군들은 놀랐다. 흉측한 괴물 하나가 아무런 거리낌 없이 그들 함대 한가운데까지 헤치고 들어오다니! 거북선은 스스로 일본 함대에 완전히 포위된 형국이 되었다.

그러나 다음 순간, 거북선 양측 옆구리에서 일제히 포문이 열리더니 포신이 불쑥불쑥 나왔다. 그러고는 앞머리에서 총통이 한 발 발사되는 것을 신호로 거북선 양 옆구리에서 일제히 총통이 발사되었다. 곧 선진 포구 앞바다는 아수라장이 되었다. 영문도 모른 채 거북선을 구경만 하던 일본 전선 중 서너 척이 순식간에 치명적인 타격을 입었다. 그제야 일본군들은 거북선을 향해 조총을 발사했다. 그러나 조총탄은 거북선의 선체를 뚫지 못했다.

용감한 적장 하나가 자신의 배를 거북선에 붙였다. 그러고는 일본도를 빼든 군사들에게 거북선에 오르라고 명령했다. 둥근 거북선 지붕에는 젖은 가마니가 덮여 있었다. 일제히 거북선 지붕으로 뛰어내린 일본군. 그러나 그들은 더 이상 움직이지 못했다. 젖은

돌격선으로 엄청난 위력을 발휘했던 거북선

가마니 안에 숨겨 있던 뾰족한 철제 송곳에 찔려 상처를 입었던 것이다. 그리고 전후좌우 자유자재로 움직이는 거북선의 둥근 지붕에서 그들은 오래 버티지 못했다. 대부분은 송곳에 찔리거나 바다로 굴러 떨어졌다.

이 모습을 지켜본 조선 함대에서는 함성이 울렸다. 조선 수군들조차 의심했던 거북선의 위력이 여지없이 발휘되었던 것이다. 반면 거북선 내부는 매우 분주했다. 거북선 내부는 2층으로 되어 있다. 3층이라는 설도 있지만 현재 복원되어 있는 거북선들은 모두 2층 구조이다. 아래층은 군사들이 쉴 수 있는 이른바 내무반이며 2층이 전투 공간이다. 2층에는 전투 요원뿐만 아니라 노를 젓는 격군들도 함께 있었다. 따라서 총통을 발사할 때는 격군들이 포수들에게 자리를 비켜주어야 했다. 일단 총통 발사가 끝나면 포수들은 총통을 끌어들여 다시 장전을 했고 그 틈에 격군들은 노를 잡아 거북선을 움직였다. 그러나 후미의 노 네 개는 항상 움직일 수 있었다. 즉 후미 양옆에는 포혈을 만들지 않고 항상 노를 저을 수 있도록 했다. 네 개의 노만으로

수군조련도水軍操練圖 이순신은 전란 중에도 다양한 진법 훈련을 실시했다.

도 전투에 필요한 최소한의 동력은 얻을 수 있었던 것이다.

거북선 내부는 밀폐되다시피 했다. 포혈과 포혈 위의 작은 창이 환기구 역할을 했다. 10여 문의 총통이 한꺼번에 발사를 하고 나면 거북선 내부는 짙은 유황 냄새로 가득 찼다. 그러나 수군과 격군들은 무명천으로 코와 입을 가리고 결사적으로 전투를 치렀다. 돌격장의 명령에 따라 일사불란하게 움직였다. 거북선은 양 옆구리에서 연신 총통을 발사하면서 그대로 선체를 적선에 부딪히는 당파 전술도 함께 사용했다. 용머리 아래의 돌출부는 일본 전선을 들이받을 때 엄청난 위력을 발휘했다.

"이때다! 전 함대 돌격하라!"

 이순신은 나머지 함대에 명령을 내렸다. 사천해전은 오래가지 않았
다. 거북선의 맹활약과 사기가 오른 조선 수군의 공격으로 일본 함대
는 모조리 격침되었다. 일부 남은 일본군은 상륙해 도망가기에 급급
했다.

 어두운 바다에서 불타오르는 적선을 바라보는 이순신은 감개무량
했다. 주위의 불신과 비웃음 속에서 만들었던 거북선. 그것이 위력을
발휘하는 현장을 보며 이순신은 자신의 판단이 틀리지 않았음에 안
도했다. 적이 물러간 자리, 이순신의 비장의 무기 거북선이 위풍당당
하게 떠 있었다.

2. 비책을 준비하라

비책은 정보에서 나온다

논란의 여지는 있지만, 거북선은 세계 최초의 철갑선으로 알려져 있다. 임진왜란 하면 떠오르는 신무기 거북선!

이순신은 전라좌수사가 되면서 일본군의 전력에 대해 최대한 정보를 모았다. 그 결과 일본군은 백병전에 강하며 특히 일본 수군은 해적 출신이 많아 상대의 배에 올라 칼로 승부를 낸다는 점을 알아냈다. 이른바 등선접전 전술이었다. 상대의 배에 올라 백병전으로 승부를 가르는 것은 고대부터 전해지는 가장 일반적인 해전 전술이었다. 막강한 전력을 자랑하던 고대 로마 해군도 이 전술을 즐겨 사용했다. 그들은 아예 전선에 상대 배로 건너갈 수 있는 긴 사다리를 싣고 다녔다. 중세 해적 영화를 떠올려보라. 상대 배에 접근하여 갈고리가 걸린 밧줄을 던져 적의 배를 고정한 다음 마치 타잔처럼 줄을 타고 건너가 화려한 칼싸움으로 승부를 결정짓던 장면 말이다.

이러한 전법은 수천 년의 역사를 가진 것이다. 일본군도 마찬가지였다. 적의 배 위로 누가 먼저 오르는가. 그리하여 근접 백병전에서 누가 강한가로 해전이 판가름 났던 것이다. 이런 일본군의 강점을 파악했던 이순신은 고민에 빠졌다. 저들과 근접전으로는 승산이 없고, 100년 이상 내전으로 단련된 일본군을 이길 수 있는 비책! 그 비책이 절실했다.

이순신은 오래된 군사 서적에서 조선 초 이미 조선 수군에 거북선이 있었다는 사실을 발견했다. 그는 배를 만드는 데 특히 재주가 뛰어난 나대용을 영입하여 거북선을 복원하도록 했다. 그것은 단순한 복원이 아니라 조선 초기 거북선을 한 단계 업그레이드시킨 것이었다. 그리하여 두 척의 거북선을 건조하기 시작했다. 여수 본영의 선소에서 만든 거북선이 먼저 완성되었다.

임진왜란이 일어나기 하루 전날, 이순신은 새로 만든 거북선에 총통을 싣고 발사 시험까지 거쳤다. 16만 일본군이 대마도를 출발하여 대한해협을 건너오던 바로 그 시각, 이순신은 거북선 총통 시험 발사를 성공리에 마쳤던 것이다. 운명이라면 운명이었다.

그러나 이순신은 첫 해전에는 거북선을 출전시키지 않았다. 아마도 마지막 성능 시험에서 문제가 있었거나 아니면 첫 해전을 통해 비장의 무기인 거북선이 실전에서 위력을 발휘할 수 있을지 분석했을지도 모르겠다. 어쨌든 이순신은 적이 전라도를 공격할 거점을 마련하고 있던 사천해전에 거북선을 투입했고 그것은 예상 밖의 위력을 발휘했다. 전쟁터만큼 힘의 논리가 정확하게 지배하는 곳도 없다. 상대보다 우수한 무기, 상대보다 많은 병력을 갖고 있다면 이길 수 있다. 이를 간파했던 이순신은 거북선이라는 비장의 신무기, 비책을 들고 나왔던 것이다.

세계사를 바꾼 신무기

비장의 신무기가 세계 전쟁사에 등장하는 것은 드물지 않다. 비책은 단순히 전투에서 승리하는 것을 넘어서 인류의 역사와 문화까지도 바꾸어놓았다.

백년전쟁을 일으킨 영국의 에드워드 3세는 1346년 프랑스를 침공했다. 노르망디로 상륙한 에드워드는 프랑스군과 크레시 전투를 치른다. 당시 영국군의 병력은 약 1만, 이에 비해 프랑스군은 4만이 넘는 대군이었다. 또한 프랑스군은 갑옷과 투구, 긴 창으로 중무장한 전형적인 중세 기사병들이 주축을 이루었다. 이에 비해 영국군은 배를 타고 건너온 보병이 주력군이었다. 프랑스군은 에드워드 3세의 영국군을 우습게 보았다. 지금까지 보병이 기병을 이긴 예는 거의 없었다. 더구나 병력이 훨씬 많은 터라 프랑스군은 언덕 위에 진을 친 영국군을 향해 과감한 돌격전을 감행했다. 그러나 결과는 프랑스군의 참담한 패배였다.

어째서 막강 전력의 프랑스 기병대가 영국군 보병에게 패했는가? 바로 이 크레시 전투에서 영국의 에드워드 3세는 장궁대, 즉 긴 활을 가진 보병부대를 운용했던 것이다. 영국군 장궁대의 긴 활은 기존 활의 위력과 판이하게 달랐다. 사정거리도 훨씬 멀었으며 그 위력도 대단하여 프랑스 기마병의 갑옷과 투구를 간단히 뚫어버렸다. 이 긴 활은 크레시 전투의 승리뿐만 아니라 유럽에서 더는 전통적인 기마병이 통하지 않게 된 것을 의미했다.

훨씬 소박한 신무기도 있다. 칭기즈칸이 아직 몽골을 통일하기 전, 몽골 초원에는 부족 간의 전쟁이 끊이지 않았다. 칭기즈칸 역시 적대 부족에게 아내를 납치당하고 복수를 위해 쳐들어갔으나 패배했다. 지금껏 해오던 대로 말을 타고 괴성을 지르며 창을 들고 덤볐던 것. 그러나 상대 부족은 목책을 설치하고 궁수를 배치하여 활로써 간단하게 칭기즈칸 군을 물리쳤다. 이후 1년 동안 칭기즈칸은 절치부심, 새로운 무기를 들고 다시 상대 부족을 공격, 간단히 적을 제압해버렸다. 이때 칭기즈칸은 무엇으로 적을 이겼는가? 바로 둥근 모양의 철제 방패였다. 기마병들이 새로운 방패로 적의 화살을 막으며 진격하여 승리를 거두었던 것이다.

1916년 7월 1일, 영국과 프랑스 연합군은 독일군과 일대 회전을 준비했다. 이미 숱한 포격으로 막대한 타격을 입혔다고 믿은 연합군은 독일군 진지를 향해 돌격했다. 소총을 든 보병이 주력군이었다. 그러나 그들을 기다린 것은 기관총이었다. 세계 최초로 기관총이 전장에 선을 보였다. 단발식 소총에 비해 기관총의 위력은 엄청났다. 하루 전투로 연합군은 5만의 병력을 잃었다. 신무기의 위력이었다. 영국군 탱크가 처음 전선에 선을 보였을 때도 마찬가지였다. 기관총탄은 탱크의 철판을 뚫지 못했다.

이처럼 신무기, 비장의 무기는 전쟁의 판도를 바꾸어놓는다. 이순신의 거북선도 해전의 판도를 바꿀 만큼 대단한 위력을 지닌 신무기였던 것이다.

비책, 그것을 가진 자가 이긴다

신무기의 중요성은 이제 신상품으로 대체되고 있다. 전쟁 못지않게 치열한 시장 경쟁에서도 신상품이라는 신무기는 가공할 위력을 갖고 있다. 경쟁업체보다 더 작은 컴퓨터, 더 견고하고 싼 자동차, 더 신선하게 보관하는 김치냉장고, 더 얇은 텔레비전, 더 다양한 기능을 탑재하고 혁신적인 디자인의 스마트 폰 등 숱한 신상품들이 쏟아져 나오지 않는가. 신제품, 즉 상대를 압도할 수 있는 비장의 무기, 비책이 없는 기업은 살아남기 어렵다.

이순신이 철갑선을 만든다고 할 때 주변 사람들은 불가능한 일이라고 했을 것이다. 물론 이 부분은 여전히 논란이 있다. 거북선은 완전한 철갑선이 아니라 배 위를 덮은 뚜껑도 일부분만 쇠판으로 덮였다는 일리 있는 주장이 나오고 있다. 뚜껑을 덮고 옆을 막으면 배가 지나치게 무거워 물 위에 뜰 수 없다거나 너무 무거워 움직이기조차 어려우리라고 했을 것이다. 또한 뚜껑을 덮어 군사들과 노 젓는 격군들이 한 공간에 있게 되니 함선을 운용하기 어려울 거라고도 했을 것이다. 그러나 이순신은 이 모든 우려를 극복하고 거북선을 만들어냈다. 된다는 믿음이 있었기 때문이다. 물론 거북선이 완벽한 것은 아니다. 약점도 있지만 당시로서는 획기적인 비책이 되기에 충분했다.

비책이야말로 다른 사람이 갖지 못한 나만의 무기요 생존 수단이다. 자신만의 비책을 가져라! 누구나 거북선을 만든다면 그것은 이미 비책이 아니다. 상대의 약점을 예리하게 찌르면서 동시에 자신의 장점을 최대한 살릴 수 있는 비책, 그것을 가진 자가 이기는 것이다.

그렇다면 비책은 어떻게 마련할 것인가? 누구나 이순신처럼 거북선을 가질 수는 없지 않은가? 최근 가족끼리 직장 동료끼리 모여서 자주 하는 이벤트가 있다고 들었다.

'자신의 강점을 10가지만 써보라!'

매우 단순하면서도 의미 있는 일이 아닌가? 써보시라! 나는 나의 강점을 알고 있는가? 나의 단점은 어렴풋이 짐작하고 있을 것이다. 많은 주변 인물들이 이른바 '조언'이라는 명분으로 나의 단점을 꾸준히 지적해왔기에 그것은 알고 있을 것이다. 그런데 나의 강점은? 나도 모르는 나의 강점이 있기는 한 것인가. 직접 써보시라. 틀림없이 있을 것이다. 한 개인의 강점, 한 조직의 강점을 스스로 안다면 바로 그 속에 비책으로 가는 지름길이 있지 않을까?

5
당포해전

1. 가장 견고한 곳이 가장 약하다

처음으로 거북선을 띄운 사천해전에서 이순신은 부상을 입었다. 왼쪽 어깨에 총탄을 맞은 것이다. 기록을 보면 "발꿈치까지 피가 흥건했다"고 표현하고 있다. 사천해전을 승리로 이끈 그날 밤, 이순신 함대는 사천만 입구에 있는 모자랑포에 정박했다. 그리고 수술을 받았다. 수술이라고 해야 독주를 한잔 마시고는 어깨의 총탄을 빼내는 것이었다. 이순신은 그 고통을 고스란히 참아냈다. 수술 후 이순신은 앞으로 다시 활을 쏘지 못할까 싶어 걱정된다고 했다.

적의 약점을 찾아라

사천해전 사흘 후, 이순신 함대는 사천을 기점으로 부산 쪽으로 수색을 하며 함대를 이동시켰다. 동으로 동으로 이동하며 각 포구의 적선들을 격멸하려는 계획이었다. 끊임없이 서해 바다를 넘보는 적을 서해로부터 가장 먼 곳에서 막으려 했던 것이다. 최일선에서 준동하는 적을 막아야 했다. 그리고 각 포구에 산재해 있는 적이 연합하여 단일 함대를 꾸리지 못하도록 해야 했다. 최소 700여 척이 넘는 적선이 무장을 하고 단일 함대를 형성, 서해로 진격해온다면 그들을 막을 수 있다고 장담할 수 없었던 것이다. 소규모 적을 끊임없이 격퇴하는 것, 그것이 28척의 판옥선을 거느린 이순신이 할 수 있는 최선의 전략이었다.

1592년 6월 2일 아침, 적선이 당포에 정박하고 있다는 첩보가 입수되었다. 당포는 지금의 경남 통영시 미륵도에 있는 포구였다. 이순신은 즉각 함대를 이끌고 출동했다. 당포를 얼마 앞둔 곳에서 이순신은 척후선을 띄워 적의 동태를 살피도록 했다. 일본군은 전선 21척 규모로, 방어준비를 갖추고 있었다. 일부는 상륙하여 노략질을 하고 일부는 전선에 대기 중인 상태였다. 이제 일본군도 조선 수군을 의식했다. 지난 한 달여, 일본 해군은 조선 수군에 연전연패했다. 적선 21척, 그렇다면 정면 승부도 가능했다. 더구나 거북선까지 참전한 상태, 이순신 함대의 전력은 최고조였다.

이순신은 천천히 당포를 향해 진격했다. 모든 포구가 그러하듯 당포 역시 육지 깊숙한 곳이었다. 사천에서와 마찬가지로 일본군은 육지와 배 위에서 조선군을 기다리고 있었다. 육지에 진지를 구축한 적은 공격하기가 쉽지 않았다. 화살은 번번이 엄폐물에 걸렸고 총통으로 공격해도 효율이 낮았다. 바다에서는 대장군전 한 발의 명중으로 적선 한 척을 격침할 수 있었으나 육지에 숨어 있는 적병은 한 명도 잡지 못할 수도 있었다.

이순신은 당포 앞바다에서 적진을 살펴보았다. 싸움이 길어지면 불리할 것이 뻔했다. 높은 지형에서 조총과 화살로 공격할 채비를 갖추고 있는 적! 비록 적선을 모두 격침하더라도 조선 수군이 입을 피해

또한 적지 않을 것이다. 싸움은 점점 더 어려워지고 있었다. 적이 우리를 모를 때는 쉬웠으나 이제 몇 번의 패전으로 만반의 준비를 갖춘 적! 고작 20여 척의 적선을 격파하기 위해 조선 수군이 입을지도 모를 피해가 걱정이었다. 그렇다면? 적의 약점을 찾아야 했다. 일본군의 가장 약한 고리는 무엇인가?

위험한 만큼 효과도 크다

일본 배 중에서 유독 눈길을 끄는 것이 있었다. 함대의 한가운데에 정박하고 있는 대형 아다케였다. 일본 전선 중 가장 큰 것이 아다케, 즉 안택선이었다. 넓은 갑판 위에 집을 올려놓은 형태로 승선 인원만 해도 200명이 넘는 아다케는 3층 구조로 되어 있었다. 갑판 위의 층루는 마치 일본 성곽의 천수각을 연상케 할 정도로 웅장했다. 갑판에는 조총과 활로 무장한 일본군이 빙 둘러서 있었고, 갑판 한가운데는 붉은 양산이 널따랗게 펼쳐져 있었다.

일본군 장수는 바로 그 양산 아래에 버티고 앉아 있었다. 꼼짝 않고 조선 함대를 노려보는 적장은 이순신과의 결전을 직접 지휘할 듯했다. 만만찮은 상대였다. 저토록 침착하고 태산 같은 자세로 보아 그 아래 장수와 군사들의 군기 역시 엄정할 터였다. 지금껏 만난 적과는 사뭇 다른 분위기였다. 지금까지의 일본군들은

아다케安宅船 대선으로 불린 일본 수군의 전선.

조선 함대가 나타나면 이리 뛰고 저리 뛰며 야단법석이었다. 그러고는 산발적으로 먼저 사격을 가해오기도 했다. 그러나 당포의 일본군은 달랐다. 조선 함대가 접근하는데도 침착했다. 그들은 결코 만만한 오합지졸이 아니었다.

이순신은 쉽지 않은 싸움이 될 거라는 예감이 들었다. 일본 전선은 대장선을 중심으로 모여 있었다. 전력을 집중 배치하고 있는 것이었다. 그들은 마치 대장선을 호위라도 하듯 버티고 있었다. 저들은 대장선이 침몰하지 않는 한 끝까지 저항할 것이다. 그렇다면 속전속결할 수 있는 방법은 무엇일까. 마침내 이순신은 결심했다.

'핵심부를 공략하겠다.'

그것은 바로 대장선을 집중 공격하는 것이었다. 겹겹의 호위를 받고 있는 적의 대장선, 그래서 약점이 있을 것이다. 그것은 바로 방심이다. 저들은 조선 수군이 대장선을 둘러싼 전선들을 차례차례 깨뜨린 다음 대장선을 공격할 것이라고 생각할 터였다. 바로 거기에 허점이 있다고 이순신은 생각했다. 초전에 적의 대장선을 잡을 수만 있다면, 저들이 결사적으로 보호하는 대장선만 침몰된다면 적은 저절로 무너질 것이다.

이순신은 즉각 거북선 돌격장과 장수들을 불러모아 작전 사항을 지시했다. 무슨 수를 써서라도 초전에 거북선이 적의 대장선을 선제공격할 것! 작전의 핵심이었다. 서너 척의 판옥선은 거북선을 뒤따르고, 나머지 판옥선은 대장선을 호위하고 있는 일본군 전선에 최대한 포격을 가해 거북선과 돌격선들을 엄호할 것. 물론 반대 의견도 있었다. 적선으로 이중삼중의 호위를 받고 있는 대장선을 공격하는 것은 그만큼 위험 부담이 따른다는 것이었다. 만에 하나 거북선이 효과를 거두지 못하거나 심대한 타격을 입는다면 군사들의 사기에도 큰 영향을 끼칠 거라는 의견도 있었다.

"위험한 만큼, 성공할 때 효과도 클 것이오."

이순신은 뜻을 굽히지 않았다. 그러고는 거북선을 불렀다.

"귀선은 곧장 적의 대장선을 공격하라! 적의 대장선은 높이가 높아 하부에 약점이 있을 것이다. 최대한 신속히 접근하여 총통으로 선체 하부를 공격한다면 승산이 있다. 그리고 나머지 돌격선은 거북선을 엄호하라!"

거북선, 적의 대장선을 격파하다

드디어 팽팽한 긴장감이 감돌던 당포 앞바다의 정적이 깨어졌다. 이순신의 돌격 명령과 함께 거북선이 함대를 제치고 선두로 나섰다. 그러고는 곧장 적진 한가운데를 향해 돌진했다.

"전 함대 방포하라!"

나머지 판옥선들은 일본군 전선을 향해 다양한 포격을 시작했다. 한꺼번에 200여 발의 포격이 이루어졌다. 육지의 일본군도 응사했으나 조선 함대에는 사거리가 턱없이 미치지 못했다. 조선 함대의 엄호 포격을 받으며 거북선은 일직선으로 대장선을 향해 돌격했다.

일본군은 돌진해오는 거북선을 향해 조총과 화살을 날렸다. 거북선 내부에서는 모든 격군들이 노에 붙어 노를 저었다. 포혈과 창문은 모두 닫아걸었다. 요란한 조총 소리가 나더니 거북선 선체 이곳저곳에 총탄 박히는 소리가 들렸다. 곧이어 화살 박히는 소리도 들렸다. 그러나 조총과 화살은 견고한 거북선을 뚫지 못했다. 거북선 격군들은 온 힘을 다해 노를 저었다. 거북선은 판옥선에 비해 선체가 무거

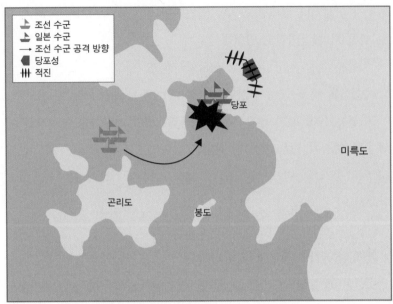

당포해전 적의 대장선을 과감히 공략, 승리했다.

워 특히 격군들이 애를 먹었다. 그러나 일단 추진만 하면 그 무게로 인해 점차 가속도를 낼 수 있는 이점도 있었다.

"쿠쿵!"

거북선을 막아서던 일본의 작은 전함들이 거북선 용두 아래 설치된 당파용 귀두에 부서져 나갔다. 일부는 거북선에 오르려고 했으나 가마니 아래의 뾰족한 송곳에 찔려 치명상을 입었다. 마침내 거북선은 적의 대장선 바로 앞까지 접근했다. 적진 사이로 파고들기에 성공한 것이다. 대장선 위의 일본군들이 내려다보며 미친 듯이 조총을 쏘아댔으나 총탄은 철갑에 튕겨 나갔다.

조총 소리와 철갑에 총탄 튀는 소리가 당포 앞바다를 가득 메웠다. 거북선이 대장선 가슴께로 파고들자 다른 일본군 함대의 공격이 오

조총鳥銃 조선군을 괴롭혔던 일본군 신무기.

히려 뜸해졌다. 섣불리 공격하다가는 자신들의 대장선이 피해를 입을 수도 있었기 때문이다. 이순신은 먼발치에서 적의 대장선에 바짝 접근한 거북선을 바라보았다.

일본군 대장도 당황한 기색이 역력했다. 완전히 허를 찔렸던 것이다. 거북선이 조선 함대의 선두로 나설 때만 하더라도 곧장 대장선을 향해 오리라고 생각지 않았다. 일본군 전선들과 격전을 치르고 잔뜩 지친 다음에나 도달하리라 여겼다. 그때 대장선이 천천히 나서서 거북선을 해치우리라 생각했다. 그런데 거북선은 곧장 파죽지세로 달려와 대장선 앞까지 도달했던 것이다.

그때까지만 해도 양산 아래 꼼짝 않고 앉아 있던 적장이 벌떡 일어나 군사들을 독려하기 시작했다. 적의 대장선 가슴께에 밀착한 거북선이 우선 당파용 귀두로 대장선을 '쿵' 하고 들이받았다. 그 바람에 높다란 아다케가 크게 흔들렸고 일본군 몇몇이 중심을 잃고 갑판 아래로 떨어졌다. 거북선이 천천히 물러서더니 일본군 대장선을 정면으로 마주했다. 용머리에서 현자총통이 나왔고 곧이어 대장선의 가슴께를 향해 차대전을 발사했다. 둔중한 소리와 함께 뱃머리 아래쪽에 커다란 구멍이 생겼다. 그러자 이제 거북선은 90도로 회전하여 측면이 일본군 대장선을 향하도록 했다. 다음 순간, 포혈이 일제히 열리더니 각종 총통이 머리를 내놓는 것과 동시에 일제히 불을 뿜었다.

10여 문의 총통이 대장선 선체 하부를 공격했다. 장군전과 단석들이 순식간에 대장선 아다케의 아랫부분에 여러 개의 구멍을 냈다.

방금 발사한 총통이 들어가고 새로운 총통이 준비되는가 싶은 순간, 다시 벼락 같은 소리와 함께 거북선이 2차 포격을 감행했다. 2차 포격은 더욱 타격이 컸다. 이미 충격을 받은 대장선 선체 곳곳이 무너져 내렸다. 단 두 번의 포격으로 대장선은 앞머리부터 바닷속으로 주저앉기 시작했다. 믿어지지 않는 광경 앞에 일본군은 전의를 상실했다. 철석같이 믿었던 대장선이 3분의 1 정도밖에 안 되는 작은 괴물 같은 배에게 단 두 번의 공격으로 격침당하는 모습을 그들은 믿기지 않는 눈으로 바라보아야 했다.

"전 함대 공격하라!"

거북선의 공격을 지켜보던 이순신이 총공격 명령을 내렸다. 이미 일본군은 더 이상 대항할 힘도 의지도 상실하고 말았다. 아다케 위의 왜장은 끝까지 자신의 함선 지휘소를 벗어나지 않았다. 그러다가 날아온 조선 수군의 화살에 가슴을 맞았다. 화살을 맞고도 불타는 눈으로 조선 수군을 노려보던 왜장은, 그러나 몇 발의 화살을 더 맞고 마침내 쓰러졌다. 그와 동시에 조선 수군들이 함성을 올렸다.

"왜장이 죽었다. 왜놈 대장선을 잡았다, 쏴라!"

조선 군관들은 바다에 빠진 일본군 대장의 머리를 수습했다. 함께 수습된 금부채에는 '도요토미 히데요시가 직접 이 부채를 준다'라는 글귀가 적혀 있었다. 당포에서 전사한 일본군 장수의 이름은 '카메이 코레노리龜井玆矩'로 알려져 있다.

대장선이 침몰하고 대장의 목까지 내걸리자 싸움은 다 끝난 것이나 마찬가지였다. 전의를 상실한 일본군은 대부분 육지로 도망쳤고 조선 수군은 남은 왜선을 남김없이 불질렀다. 자칫 어려울 수 있었던 싸움, 그것을 이순신은 과감히 핵심부 공격 작전으로 돌파했다. 가장 강력한 요새처럼 보이던 적의 대장선을 향한 과감한 공략, 이순신에게 당포해전 승전이라는 또 하나의 기록을 남겨준 순간이었다.

2. 핵심부를 공략하라

최대의 승부처를 장악하라

싸움은 점점 더 힘들어졌다. 전쟁 초기 조선 수군은 한 사람의 부상자도 없이 승전을 이끌어냈다. 그러나 갈수록 상황은 나빠졌다. 적도 이제 충분히 대비를 했고, 투입되는 전투병들도 정예병으로 바뀌었다. 당포의 일본군은 최고 지휘관이 타는 아다케를 동원했다. 군기가 엄정한 적은 쉽게 무너뜨리기 어렵다. 이순신은 언제나 공격하는 입장이었고, 일본군은 함대와 육지에 방어선을 구축하고 조선 함대를 기다렸다. 넓은 바다에서 싸워서는 조선 총통을 당해낼 수 없다는 것을 알았기 때문이다. 그들은 가능하면 이순신 함대에 발각되지 않고 작전을 수행하려 했다. 당시 일본 해군의 역할은 서해 바다로 진출하기 위한 교두보를 마련하는 것이었다.

공격하는 쪽과 방어하는 쪽 어느 편이 더 어려울까. 역시 공격하는 쪽이다. 지금껏 보지 못한 대형 적선인 아다케를 보는 순간, 이순신은 거기가 승부처라는 것을 직감했다. 적의 대장선이 건재한 한, 적장이 살아 있는 한 일본군은 최후의 한 명까지 옥쇄를 각오하고 싸울 터였다. 군사들이 지휘관을 믿고 그를 중심으로 혼연일체가 된다는 것, 그만큼 강군強軍이라는 뜻이다. 그러나 바로 거기에 해법이 있었다. 적의 핵심부를 공략하는 것, 그것만이 전투를 빨리 끝내고 아군의 피해도 줄이는 길이었다.

상대의 핵심부를 공격하려는 시도는 전쟁의 역사와 함께 계속되었다. 고대 로마 시대의 2차 포에니 전쟁(B. C. 219~202년)에서 두 전쟁 영웅이 맞붙었다.

아프리카 북부 지역에 있던 카르타고의 한니발과 로마의 스키피오가 맞붙었다. 한니발은 대군을 이끌고 지중해를 우회하여 피레네 산맥과 알프스 산맥을 넘어 로마로 진군해왔다. 로마는 공포에 빠졌다. 한니발은 연전연승, 이탈리아 반도의 남부까지 진격했다. 이때 로마에는 스키피오가 등장했다. 그는 한니발에게 타격을 입힐 대작전을 구사했다. 그는 한니발 군대의 보급기지 역할을 하는 스페인의 뉴카르타고를 공격하기로 했다. 누구도 로마군이 스페인까지 와서 그곳을 공격하리라 생각지 않았다. 그러나 스키피오는 한 차례의 강습으로 뉴카르타고를 장악했다. 이제 한니발 부대는 주요 기지를 잃었고, 전쟁의 주도권은 단숨에 로마로 넘어가고 말았다.

이러한 현상은 현대전에서 더욱 극명하게 나타난다. 먼저 전폭기와 미사일을 동원하여 상대국의 주요 시설을 파괴하면서 전쟁이 시작된다. 정교한 미사일로 적의 군수 기지, 연료 및 식량 보급창 등 핵심 시설을 파괴한 다음 육상 병력을 진격시킨다. 물론 이 과정에서 가장 주력하는 것은 적의 지휘 본부를 찾는 것이다. 개전 초기, 상대의 작전 사령부를 찾아내 타격하면 그것으로 전쟁은 끝나고 마는 것이다.

이렇듯 단 한 번의 핵심부 공략은 전쟁 전체의 판도에 큰 영향을 끼친다. 그래서 수많은 지휘관들은 적의 핵심부 공략을 최우선으로 추진한다. 그러나 적도 가만히 앉아서 당하지는 않는다. 자신의 핵심부를 지키기 위해 충분히 대비할 것이다.

바로 이 지점에서 이순신은 해법을 찾았다. 충분하게 대비했기에 오히려 방심하고 있을지 모른다고 판단한 것이다. 그리고 그 판단은 적중, 거북선이라는 출중한 신무기가 역할을 충분히 해주었다.

강점 속에서 약점을 찾아라

언제나 업계 1위를 놓치지 않는 기업, 그래서 도저히 넘볼 수 없을 것 같은 업체를 이기는 비결은 과연 무엇일까.

바로 강점에서 약점을 찾는 것이다. 만년 2위이던 어느 렌터카 회사는 이렇게 광고했다. '우리 회사는 기다리는 줄이 짧습니다.' 즉, 잘 나가는 렌터카 회사의 차를 빌리기 위해 오랫동안 고객이 기다려야 하는 점, 그것이 약점이라고 판단한 것이다. 상대의 강점을 역으로 이용하여 약점으로 만들고 자신의 약점은 강점으로 만든 사례이다.

가장 강한 곳에 약점이 있다. 견고한 만리장성 중에서 철옹성이라는 산해관, 한 지휘관의 배신으로 중원 세력은 북방 유목민 세력에게 주도권을 넘기고 말았다. 낮은 성벽은 사람이 지키고 견고한 성벽은 달빛이 지키는 법이다. 독일군이 완벽한 요새를 준비하고 있던 노르망디 해변이 무너지면서 2차 대전의 전황은 기울기 시작했다. 비록 영화이긴 하지만 적의 핵심부, 가장 강하고 가장 완벽한 대비 태세를 갖춘 조조의 침실에서 적벽대전의 승패는 결정되고 있었다.

상대의 강한 곳을 피하기만 해서는 결코 목적을 달성할 수 없다. 때로는 과감한 핵심부 공략이 필요하다. 공략해야 할 곳은 그대로 두고 주변부에 변죽만 울리는 경우, 그것은 이미 자신감을 잃은 상

태거나 적을 공략하려는 의지가 없다고 볼 수밖에 없다. 어느 분야
에서 성공하고 싶다면 그 분야의 핵심을 파악하고 전력을 투입해야
한다.

진해 앞바다 해전
신뢰가 힘이다

　　당포해전이 끝나갈 즈음, 후방을 맡고 있던 척후선이 이순신에게 다가왔다. 일본군 대선 20여 척이 거제에서 당포로 오고 있다는 보고였다.
　　이순신은 이들을 당포 바깥 바다에서 맞아 싸우기로 결정했다. 당포 선창은 좁아서 근접전이 될 우려가 있었기 때문이다. 이순신은 전 함대에게 항로를 돌려 당포 바깥 바다로 나가도록 명령했다.
　　당황한 것은 일본군이었다. 그들은 당포를 공격하는 이순신의 배후를 칠 요량이었는지 모른다. 그런데 이순신은 이미 속전속결로 당포해전을 끝내고 오히려 뱃머리를 돌려 자신들을 향해 진격해오고 있지 않은가? 조선 함대가 당포의 아군을 간단히 제압했다면? 일본군의 판단은 빨랐다. 그들은 즉시 배를 돌려 도주하기 시작했다.
　　이순신은 추격을 멈추었다. 이미 날이 어두워지고 있었던 것이다. 이튿날, 이순신은 함대를 이끌고 어제 도망간 일본군을 찾아 나섰다. 하루를 수색했으나 그들의 행방은 묘연했다. 한산도 옆 추도 앞바다에서 밤을 새운 이순신은 다시 수색에 나섰다.
　　이때 산으로 피했던 당포의 군사 한 사람이 내려와 일본군에 대한 정보를 보고했다. 즉, 당포해전 이후 일본군은 전사자들을 한곳에 모아 화장한 후 육로를 따라 어디론가 이동했으며 당포로 진격하다가 도망친 왜선은 거제로 갔다는 것이었다.
　　이에 이순신은 즉각 거제로 함대를 이동시켰다. 이 과정에서 전라우수군 이억기 함대와 조우, 그들과 하룻밤을 지냈다. 이튿날인 6월 5일, 거제의 백성 7, 8명이 이순신에게 와서 일본군에 대한 정보를 다시 제공했다. 당포에서 우리 함대에 쫓긴 일본군이 거제에 정박한 후 지금은 고성 땅 당항포로 이동했다는 것이었다. 이순신은 이들의 정보를 신뢰했다. 그들의 설명과 정황으로 보아 일본군의 역공작일 가능성은 적었다.

이순신은 즉각 함대를 당항포 쪽으로 이동시켰다. 당항포 입구에 다다를 즈음 진해 선창에서 급히 나오는 일본군 대선 4척과 소선 2척을 발견했다. 진해는 지금의 마산시 진동면 진동리 포구였다. 이들을 녹도 만호 정운이 추격하자 일본군은 배를 버리고 달아났다.

조선 수군은 적이 버린 전선 6척을 불태운 후 일본군에 잡혀 있던 조선 백성들을 구출했다. 당시 일본군은 진해성에 들어가 약탈을 자행하다가 함안 군수 유숭인의 기병대에 쫓겨 바다로 나오던 중 이순신 함대를 만나 전멸했던 것이다.

자신을 믿고 찾아온 백성들이 제공한 정보, 이순신은 그것을 믿었고 그 정보를 바탕으로 승전을 이끌어낼 수 있었다.

6
당항포해전

1. 봄바람에도 꽃은 진다

이순신 함대의 승승장구! 이 소식은 사람들의 입에서 입으로 멀리 퍼져 나갔다. 이제 연안의 백성들은 먼발치서 조선 수군이 나타나면 앞장서 식수를 공급하거나 함성으로 격려했다. 일본군의 만행을 피해 외진 바닷가나 산속에 숨어 지내던 백성들에게 이순신의 존재는 희망 그 자체였다.

드디어 전라우수군 합류하다

이순신에 대한 소문이 퍼져 나가자 전라좌수영이 있는 여수에는 수많은 피난민들이 모여들었다. 적어도 이순신이 있는 곳에 가까이 가면 안전하리라는 생각에서였다.

당포해전 이틀 후, 이순신 함대는 거제에 적이 있다는 첩보를 입수하고 당포를 출발하려고 했다. 막 출항을 서두르는 순간, 앞바다에 거대한 함대가 나타났다. 이순신과 조선 수군은 긴장했다. 즉시 비상이 걸리고 전군이 전투 태세에 돌입했다. 전 함대가 급히 뱃머리를 돌려 접근하는 함대를 향해 나갔다. 일본군의 기습이라고 여겼던 것이다. 그러나 다음 순간 바다에는 환호성이 울렸다. 접근해오는 함대는 일본군이 아니라 그토록 기다리던 전라우수군이었다.

　원군이 오는 것을 보고 기뻐서 펄쩍펄쩍 뛰지 않는 군사가 없었다.

이순신은 이억기 함대와의 조우를 이렇게 기록하였다. 이억기의 전라우수군은 판옥선 25척의 당당한 함대였다. 이제 조선 수군은 판옥선이 50척이 넘는 대함대를 구성하게 되었다.

조선 수군의 사기는 단번에 하늘을 찌를 듯 솟아올랐다. 목숨을 건 전장터에서 구원병을 만난다는 것, 그것도 경상우수영 원균의 함대가 판옥선 4척 규모인 데 비해 25척의 거대한 함대가 합류한다는 것은 대단한 일이었다. 조선 수군들은 누가 먼저랄 것도 없이 손을 마주 잡았을 것이다. 전라우수군은 그동안 싸워온 전라좌수군과 경상우수군들을 위로하고, 전라좌수군과 경상우수군은 전라우수군을 진심으로 반겼을 것이다.

이렇게 수군들의 사기가 충천해 있을 때 정작 문제는 지휘부에서 생겼다. 이제 장수가 세 사람이 된 것이다. 이순신과 원균과 이억기, 이들은 모두 정3품 수군절도사, 즉 같은 계급의 수사水使였다. 한 부대에 사단장이 세 명이 되었으니 연합 함대의 지휘권을 누가 가질 것인가 하는 문제가 수면 위로 부상했다. 세 사람은 오랫동안 회의를 했다. 그리고 정확한 기록이 남아 있지는 않지만 이순신이 지휘권을 가지는 것으로 결론이 났을 것이다. 원균의 함대는 규모가 너무 작았고 이억기는 전투 경험이 없었기 때문이다. 그날은 작전회의 관계로 출전하지 못했다.

바다로 적을 유인하다

다음 날, 1592년 6월 5일 아침, 고성 땅 당항포에 적이 있다는 소식이 전해졌다. 안개가 짙게 낀 날씨였다. 이순신은 의아했다. 당항포는 만이 좁고 깊은데다 앞이 막힌 곳이다. 일본군이 서쪽으로 진격할 요량이면 고성과 통영 앞바다를 지나야 할 터인데 어째서 앞이 막힌 깊숙한 만으로 들어갔을까? 그렇다고 당항포가 사천이나 당포 같은 전략적 요충지도 아니라는 생각에 이르자 이순신은 이 첩보의 진의가 의심되었다. 혹시 함정이 아닐까.

여기에는 전해오는 이야기가 있다. 임진왜란이 일어나기 일 년 전, 고성 땅 어느 주막에 승려로 가장한 일본 첩자가 하룻밤 묵었다. 그 첩자는 일 년 전에도 이 주막에 머물다 갔다. 주막의 월이라는 기생은 스님이 다시 찾아온 것이 반갑기도 하고 의아하기도 했다. 승려는 술을 청했다. 월이는 그에게 자꾸 술을 권했다. 승려는 곧 술에 취해 곯아떨어졌다. 승려의 봇짐을 풀어본 월이는 소스라치게 놀랐다. 그 속에서 짧은 환도와 조선의 지도가 나왔는데, 지도에는 성과 주둔하고 있는 군사의 수, 지형 등이 자세히 표기되어 있었다. 놀란 월이는 그 지도에서 자신이 살고 있는 고성 땅의 일부를 바다처럼 파랗게 칠해버렸다. 그리하여 첩자의 지도에는 당항포에서 지금의 고성읍까지의 육지가 바다로 변해버렸던 것이다. 이튿날 승려는 기생 월이가 위조한 지도를 가지고 떠났다.

당항포해전 당시, 일본군이 이곳으로 온 것은 기생 월이의 가짜 지도 때문이라고 지금도 현지인들은 믿고 있다. 이와 유사한 이야기가 남해에도 전해오는데 관음포 일대를 '가청도(가짜로 푸른색으로 칠한 곳)'라 칭하는 것도 임진왜란 때 육지를 바다 색깔로 칠한 데서 유래한다고 한다. 바로 이 가짜 지도 때문에 노량해전 당시 일본군은 이순신 함대에 몰리자 관음포로 도망쳤다가 엄청난 손실을 입었다는 것이다.

이순신은 연합 함대를 이끌고 당항포로 항진했다. 항진하는 도중 진해에서 함안 군수 유숭인에게 쫓겨 나오는 일본 전선 6척을 불태웠다. 진해 앞바다 해전을 간단히 치른 것이다. 그런 다음 당항포 공격을 준비했다. 당항포로 들어가는 입구는 바다의 폭이 300미터가 될까 말까 한 좁은 곳이다. 오죽하면 당목(닭목)이라 이름 붙였을까? 입구에서 일본군이 주둔하고 있는 당항포까지는 약 30여 리, 이순신은 당항포 입구 당목 근처에 4척의 판옥선을 매복시켰다. 혹시라도 당항포에서 빠져나갈지도 모를 적선을 지키면서 동시에 만에 하나 있을지 모를 일본군 구원병을 견제하기 위해서였다. 그런 다음 이순신은 장사진을 펼치게 했다. 당항포로 이르는 바닷길 역시 좁아 장사진을 펼쳤던 것이다. 당항포에는 26척의 적선이 정박 중이었다.

이순신 함대가 접근하자 일본군은 곧바로 응전 태세를 갖추었다. 조총을 쏘고 화살을 날리기도 했다. 이순신은 가벼이 움직이는 적을 보고는 내심 안도했다. 적진은 어딘지 모르게 성급해 보였다. 적선 중에는 대형 아다케도 보였다. 아다케의 누각은 단청을 칠해놓아 마치 불전처럼 보였다. 이순신은 아다케를 포함하여 적선을 포위하도록 했다. 삼면을 포위한 채 점차 포구를 압박해 들어갔다. 당항포를 디근(ㄷ)자 모양으로 에워싼 후 서서히 접근하자 일본군은 맹렬히 저항하

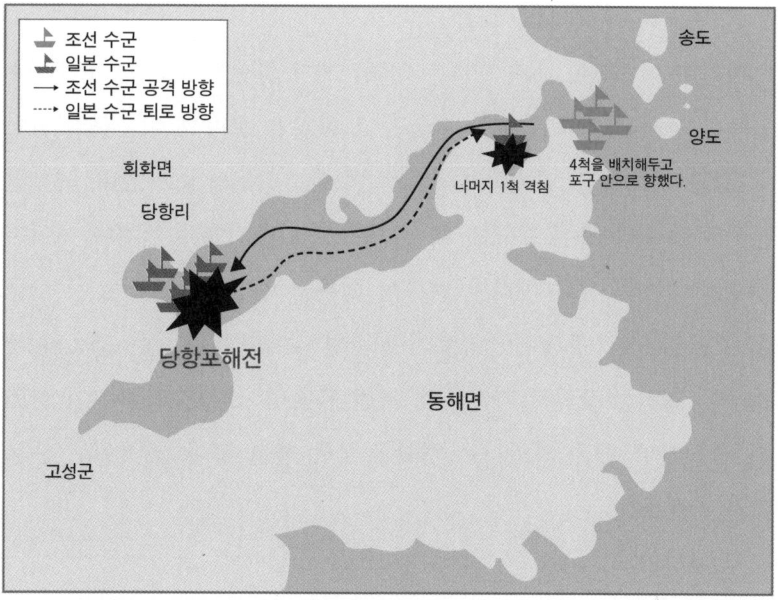

당항포해전 적선 1척을 남겨 퇴로를 열어두었다가 이마저 기습, 압승을 거두었다.

기 시작했다.

조선 수군들은 이순신의 명령이 떨어지기를 기다렸다. 어쩐 일인지 이순신은 방포 명령을 내리지 않았다. 여느 때 같았으면 벌써 방포 명령이 내리고 엄청난 포격이 시작되어야 할 시점이었다. 그런데도 이순신은 적선에게 접근만 명령할 뿐 포격 명령을 내리지 않았다. 이미 일본군 조총 사거리까지 들어갔다. 조선 판옥선 뱃전에 총탄이 소나기처럼 쏟아졌다.

"방패를 높여라!"

갑판 위의 수군들은 방패를 높였다. 수군들조차 의아했다. 도대체 장군은 무슨 생각을 하고 있는가. 총통 한 방 쏘지 않고 접근하여 당파나 백병전으로 끝내려는 것일까.

"사부들은 화살을 쏘아라!"

마침내 이순신이 내린 명령은 엉뚱하게도 화살을 쏘라는 것이었다. 월등히 우세한 화력인 총통을 놔두고 화살을 쏘라는 이순신의 명령에 수군 사수들은 일제히 화살을 날렸다. 이제 당항포 앞바다는 일본군의 조총과 조선 수군의 화살 대결로 압축되었다. 접전이 이어지자 드디어 이순신이 바라던 반응이 일본군 진영에서 일어났다. 그들이 조선 수군을 향해 진격해오기 시작한 것이다. 일본군은 조총과 불화살을 맹렬히 쏘면서 다가왔다. 조선 판옥선 곳곳에 불화살이 꽂혔다. 수군들은 젖은 가마니로 뱃전에 붙은 불을 껐다. 곳곳에서 부상자가 발생했다.

"후퇴하라!"

이순신이 퇴각 명령을 내렸다. 조선 판옥선들이 일제히 후진하기 시작했다. 그러자 기세가 오른 것은 일본군이었다. 그들은 더 빨리 노를 저으며 이순신 함대를 쫓아왔다. 그러나 그것이 일본군의 패착이었다. 이순신의 유인 작전에 걸려든 것이다. 이순신은 당항포에 정박한 일본군들을 보면서 생각에 잠겼다. 일본 전선을 모조리 격침시킬 수는 있으나 만약 그러할 경우 육지로 올라간 일본군들이 조선 민간인에게 보복할 것을 걱정했다. 그래서 이순신은 바다로 유인하여 적을 모조리 수장시킬 전략을 세웠던 것이다.

퇴로를 열어 백성들을 보호하다

바다로 나온 일본 전선 26척은 뒤늦은 후회를 해야 했다. 물러나던 조선 함대가 일제히 총통을 쏘며 진격해왔다. 이미 바다는 어두워지기 시작했다.

"총공격하라! 전 함대 총통 발사하라!"

드디어 조선 수군의 주력 무기인 각종 총통이 발사를 시작했다. 장군전과 단석들이 날고 눈에 보이지도 않는 조란탄들이 저물어가는 바다 위를 날아 일본군 함대를 벌집으로 만들었다. 당황한 일본군들이 조총으로 응사했지만 두텁고 높은 판옥선의 방패를 뚫지 못했다.

역시 이번에도 일본군 대장선은 거북선이 맡았다. 이미 전열이 흐트러진 일본군 함대 사이를 거북선이 헤집고 들어가 적의 대장선 턱밑에 접근했다. 그러고는 포격과 당파로 간단하게 제압해버렸다. 순식간에 전세가 뒤바뀌었고 전투는 오래가지 않았다. 이미 전선의 숫자면에서도 일본군은 조선군의 절반밖에 되지 않았다. 일본 전선은 완파되거나 반파된 채 물 위에 떠 있었다. 물에 빠진 일본군들 중 살아남은 자들은 필사적으로 육지를 향해 헤엄쳤다. 이순신은 어수선한 전장을 바라보다가 다시 뜻밖의 명령을 내렸다.

"공격 중지!"

느닷없이 이순신이 공격 중지 명령을 내렸다. 장수들과 군사들은 의아했다. 이제 남은 적선은 고작 한 척, 까짓 한 척 정도는 판옥선이 총통 두어 번만 발사하면 끝장낼 수 있는 상황이었다. 적선의 완전 격침, 완벽한 승리를 눈앞에 둔 상황에서 공격 중지 명령이라니! 곧이어 이순신은 후퇴 명령을 내렸다. 조선 수군과 장수들은 의아했지만 명령은 추상 같은 것! 조선 수군은 한 척의 적선을 남기고 어두워져가는 당항포를 떠나갔다. 혼비백산한 일본군은 조선군이 완전히 물러가자 남은 한 척의 배를 수습하기 시작했다.

"방답 첨사 이순신을 불러라!"

방답 첨사는 이순신李舜臣과 이름이 같은 이순신李純信이었다. 막 당항포 입구 당목을 빠져나올 즈음 이순신은 휘하 장수를 불렀다. 방답 첨사가 즉시 달려왔다.

"적은 반드시 나머지 한 척의 배를 타고 당항포를 빠져나올 것이다. 이곳에서 매복하고 있다가 잔적을 모조리 소탕하라!"

그제야 장수들은 이순신의 의중을 읽었다. 이순신은 적이 철수할 수 있도록 배를 일부러 남겨준 것이다. 그것은 배를 모두 잃은 일본군이 육로로 후퇴하면서 조선 백성들에게 저지를 만행을 막기 위해서였다. 도망갈 수 있는 배를 한 척 남겨둠으로써 일본군이 육지로 상륙하는 것을 막은 것이다. 그러나 이순신은 그들을 그냥 돌려보내지 않을 심산이었다.

과연 일본군은 이순신이 예상한 대로 움직였다. 그날 밤, 한 척의 배에 탑승 정원이 훨씬 넘는 일본군 패잔병들이 타고 몰래 당항포를 빠져나오고 있었다. 그러나 곧 방답 첨사 이순신의 매복에 걸려들었다. 필사적으로 도망가려는 일본 배를 조선 수군은 갈고리를 던져 고정시킨 채 네 척의 판옥선이 포위 공격했다. 젊은 왜장을 중심으로 일본군은 필사적으로 저항했으나 전멸을 면할 수 없었다. 조선 수군은 흠뻑 젖은 채 적장의 목을 베어 귀환했다.

단 한 명의 적도 상륙시키지 않고 거둔 대승이었다. 일부러 적선한 척을 남긴 당항포해전, 자신의 행동이 어떤 영향을 미칠 것인지까지 고려하여 거둔 승전이었다. 백성들의 피해를 최소화하겠다는 이순신의 마음이 담긴 아름다운 승리였다.

장병겸長柄鎌 바다에 빠졌거나 전선으로 기어 오르는 적의 목을 베는 무기.

2. 자신의 행위가 끼칠 영향을 생각하라

전쟁의 최대 피해자는 비무장 민간인

전투를 떠나 이순신이 안고 있던 큰 부담 가운데 하나는 백성들이었다. 여수의 전라좌수영 본영으로 몰려드는 피난민을 보살피는 것도 그렇지만 전투로 인해 백성들이 당하는 피해 역시 마음의 짐이 되었다. 옥포에서 합포에서 적진포에서 사천에서 일본군들은 조선 백성들에게 막대한 피해를 입혔다. 노략질은 예사였고 사천에서는 백성들을 중노동에 동원하고 심지어는 조선 수군의 총알받이로 내세우기까지 했다.

그뿐만이 아니었다. 일본군 패잔병들이 육지로 올라가 후퇴하면서 저질렀을 만행, 그것은 눈으로 보지 않아도 짐작하고 남았다. 패전의 분풀이를 백성들에게 했을 것이다. 보급을 위해 마을을 약탈하고 살인 방화는 예사로 저질렀을 것이다. 그러나 당시 이런 패잔병들의 만행을 저지할 만한 조선 육군은 없었다. 산발적인 의병 활동이 있었으나 민간인들을 보호하기에는 역부족이었다.

전투가 계속되면서 이순신도 이런 소식을 들었을 것이다. 일본군 패잔병들이 죄 없는 백성들을 유린하는 것을 보고 있을 수는 없었다. 그래서 당항포해전에서는 적을 바다에 모조리 수장시키려 한 것이다. 이순신은 유인 작전을 택했고 그것은 보기 좋게 맞아 떨어졌다. 일부러 적선 한 척을 남겨 퇴로를 열어주었고 그 퇴로를 막고 있다가 적을 전멸시켰다. 적어도 당항포에서는 일본군 패잔병에 의한 피해는 없었을 것이다. 눈앞의 전투가 당장 급한데도 이순신의 생각은 여기까지 미쳤던 것이다.

인류 역사에 전쟁이 기록되기 시작한 지 3,000여 년, 어떤 형태의 전쟁이든 전쟁의 가장 큰 피해자는 비무장 민간인이었다. 적의 노략질에, 혹은 아군의 작전에 힘없는 민간인들은 속수무책으로 전쟁의 광풍에 휘말렸다. 아무리 세계 전쟁사를 들추어 보아도 민간인을 보호하기 위해 자신을 희생한 지휘관은 찾아보기 어렵다. 지휘관과 장교들은 오로지 승리만을 생각했다. 그럴 수밖에 없을 것이다. 이기는 것 외에 전쟁을 종식시키는 다른 방법이 없을 것이요, 승리야말로 최고의 가치가 아니던가.

보이지 않는 것까지 보라

중국 고사에 송양지인宋襄之仁이라는 말이 있다. 명분에만 집착하여 일을 그르칠 때 이 고사를 인용한다. 옛날 송나라 양공襄公이 초나라가 쳐들어오자 군사를 이끌고 나가 맞서 싸웠다. 초나라군이 강을 건너오기 시작하자 양공의 참모가 건의를 했다. 상대는 군사가 많으므로 강을 건너기 위해 대열이 흩어졌을 때 기습을 해야 한다는 내용이었다.

그러자 양공이 이를 일축해버렸다. "너는 인과 의를 모르느냐? 어찌 적이 대열을 갖추기도 전에 칠 수 있겠느냐? 그것은 옳은 일이 아니다!" 양공이 기습을 거부하는 동안 초나라군은 이미 강을 다 건너고 있었다. 강을 건넌 초나라군은 전열을 가다듬었다. 또다시 양공의 참모가 건의했다. 적이 전열을 갖추기 전에 공격하면 능히 이길 수 있다고. 이번에도 양공은 그 건의를 묵살했다. 어찌 소인배처럼 적이 전열을 가다듬기도 전에 공격할 수 있겠냐며 그것은 군자의 도리가 아니라고 했다. 결국 이 전투에서 양공은 참패하고 말았다.

물론 이런 경우는 실제 전장에서 거의 일어나지 않는다. 지휘관들은 이기기 위해서 모든 수단과 방법을 동원한다. 그 과정에서 민간인이 입는 피해를 불가피하다고 여기는 장수들은 그에 대해 크게 고민하지 않는다. 적에게 이용되는 것을 막기 위해 아군이 민간인들의 농작물과 가옥을 모두 불태우는 청야 작전이라는 것도 그 피해는 고스란히 민간인에게 돌아가지만 지휘관은 개의치 않는다.

　현대전에서도 민간인 보호를 위한 수많은 협약과 교전 수칙 등이 있지만 제대로 지켜지기를 기대하는 것은 무리이다. 베트남전 등 현대전에서 게릴라, 혹은 게릴라 우호세력이라 하여 숱한 민간인들이 죽어가지 않았던가. 그들은 증거도 재판도 없이 현장에서 군인들에 의해 즉결 처분당하기도 했다. 모든 전쟁에서 민간인 피해는 당연한 것으로 생각한다. 이기기 위해서라면 어떤 대가든 치를 수 있다는 것이 전쟁의 역사가 보여주는 진실이다. 그 어떤 지휘관도 민간인을 보호하기 위해 패전의 위험을 무릅쓰지는 않는다. 다만 희생을 감수하면서도 승전을 위해 움직일 뿐이다.

　우리 주위에 이와 비슷한 예는 얼마든지 있다. 희귀 야생화를 촬영하는 현장, 프로그램 제작자들은 이 꽃이 얼마나 귀한 것이며 얼마나 아름다운지 시청자들에게 알리기 위해 애를 쓴다. 야생화의 아름다움을 찍기 위해 조명을 사용하고 카메라 각도를 이리저리 바꾸며 한나절 이상을 촬영에 매달렸다. 촬영이 끝난 자리, 주변에는 제작진의 등산화에 짓밟힌 야생화가 즐비했다. 오로지 촬영에만 몰두하여 정말로 이 귀한 꽃을 어떻게 지킬 것인지 최소한의 배려조차 않은 무신경이 빚은 결과였다. 다음 해 그 자리에 꽃은 다시 피지 않았다.

　더 큰 햄버거를 만들기 위해서는 더 많은 쇠고기가 필요하다. 쇠고

기를 더 많이 공급하기 위해서는 비육우를 더 많이 길러야 한다. 그러기 위해서는 숲을 베어내고 목초지를 넓혀야 한다. 숲이 사라지면 지구의 산소 공급량에 문제가 발생한다. 또한 사육소의 배설물이 많아져 대기 중에 이산화탄소가 증가하여 궁극적으로는 지구 온난화의 원인이 된다. 이처럼 도시에서 먹는 더 큰 햄버거가 지구 전체의 환경에까지 영향을 끼치는 것이다. 그러나 햄버거를 먹는 사람들 중에 이러한 순환 과정까지 생각하는 사람이 얼마나 될까.

산을 오르되 발밑의 꽃도 보라

잠시 생각해보라. 눈앞에 보이는 목표만을 위해 뛰고 있지는 않은지. 그것을 성취하면 그만이라는 생각에 사로잡혀 있지는 않은지. 조금 멀리 생각하고 앞서가라. 결과를 예측하고 주변을 살펴라. 자신의 행동이 어떤 결과를 가져올지, 어떤 영향을 끼칠지를 생각하라. 나의 성과에 급급하여 그것이 타인에게 혹은 사회에 어떤 영향을 끼칠 것인가 생각하지 않는다면 그는 진정한 의미의 승자라고 할 수 없다.

지금 이 순간에도 수많은 사람들이 목표를 향해 노력하고 있다. 그들을 지배하는 논리는 간단하다. 현대 사회는 무한 경쟁 사회이며 경쟁에서는 무조건 이겨야 한다는 신념을 갖고 있을 것이다. 그러나 과연 그러할까. 목적을 위해 오로지 앞만 보고 일로매진하는 것, 그것이 전부일까. 들꽃 메꽃이야 다치든 말든 오로지 산 정상만 향해 뛰어오르는 사람들, 그들에게 당항포의 이순신이 웅변하는 바는 한낱 구호에 불과한 옛이야기일 뿐일까.

산길을 오를 때는 오르는 데에만 연연하여 꽃을 보지 못할 수도 있다. 이순신 역시 이기기 위해 다른 것을 고려할 여유가 없었을지도 모른다. 그러나 백성들의 피해 소식을 듣자 아차 했을 것이다.

올라갈 때 보지 못한 꽃, 내려오면서 보라! 이제는 오르기 전부터 혹시 내 발길에 다칠지도 모를 꽃을 먼저 생각해보라. 그러면 훨씬 품 넓은 인간이 되어 진정으로 성공하는 삶에 한 발짝 더 다가갈 것이다.

7
율포해전

1. 싸움은 나의 것, 전공은 그대의 것

1592년 음력 6월 초순, 양력으로 대략 7월경이었을 것이다. 7월은 남해 바다에 태풍이 오는 때이기도 하다. 당항포해전을 마친 다음 날 이순신 함대는 당항포 입구의 작은 포구에 정박했다. 구름이 많고 비가 오는 날씨였다고 기록되어 있다. 아마 이날에는 이순신과 장수와 군사들이 모처럼 휴식을 취했으리라.

날이 개자 이순신은 척후선을 띄웠다. 이번에는 멀리 가덕도까지 다녀오라는 명을 내렸다. 척후에는 정찰척후와 전투척후 두 종류가 있었다. 정찰척후는 몰래 적의 주요 이동로와 병력 등 적정을 탐지하고 돌아오는 것이 주임무였다. 그러나 전투척후는 달랐다. 적을 만나면 교전을 치르도록 되어 있다. 이 과정에서 적의 전력, 전술 등을 파악해 오는 것이 임무인 것이다.

작은 갈등에 연연해 마라
이날 이순신이 가덕도까지 보낸 척후가 정찰척후인지 전투척후인지는 정확치 않다. 하지만 먼 거리 가덕도까지 전투척후를 보내는 것은 위험 부담과 노력이 너무 많이 들기에 아마도 소형 선박을 이용한 정찰척후를 내보내지 않았을까 싶다.

그런데 다음 날 오전, 이 정찰척후가 돌아오면서 이순신 진영에는 묘한 기류가 흘렀다. 정찰을 나갔던 척후병들은 가덕도 근처에서 적의 척후와 맞닥뜨려 교전을 벌인 결과 일본군을 물리치고 그들의 수급을 세 개 벴다. 정찰 임무를 띠고 나가 적의 목까지 베어 온 것은 대단한 전공이었다. 그런데 문제는 적과 전투를 치르고 귀환하는 과정에서 발생했다. 이순신 휘하의 전라좌수군 척후병들이 적의 목을 싣고 오다가 빼앗겼다는 것이다. 빼앗은 이는 경상우수사 원균 휘하의 군관들이었다. 원균의 군사들이 이순신 군사들의 전공을 가로채버린 것이다. 당시 이순신과 원균과 이억기는 모두 수군절도사로서 같은 직급이었다.

이순신에게 이 사실을 보고하는 군사들은 매우 흥분해 있었다. 일반 군사의 전공을 군관, 즉 요즘으로 치자면 부사관 계급이 가로챈 것이다. 중대한 문제가 아닐 수 없었다. 남의 전공을 가로챈 것도 간단한 문제가 아니지만 그것이 미칠 파장이 더욱 걱정이었다. 자칫하다가는 전라좌수군과 경상우수군 사이의 감정싸움으로 확대될 수도 있는 사안이었다. 어쨌거나 경상우수영과 전라좌수영은 연합 함대를 꾸리고 있지 않은가.

이순신이 연합 함대를 꾸린 까닭이 무엇이었는가. 가장 큰 이유는 힘을 집중하기 위해서였다. 임진왜란 당시 전체 전함의 숫자는 물론 일본군이 압도적으로 많았다. 그들은 15만 대군을 동원했다. 15만 대군이 짧은 기간에 바다를 건너오기 위해서는 대규모 수송 선단이 필요했다. 대선 한 척에 200명이 탄다면 1만 군사를 일시에 수송하기 위해서는 대선만도 최소 500척이 필요한 것이다. 처음 부산포에 상륙한 일본군 전선은 최소 700여 척이 넘는다는 보고가 있었다. 이들 수송선에 전투 병력이 타면 그대로 전선이 되었다.

반면 조선 함대는 전라 경상 연합 수군의 판옥선이 50여 척, 일본군 전선과 비교해 10분의 1에 지나지 않는다. 이런 수적 열세를 극복하기 위해 이순신은 연합 함대를 꾸렸고, 그렇게 집중된 전력은 소규모 일본군을 무찌르는 데 결정적인 역할을 하고 있었다. 조선 수군은 이렇게 연합 함대를 구성했지만 이동이나 정박 등은 상당 부분 독자적으로 했던 것으로 보인다. 일단 전투를 마치고 본영으로 돌아갈 때는 이순신은 전라좌수군만 거느리고 여수로 돌아가고 다시 출전할 때는 미리 정한 약속 장소에서 원균 부대와 합류했던 것이다. 그래서 연합 수군의 팀워크가 절실히 요구되는 때였다. 이런 때, 작은 사건으로 연합 함대 전체가 무너지게 할 수는 없었다.

보고를 들은 이순신은 직접 정찰병들에게 술을 따랐다. 군사들이 술을 마시자 이순신이 명령했다.

"지금 당장 척후를 나가도록 하라!"

"자, 장군!"

"너희는 임무를 완수하지 못했다. 내 당장 너희를 군율로 다스릴 것이니라."

"장군, 저희는 왜적의 목을 베어 왔습니다."

"너희는 적정을 탐지하라는 명을 받고 갔으나 적과 교전을 벌였다. 당장 급한 것은 왜병의 목이 아니라 적함의 위치와 규모와 동향이니라! 가서 임무를 완수하라!"

이순신의 명령은 지엄했다. 수급을 원균 휘하 군관에게 빼앗긴 군사들은 내심 이순신이 수급을 찾아주거나 그 군관을 불러 다시는 이런 일이 발생하지 않도록 조처를 취할 줄 알았다. 그런데 적병의 목을 베어 온 전공을 높이 사기는커녕 정찰 임무를 다하지 못했다며 다시 바다로 내몰다니. 군사들은 서운한 마음으로 정찰에 나섰다.

공포탄을 이용한 심리전

이순신은 눈앞의 전공을 다투는 것을 가장 경계하였다. 전장에서 적병의 목을 베거나 적장을 사살하거나 사로잡는 것은 장수나 군사 모두 바라는 일이었다. 그러나 모든 장수와 군사들이 눈앞의 전공에 급급하여 적의 목만 취하려 한다면 전체 작전 수행에 차질이 생길 것이 뻔했다. 해전이 한창일 때 적병의 목을 건지기 위해 물에 빠진 적에게 칼을 대는 것은 당장의 싸움은 뒷전인 채 시체에 칼질하는 것이나 다름없다. 그래서 이순신은 적의 수급을 거두는 일에 대해 엄격히 경계를 하고 있었다.

반면 기록에 따르면 원균은 약간 달랐던 듯하다. 북방에서 육전 경험이 있는 원균은 적의 목을 자르고 그것을 장대 높이 세워 아군의 사기를 높이고 적을 위협하는 일에 익숙했다. 해전에서도 원균은 일본군의 수급을 취하는 데 적극적이었고 전투가 끝나면 부하들에게 적병의 목을 수습하도록 했다고 한다. 이런 원균의 성향 탓에 그 휘하 군관이 이순신 군사들이 거둔 일본군 수급을 빼앗는 사태까지 초래되었는지도 모를 일이다.

이순신의 호령을 듣고 다시 정찰에 나선 군사들이 곧 급보를 알려왔다. 일단의 적선이 거제도 북단에서 부산 방향으로 이동한다는 첩

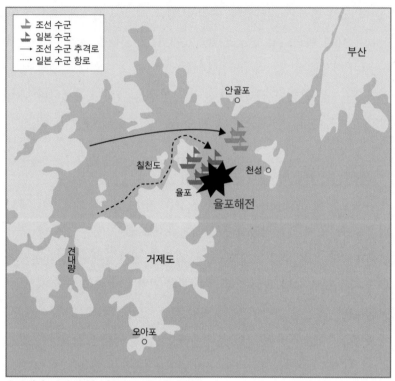

율포해전 적선 3척을 나포하는 전과를 올렸다.

보였다. 이순신은 즉각 함대에 출동 명령을 내렸다. 그러나 역풍이었다. 조선 수군이 쫓아도 쫓아도 적과의 거리는 좀처럼 좁혀지지 않았다. 총통을 발사했지만 역풍에 밀려 사거리조차 나오지 않았다. 이대로 가다가는 적선을 놓칠 것만 같았다. 더구나 적선은 배에 실었던 노획품과 약탈품들을 모두 바다에 내던지며 달아났다. 배의 무게를 줄여 속력을 높이기 위해서였다.

"공포탄을 발사하라!"

이순신은 총통에 대장군전이나 단석 등을 넣는 대신 빈 총통에 화약을 넣어 계속 발사하게 했다. 적은 이미 조선 수군의 총통을 두려워하고 있었다. 끊임없이 빈 총통을 쏘아대면서 적을 초조하게 만들 참이었다. 총통 소리에 놀란 일본군은 더욱더 속력을 냈다. 그것이 바로 이순신이 노리던 바였다. 총통 소리를 내며 쫓으면 적은 필요 이상으로 속도를 내게 되고 얼마 지나지 않아 노를 젓는 격군들은 지치게 마련이었다.

공포는 곧 효과를 나타냈다. 곧장 부산 방향으로 달리던 적선들이 오른쪽으로 뱃머리를 돌리기 시작했다. 그들이 접근하는 곳은 거제 북단의 율포라는 작은 해안이었다. 일본군은 가까운 육지에 배를 대고 상륙하여 도주하기로 작정한 듯했다. 일본군이 뱃머리를 돌리는 순간 속도가 늦춰졌다. 일본 전선은 배 밑바닥이 첨저형, 즉 뾰족하여 물속에 깊이 잠기는 형태였다. 따라서 방향을 바꿀 때 회전 반경이 컸다. 반면 조선 배는 배 밑바닥이 평저형, 즉 대바구니처럼 평평하여 회전 반경이 좁아 상대적으로 회전이 빨랐다. 같은 방향으로 회전할 때 일본 배는 바깥 레인, 조선 배는 안쪽 레인을 도는 것과 같았다. 드디어 조선 수군이 일본 함대의 옆구리 방향에서 일본 전선을 따라잡았다.

"전 함대 공격하라! 방포하라!"

이순신의 명령에 따라 조선 함대에서 일제히 발포가 시작되었다. 10여 척의 적선은 필사적으로 도주했다. 그러나 조선 판옥선의 총통을 벗어날 수는 없었다. 변변히 응사도 못한 일본군은 속수무책이었다. 순식간에 서너 척의 전선이 포격에 침몰하기 시작했다. 용케 포격을 피한 일본군 전선들은 육지 쪽으로 달아났다. 육지가 저만치 보이자 일본군 일부가 배를 버리고 바다로 뛰어들었다. 흡사 고래 떼에 쫓긴 물고기들처럼 일본군은 육지로 육지로 헤엄쳐 갔다. 이후는 빈 배와의 전투였다. 간혹 용감한 일본군들이 죽기를 각오하고 조총으로 응사했지만 조선 수군의 총통을 당해낼 수는 없었다.

수급보다는 적선을, 큰 성과에 상을 내린다

"적선을 나포하라! 적선을 나포하는 자에게 큰 상을 내릴 것이니라!"

그때 전장을 바라보던 이순신은 포격과 화살 날리기에 여념이 없는 수군들에게 명령했다. 전에 없던 명령이었다. 이순신은 언제나 개인 전공보다 전체 전황을 중요시했다. 한두 사람의 전쟁 영웅이 아니라 전체 조선 수군의 전투력을 높이는 데 초점을 맞춰왔다. 이순신은 상보다 벌에 엄격했던 것으로 여겨진다. 승리는 모두의 것! 그러나 군기를 흘트리는 행위는 아무리 작은 것이라도 가차 없이 처벌했다. 실제로 많은 탈영병들이 참수되기도 했다. 전체 군기를 엄정하게 세우는 것이 개인의 전공보다 훨씬 중요하다고 판단했던 것이다.

그런데 이번에는 적선을 나포하면 큰 상을 주겠다고 했다. 그 말은 곧 효과를 발휘했다. 조선 수군들은 포격을 멈추고 적선에 접근했다. 조선 수군은 일본군과의 근접전을 극도로 꺼렸다. 이순신 역시 접근전을 매우 제한적으로 허용했다. 그때는 이미 일본군 대열이 눈에 띄게 무너진 이후였다. 상을 내리겠다는 명령을 들은 조선 수군들은 조심스럽게 일본 전선을 향해 접근했다. 궁지에 몰린 동물이 더 위험하듯 일본군의 마지막 저항은 격렬했다. 자칫 조선 수군들이 다칠 우려도 있었다.

판옥선이 다가가자 많은 일본군은 배를 버리고 바다로 뛰어들었다.

그러나 몇몇은 옥쇄를 각오한 채 저항했다. 조총으로 응사하고 죽기를 각오하고 일본도를 빼드는 군사들도 있었다. 조선 수군들은 뱃전에서 방패를 밀집 대형으로 세워 적탄을 막아냈다. 그러고는 방패 뒤에서 사조구를 던졌다. 사

사조구四爪鉤 근접전에서 적선을 묶어두는 데 쓰인다.

조구는 마치 닻처럼 네 개의 갈고리가 나 있는 철물이다. 이것을 던져 적의 돛대나 갑판을 옭아매는 것이었다. 일본 배 세 척이 판옥선에 둘러싸인 채 사조구에 묶이고 있었다. 일본군들은 필사적으로 사조구 밧줄을 끊으려 했다. 그러나 노련한 조선 수군 사수들은 움직이는 일본군을 향해 정확히 조준한 화살을 날렸다. 저항은 이내 수그러들었다. 마지막까지 배에서 버티던 일본군들은 조선 수군의 화살 세례에 최후를 맞았다.

이렇게 해서 율포해전에서 나포한 적선만도 3척이나 되었다. 이순신이 적선 나포 명령을 내린 이유는 무엇일까? 그것은 아마도 수급이라는 작은 전공보다 더 큰 전공이 있다는 것을 강조하고 싶었는지 모른다. 그리하여 수급에 연연하는 것이 얼마나 보잘것없는 일인지 자신의 군사들에게 직접 보여주고 싶었는지 모른다.

자신의 휘하인 전라좌수군 정찰병들이 수급을 빼앗겼다고 했을 때, 이순신도 내심 분개했을 것이다. 원균 휘하의 군관이 자신의 부하가 거둔 전공을 빼앗았다는데 이순신인들 심기가 편했겠는가. 그러나 이순신은 전공을 두고 다투는 대신, 정찰병들에게 정확한 임무 수행을 요구함으로써 적을 발견했고 율포해전을 승전으로 이끌었다. 또한

포상을 통해 적병의 목이 아니라 적선 나포라는 더 큰 전과를 올렸던 것이다. 원균 휘하의 군관에게 적병의 목을 빼앗겼던 척후병도 적선 나포에 적극적이었을 것이다. 이들이 어떤 상을 받았는지 기록으로 남아 있지는 않다. 하지만 일본 전선 6척 분멸에 적병 1,000여 명 궤멸이라는 전과를 올렸다. 지금까지와 비교해보면 작은 전과지만 율포 해전이야말로 작은 전공을 다투는 대신 큰 틀에서 작전을 수행한 이순신의 원칙의 승리였다.

2. 전공을 내세우지 마라

부하의 공을 확실히 인정하라

당근과 채찍, 이것이야말로 전장의 지휘관들이 전통적으로 군사들의 사기를 다루어온 두 가지 수단이었다. 이순신도 마찬가지였다. 이순신은 일벌백계주의자였다.

첫 출전을 앞두고 황옥천이라는 군관 하나가 탈영을 했다. 군관의 탈영은 전체 군사들에게 큰 영향을 끼친다. 군관은 체포되어 여수 본영으로 끌려왔다. 이순신은 살려달라는 군관의 애원을 묵살한 채 그를 참수했다. 본보기로 삼은 것이다. 이후에도 이순신은 명령을 어기거나 군문을 벗어난 군사들에 대해서는 가차 없이 군율을 적용했다. 작은 아픔을 극복해야만 큰 성과를 거둘 수 있다고 믿었던 것이다.

이순신의 일벌백계는 효력이 있었던 듯하다. 그가 명령한 것은 어떤 경우에도 수행되었다. 율포해전을 치른 2차 출동 당시, 조선 수군 정박지에서 때 아닌 소동이 벌어졌다. 한밤중에 적이 나타났다는 소문이 돌면서 진중이 순식간에 공포에 빠져든 것이다. 실제 일본군이 나타난 것은 아니지만 수군들은 풍문만으로도 소동을 일으켰다. 그만큼 전장에서 공포심은 큰 스트레스였다. 이런 소동을 이순신은 방울을 흔들어 간단히 제압했다. 그 정도로 이순신의 명령과 움직임 하나하나는 수군들에게 태산처럼 다가왔던 것이다.

엄정한 군기를 세우는 데는 이순신의 원칙이 크게 작용했을 것이다. 이순신은 야박하리만치 휘하 장수들이 세운 전공을 칭찬하는 데 인색했다. 그러나 전투 결과를 조정에 보고할 때는 부하들의 전공을 매우 상세히 보고했다. 누가 적선을 어떻게 격파했는지 세세히 기록했다. 율포해전의 결과만 보더라도 이런 사실을 알 수 있다.

우후 이몽귀가 대선 1척 나포, 참수 7급, 대선 1척 분멸, 녹도 만호 정운이 왜 대선 1척 나포, 참수 20급, 여도 권관 김인영 참수 1급 등 등…… 이렇게 세세히 올라간 보고에 따라 조정에서는 상을 내리기도 했다. 시일이 지나자 휘하 장수와 군사들의 사기는 더욱 높아졌다. 직접 칭찬하지는 않지만 자신들의 전공을 임금과 조정에 세세히 보고하는 장군을 어찌 믿고 따르지 않겠는가?

전장에서 전리품은 군사들에게 사기를 더욱 북돋는 힘이 된다. 정복 전쟁에 나섰던 칭기즈칸은 개인 전리품은 개인이 챙기도록 허용했다. 군사들은 더 많은 전리품을 챙기기 위해 남보다 먼저 적진에 뛰어들었다. 최근의 전쟁에서도 민간인에 대한 일정한 약탈과 학대를 군사들의 사기를 고려하여 문제 삼지 않은 경우가 적지 않았다.

지나친 전공 다툼은 악영향을 부른다

지나친 전공 다툼이 결국은 전쟁을 망친 경우가 있다. 춘추 전국

시대, 중국의 초나라가 교나라를 공격했다. 그러나 교나라는 성문을 굳게 닫은 채 농성에 들어갔다. 교나라가 지키는 성은 천연의 철옹성이었다. 다만 한 가지 문제가 있다면 농성이 길어질수록 성 안에 땔감이 부족했다는 점이다. 이에 초나라에서는 군사들 일부를 뽑아 나무꾼으로 위장, 산으로 나무를 하러 보냈다. 교나라 군사들이 성곽 위에서 보니 비무장의 초나라 군사 수십 명이 땔감을 지고 가는 것이 보였다. 이에 교나라 군사들이 성문을 열고 나가 나무꾼으로 위장한 초나라 군사들을 사로잡고 그들이 마련한 땔감까지 빼앗았다. 교나라 성 안은 축제 분위기가 되었다. 아마 초나라 군사를 사로잡고 땔감을 확보한 교나라 군사들은 큰 상을 받았을 것이다.

다음 날 똑같은 일이 벌어졌다. 다시 초나라 군사를 잡고 땔감을 확보한 교나라 군사들, 의기가 양양해졌다. 이제 초나라 나무꾼을 잡는 일은 교나라 군사들에게 일과처럼 되었다. 손쉽게 적군을 사로잡고 현안인 땔감 문제까지 해결할 수 있는데 누가 그걸 마다하겠는가. 어느 지휘관도 이런 행위의 위험성을 지적하지 않았다. 이제 교나라 군사들은 기를 쓰고 초나라 나무꾼을 잡으려 했고 지휘부는 그런 군사들을 칭찬했다. 이런 일이 며칠에 걸쳐 일어났다. 그런데도 초나라 진영에서는 끊임없이 나무꾼을 보냈다.

그러던 어느 날, 그날도 교나라 군사들이 성문을 열고 나와 초나라 나무꾼을 잡으려고 했다. 바로 그 순간 성문 옆에 매복하고 있던 초나라 군사들이 밀물처럼 성 안으로 쳐들어갔다. 이후 교나라는 초나라에 정복당하고 말았다. 적군 몇 명과 땔감 몇 개의 전공에 연연하다가 결국 성을 내주고 말았던 것이다.

이처럼 전장에서의 개인 전공 다툼은 전체 사기에 악영향을 끼치거나 전략에 커다란 위험을 가져온다. 더구나 해전처럼 조직적으로 전투를 치러야 하는 상황에서는 개인의 전공 다툼은 위험성이 더 클 수도 있다.

인정받고 싶다면 큰 원칙을 따르라

사람은 누구나 욕망이 있다. 자신의 업적을 자랑하고픈 마음이 왜 없겠는가. 그리하여 더 큰 영향력을 행사하고 싶은 생각이 어찌 없겠는가. 무조건 자신이 했다고 주장하는 사람들이 있다. 그러나 어찌 세상 일이 자기 혼자의 힘으로 다 된단 말인가? 하다못해 밥상에서 밥한 공기 먹는 데도 보이지 않는 수많은 사람들이 관련되어 있다.

골을 넣은 사람만 승자이고 그 팀의 나머지 선수들은 아무것도 아닌가. 홈런을 친 선수는 물론 갈채를 받는다. 그러나 그 모든 것은 팀워크가 이루어낸다는 것을 명심하라.

무슨 일을 하든 할 수 있다는 자신감은 꼭 필요하다. 자기를 긍정하는 사람은 다른 일에도 긍정적이다. 그러나 매사에 나 아니면 안된다는 생각, 오로지 내가 잘해서 일이 이루어졌다고 생각하는 것은 위험하다. 업적을 자랑하려는 생각만으로 팀워크를 깨서는 곤란하고 다른 사람의 공을 가로채는 것은 더더욱 안 된다.

전공을 세워라! 결과를 창출하라! 그러나 그것은 나만의 것이 아닌, 모두의 것이라는 진심 어린 겸손이 필요하다.

개인기와 조직력의 조화, 이것은 누구나가 추구하는 것이다. 뛰어난 개인기를 가진 선수를 기용할 것이냐, 조직력에 도움이 되는 선수를 기용할 것이냐. 여기서 가장 중요한 것은 리더의 역할이다. 리더라면 최상의 팀워크를 이룰 수 있도록 만들어야 한다.

기업의 사원이 상사에게 인정받고, 선수가 감독에게 인정받고 싶은 것처럼 군사들도 장수에게 자신의 전공을 내세우고 싶었을 것이다. 또한 장수가 임금에게 이렇게 싸워 이겼노라고 내보이고 싶은 것은 당연하다. 그래서 전투를 마치면 증거물로 수급을 취하는 게 아닌가. 이순신도 수급 세 개를 베었다가 한 개를 빼앗기고 돌아온 정찰병을 충분히 칭찬할 수 있었을 것이다. 그러나 그렇게 하지 않았다. 당장의 전공을 칭찬하고 평가하다가는 모두가 내세울 만한 것만 찾을 것이다.

　이순신은 칭찬 대신, 혹은 수급을 찾아주는 대신 그들에게 술 한 잔을 내린 후 임무 완수를 독촉하며 차갑게 다시 바다로 내보냈다. 이것이 리더가 갖춰야 할 덕목이다. 리더가 아랫사람들이 내세우는 전공에 휘둘리다 보면 큰 원칙을 잃을 우려가 있다. 전공을 지나치게 내세우는 자, 자신만이 모든 것을 다 했노라 목소리 높이는 사람을 경계하라. 그것이 묵묵히 일하는 더 많은 사람들을 위하는 길이다.

　작은 결과를 내세우며 남에게 평가받기를 원하는가. 좀 더 큰 그림을 그려라. 큰 목표와 원칙을 위해 땀을 흘려라. 그래서 자신의 커리어를 쌓아라. 그러면 스스로 내세우지 않아도 충분히 인정받는다. 쓸데없는 곳에 힘을 낭비하지 마라!

8
한산대첩

1. 주먹은 자신이 쥐는 것이다

일본군은 초조했다. 육군은 파죽지세로 평양성까지 차지했으나 남해 바다가 문제였다. 생각지도 않은 이순신의 조선 수군 출현으로 연전연패, 보급로에 심각한 문제가 발생했다. 일본군의 애초 계획은 남해와 서해를 통해 한강과 대동강으로 보급을 하는 것이었다. 군량과 무기, 지원병 등을 모두 해상으로 수송할 계획이었다. 그것이 조선 수군에 의해 막히면서 육로 수송을 선택할 수밖에 없었다. 당시로서는 최고의 수송 수단이던 배를 이용하는 대신 말과 인력으로 보급품을 수송해야 했다. 이는 심각한 문제를 불러일으켰다. 10만 군사의 육로 보급을 위해서는 2,000여 대의 수레가 필요했다. 수레 한 대에 최소한 말 두 마리, 호위 군사를 4명이라고 했을 때 보급에만 4,000여 마리의 말과 약 1만여 명의 병력이 필요하다. 보급을 담당한 군사와 말이 소모하는 군수 물자만도 적은 물량이 아니었다. 엄청난 전력 손실이 아닐 수 없었다. 문제는 또 있었다. 그 즈음 일어나기 시작한 조선 의병들, 이들은 후방에서 일본군의 보급로를 공격했다. 당연히 원활한 보급이 이루어질 수 없었다.

따라서 전쟁을 승리로 이끌기 위해 일본군으로서는 반드시 해로를 뚫어야 했다. 일본 수뇌부는 결단을 내렸다. 일본 수군 전력을 총집결하여 이순신 함대를 무너뜨리고자 했다. 일본은 개전 이래 처음으로 수군 장수들을 모두 모았다. 육군을 따라 북상했던 일본 수군의 용장 와키자카 야스하루도 해군에 전격 투입했다.

이순신에게 이 소식이 전해졌다. 이순신은 고심했다. 지금까지의 적과는 다를 것이다. 지금까지는 연안 포구에 정박해 있던 소규모 적 부대를 섬멸했다면 눈앞에 닥친 전투는 전면전이 될 것이다. 어디서 어떻게 적을 막아야 하나. 고심에 고심을 거듭하던 이순신은 한산 앞바다를 선택했다. 일본군은 거제도와 통영 사이의 좁은 바다 견내량을 통해 서진西進을 시도할 것이다. 그렇다면 먼저 나아가서 적을 맞으리라!

이기기 위해서는 특별한 전술이 필요하다

1592년 7월 8일, 이순신 연합 함대는 미륵도의 당포에 주둔하고 있었다. 일본군이 견내량 북단에 나타났다는 첩보가 입수되었다. 적선은 73척, 원래 연합 함대를 꾸리기로 했던 와키자카 야스하루는 전공을 탐내어 자신의 함대만을 먼저 출동시켰다. 이순신과 조선 수군으로서는 매우 다행한 일이 아닐 수 없었다. 적이 견내량에 나타났다면 곧 공격해올 것이다. 선택의 여지가 없었다. 피할 수 없는 대접전이다. 그렇다면 다음은 어디서 싸울 것인가, 어떻게 싸울 것인가였다.

이순신은 한산 앞바다를 선택했다. 견내량은 물길이 좁고 암초가 많은 바다여서 120여 척이 넘는 양측 전선이 엉켜 싸운다면 아군의 피해도 적지 않을 것이다. 뿐만 아니라 패주한 적이 거제와 통영 고성 방면으로 상륙한다면 백성들이 입을 피해도 불 보듯 뻔했다. 그렇다면 일거에 적에게 타격을 입힐 수 있는 전략이 필요했다. 조선 판옥선은 56척, 전선 숫자만 봐서는 적보다 적은 상황, 그렇다면 어찌할 것인가. 적은 모든 준비를 마치고 선제공격을 시도하고 있었다.

지금까지는 이순신 함대가 일본 전선을 찾아다니며 전투를 벌였다면 이번에는 반대로, 모든 채비를 갖춘 일본 정예 수군 대부대가 공격해오는 상황이었다. 특별한 전술이 필요했다. 지금까지와는 다른 작전이 필요했다. 이순신은 오래 고심했다. 기세가 오른 적, 그동안의 패전을 일거에 만회하려는 적을 무찌를 수 있는 방법이 과연 있을까. 이순신은 마침내 진중 회의를 열었다. 원균과 이억기 두 수군절도사를 비롯, 각 진영의 장수들이 모였다. 이순신은 전황을 설명했다. 그리고 천천히 좌중을 둘러보며 말했다.

"적을 유인하여 학익진을 펼칠 것이오!"

이순신의 선언에 장수들이 놀랐다. 학익진鶴翼陣, 학익진이라니? 물론 장수들도 잘 알고 있었다. 학익진이란 대형을 학의 날개처럼 넓게 펼쳐 그 안에 적이 들어오도록 하여 포위하는 진법을 일컫는다. 그러나 그것은 주로 육전에서 사용되는 전술이었다. 적의 예봉이나 본대를 아군의 품으로 들어오게 하여 사방을 둘러싸는 진법, 유능한 장수들이 즐겨 사용하는 전술로 학익진을 펼치려면 잘 훈련된 군사가 필요했다. 지휘관의 신호에 따라 모든 군사들이 일사불란하게 움직여야 한다. 자칫 지휘 전달이 잘못된다면 학의 날개가 찢겨 나가고 그렇게 되면 포위망이 뚫리는 것과 동시에 적의 반격에 노출될 수도 있다.

장수들의 의견은 분분했다. 그중엔 반대 의견이 많았다. 이순신이

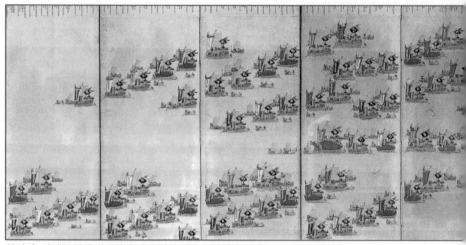

학익진 전선을 학의 날개처럼 넓게 펼쳐 적을 포위하는 진법.

구상하는 작전에는 여러 걸림돌이 있었다. 어떻게 적을 유인할 것인
가, 과연 적이 아군의 유인 전술에 넘어올 것인가, 설령 적이 아군의
유인에 걸려든다 하더라도 판옥선으로 적의 함대를 에워싸는 것이
과연 가능한가. 학익진을 펼치려면 함대가 서로의 간격을 유지하면서
반월형의 일정한 진형을 유지해야 한다. 자칫 몇 척이라도 간격을 맞
추지 못하거나 대열이 흐트러지면 작전은 실패하고 말 것이다. 그 틈
새를 뚫고 적이 빠져나가 후미와 측면을 공격할 수도 있다. 장수들은
이것을 걱정했다. 자칫하다가는 아군 판옥선끼리 충돌하는 불상사도
발생할 수 있는 것이 학익진이었다.

　이순신 역시 이런 점을 모르는 바 아니었다. 그러나 할 수 있다고
믿었다. 그동안 이순신은 연합 함대를 이끌고 진법 훈련까지 하지 않
았던가? 진법 훈련이란 함대의 형태를 여러 가지로 변형시키는 훈련
이었다. 첨자진尖字陣, 일자진一字陣, 장사진長蛇陣, 방진方陣, 원진圓陣 등

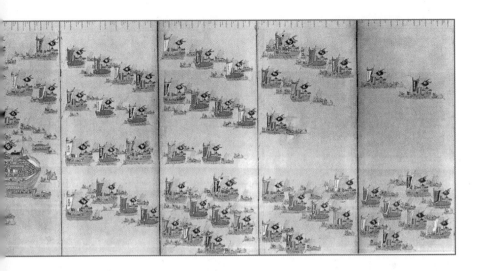

의 진법 훈련. 수군들이 자신감을 갖고 훈련 때처럼만 해준다면 학익
진도 가능하리라 믿었다.

"가능할 것이오! 그동안 우리는 수십 차례도 넘게 진법 훈련을 하
지 않았소? 우리 군사들을 믿고 해봅시다!"

이순신은 휘하 장수들을 설득했다. 더구나 지금 조선 수군에게는
두 척의 거북선이 있었다. 그동안은 여수 본영에서 만든 거북선 한
척만이 실전에 배치되었으나 방답에서 만든 거북선이 완성되어 출전
했던 것이다. 거북선을 학의 양 날개 끝에 배치하여 적선을 학익진
안에 가두기만 하면 필승지세라고 설득했다.

장수들은 이순신의 의견을 따를 수밖에 없었다. 학익진을 능가하
거나 대체할 만한 전략이 없었다. 그렇다면 지금 견내량 북단에 정박
하고 있는 적을 어떻게 유인할 것인가. 적은 과연 우리의 유인책에 속
을 것인가. 이순신은 그럴 수 있다고 믿었다. 적장은 그동안 육지에서

만 싸운 장수라 하지 않는가. 그는 지금 그동안의 패전을 설욕하기 위해 몸이 달아 있을 것이다. 아직 조선 수군의 위력을 제대로 모른 채 의욕만 앞서 있을 것이다. 그렇다면 쉽게 유인책에 넘어올 가능성이 있다.

학익진, 학의 날개로 덮어라

회의는 끝났다. 적을 유인하여 한산 앞바다에서 결전을 하기로 했다. 이순신은 즉각 5, 6척의 판옥선을 띄워 견내량 북쪽 덕호리 포구에 주둔하고 있는 와키자카 야스하루 부대를 공격하도록 했다. 조선 판옥선을 본 와키자카 함대는 곧 응전해왔다. 이순신의 예상대로였다. 적장은 한시 바삐 전공을 세우고 자신의 진가를 도요토미 히데요시 등에게 자랑하고 싶은 조급증이 있었다. 포구를 향해 쳐들어가던 조선 판옥선이 일본군의 응전에 뱃머리를 돌렸다. 그러자 기세가 오른 일본군 전 함대가 조선 판옥선을 쫓아 나왔다. 개전 이래 단 한 척의 조선 판옥선도 격침시키지 못한 일본군들이었다. 일본군은 아무런 의심 없이 조선 판옥선을 뒤쫓았다. 일본 기록에 보면 약 3리를 뒤쫓았다고 쓰여 있다. 당시 일본의 1리는 우리 식으로 환산하면 약 10리, 그러니까 조선 선봉대와 일본 함대는 약 12킬로미터에 걸친 추격전을 벌였던 것이다. 말이 추격전이지 그것은 조선 수군의 유인책이었다.

유인책은 조선 함대로서는 매우 위험한 작전이었다. 일본 전선의 속도는 조선 판옥선을 능가했다. 그러나 장거리인데다 견내량 좁은 바닷길을 잘 아는 조선 함대는 쉽사리 추격을 허용하지 않았다. 암초와 섬 사이를 넘나들며 적선을 유인했다. 쫓고 쫓기는 추격전은 산 위의 조선군 탐망군들에 의해 그대로 이순신에게 보고되었다. 탐망군들은 깃발로 이순신에게 조선군과 일본군의 현재 위치를 알렸을 것이다. 이순신은 주력 함대를 두 개로 나누어 한산도와 미륵도 섬 그늘에 매복하도록 했다. 드디어 저 멀리 조선 함대가 견내량을 빠져나와 한산도 앞바다를 지나고 있었다. 그 뒤로는 일본 함대가 새까맣게 뒤쫓고 있었다. 그들은 연신 조선 함대를 향해 조총과 활을 쏘아댔다.

"기다려라! 누구든 명령 없이 움직이는 자는 내 직접 참수할 것이다!"

이순신은 긴장하는 조선 수군에 엄명을 내렸다. 초조한 가운데 드디어 조선 함대가 시야에 크게 들어왔다.

"지금이다! 전군 전 속력으로 진발하라!"

드디어 한산도와 미륵도 양안에 매복해 있던 조선 함대가 움직이기 시작했다. 함대는 믿기 어려울 정도로 신속히 움직였다. 양쪽 섬에서 일렬종대로 나온 함대는 자연스럽게 한산도와 미륵도 사이의 바다를 일자로 막아섰다. 양 진영 함대의 맨 끝에는 거북선이 각각 배치되어 있었다. 이 거북선이 바로 학의 날개 끝이 되었다. 조선의 주력 함대가 섬 그늘을 빠져나와 그물망을 형성하는 것과 동시에 쫓겨오던 판옥선들도 방향을 90도로 틀었다. 다가오는 일본 함대를 향해 포격 태세를 갖춘 것이다. 일자로 길게 늘어선 함대의 가운데 부분은 물살에 약간 밀리면서 조선 함대는 자연스럽게 폭이 깊은 반월형 진형을 갖추었다. 조선 판옥선을 쫓아오던 왜장 와키자카는 자신의 눈을 믿을 수 없었다. 너댓 척의 조선 배를 추격해왔는데 어느 순간 조선 주력군이 눈앞을 막아선 것이다. 그것은 마치 거대한 산맥 같기도 했고 결코 빠져나갈 수 없는 그물 같기도 했다.

'멈춰라! 함정이다!"

한산대첩의 이름을 새기다

그러나 이미 때는 늦었다. 일본 배의 선두가 조선 함대를 보고 놀라 멈추자 영문도 모르고 따라오던 후미의 전선이 앞선 배를 들이받기 시작했다. 전투가 벌어지기도 전에 이미 일본 함대는 진형이 무너지고 있었다. 그러는 동안 조선 함대는 넓게 펼친 날개를 조금씩 조여오기 시작했다. 날개의 양끝은 거북선이 맡았다. 드디어 외곽부터 조여오던 조선 함대에서 포격이 시작되었다. 진퇴양난, 바로 그것이었다. 일본 함대의 후진은 불가능한 상태! 정면과 측면은 조선 함대에 완전히 둘러싸여 있었다. 일본 장수들의 독려로 조총 사격을 가해왔으나 조선 함대는 노련했다. 마치 먹이를 가둔 맹수처럼 서두르지 않았다. 차근차근 정밀 포격을 하면서 일본 함대를 격파했다. 일부 일본 전선이 포위망을 벗어나려 안간힘을 썼지만 포위망 바깥쪽에는 무시무시한 거북선이 있었다. 거북선은 빠져나가려는 일본 전선들을 차례로 당파했다.

학의 날개에 갇힌 일본 전선, 그들에게 학의 품은 지옥이었다. 회전 반경이 큰 일본 함대는 좁은 공간에서의 활동이 극히 제한적이었다. 평저선의 조선 함대는 자유자재로 방향을 바꾸며 포격을 가했다. 발느린 적을 가둬두고 외곽에서 하나씩 공격하는 조선 함대! 포격망도 정확하게 형성되었다. 적이 가운데 몰려 있어 대략만 조준해도 명중률이 높았다.

"포위망을 뚫어라! 한 곳을 집중 공격하라!"

왜장 와키자카는 독려를 거듭했다. 몇몇 일본 전선이 조선 함대의

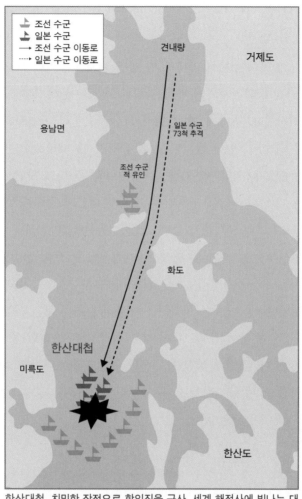

한산대첩 치밀한 작전으로 학익진을 구사, 세계 해전사에 빛나는 대첩이 되었다.

한 군데를 노리고 밀고 들어왔다. 한 차례 포격이 끝난 그 틈을 노리고 들어왔다. 육탄으로 뚫고 나갈 태세였다. 그러나 그것도 오산이었다. 한쪽 면의 포격이 끝나면 조선 배는 방향을 빙글 돌려 반대편에 장전하고 있던 총통으로 포격을 했다. 와키자카는 눈앞의 현실이 꿈처럼 느껴졌다. 차라리 꿈이었으면. 고작 20여 일 전, 용인에서 1,500여 명의 기마병으로 조선 육군 6만여 명을 궤멸시키지 않았던가. 그런데 자신 있던 해전에서 제대로 힘 한번 써보지 못하고 이렇게 무너지다니! 마침내 와키자카의 배도 강력한 조선 수군의 포격을 받고 침몰하기 시작했다. 바다에 빠진 와키자카는 간신히 거제도로 헤엄쳐 갔다. 그는 불타는 한산 앞바다를 넋이 빠진 채 바라보았다. 일본 패잔병들은 뗏목을 엮었다. 부하들이 엮은 뗏목을 타고 가면서도 그는 실감할 수 없었다. 단 한나절 만에 73척의 대함대 중에서 59척을 잃었고 9,000여 명의 군사를 잃었다. 그것은 현실이었다.

그 여름 바다에는 햇살이 눈부셨다. 이순신은 잔적 소탕에 여념이 없는 군사들을 둘러보았다. 그들 하나하나가 자랑스럽고 대견했다. 모두가 어렵다던 해전에서의 학익진을 훌륭하게 펼쳐 보인 자신의 부하들, 아니 조선 수군들…… 그들이 바로 기적 같은 승리의 주역이었다. 조선 수군은 단 한 척의 전선도 파손되지 않고 고스란히 적의 대함대를 격멸시켰다. 세계 해전사에 빛나는 한산대첩은 그렇게 전사戰史의 한 장을 장식하게 되었다.

2. 그 누구보다 자신을 믿어라

믿음으로 불확실성을 극복하라

그것은 어려운 결정이었다. 한산대첩이 세계 해전사에 빛나는 까닭, 그것은 이순신의 고뇌에 찬 결단이 있었기에 가능했다. 이순신의 한산대첩이 주목을 받는 이유는 바로 학익진에 있다. 누구도 학익진을 해전에 적용하리라 생각지 못할 때 이순신은 그것을 펼쳤고 그리고 멋있게 성공했다. 이순신 이전, 세계 해전은 그야말로 육박전에 백병전이었다. 그것을 이순신은 총통을 이용한 포격전 개념으로 바꾸었다. 그 포격전에서 이순신은 한 단계 더 나아가 본격적인 진법을 적용했던 것이다. 그것이 바로 학익진이었다.

학익진은 오래된 전법 중의 하나이다. 고대 전쟁에서도 이 학익진을 볼 수 있다. 물론 그때는 학익진이라는 이름을 붙이지는 않았겠지만 카르타고의 영웅 한니발도 이와 비슷한 전법을 펼친 예가 있다. B. C. 216년 한니발이 로마를 침공했을 때, 로마는 즉각 대규모 군대를 일으켜 한니발을 막으려고 했다. 당시 한니발의 병력은 기병 1만 명에 보병 4만 명이었다. 반면 로마군은 기병 7만에 보병 8만 명, 당시 주력군이던 기병만 비교해보아도 7배 차이가 났다. 누가 보더라도 로마군의 압승이 예상되었다.

병력에서 절대 열세인 한니발, 이때 한니발이 들고 나온 전법이 바로 학익진과 비슷하다. 카르타고와 로마군은 비슷한 대형으로 마주섰다. 즉 중앙에는 보병을, 양쪽 날개에는 기병을 배치했다. 이순신이 학익진의 양 날개 끝에 전력이 뛰어난 거북선을 배치한 것과 일맥상통하는 것이다. 겉으로 보기에는 양 진영의 군사 배치가 비슷한 형태로 보였다. 여기에서 한니발은 기발한 용병술을 선보인다. 당시 한니발의 카르타고군은 여러 국가의 연합군이었다. 스페인과 갈리아군, 그리고 아프리카 보병으로 이루어져 있었다. 그런데 아프리카 보병은 훈련이 잘된 강병인 반면 갈리아군과 스페인군은 상대적으로 전력이 떨어졌다. 한니발은 전력이 약한 갈리아군과 스페인군을 진영의 한가운데, 앞으로 볼록 나가게 배치했다. 즉 로마군과 가장 가까이 근접하도록 했던 것이다.

드디어 로마군의 공격이 시작되었다. 로마군의 첫 번째 공격 목표는 당연히 가장 가까이 있는 한니발 부대의 정중앙이었다. 한니발의 중앙 보병, 즉 갈리아군과 스페인군은 로마군의 상대가 되지 못했다. 로마군 보병에 밀려 중앙에 배치했던 갈리아군과 스페인군이 뒤로 밀리기 시작했다. 그러자 처음에는 볼록하던 대형의 가운데가 뒤로 처지는 오목한 형태로 변했다. 분명히 로마군이 진격하고 있는데, 시간이 흐를수록 로마군은 한니발의 카르타고군 한가운데로 몰려들었다. 바로 이 순간에 한니발은 측면에 배치해두었던 강력한 아프리카 보병에게 공격 명령을 내렸다. 이를 놓칠세라 아프리카 보병은 로마군의 측면을 공격했다. 당황한 것은 로마군이었다. 돌아서려 해도 이미 한니발 부대 깊숙한 곳까지 들어와 있었다. 동시에 한니발은 양 날개에 있던 기병에게 명령을 내려 보병과 분리된 로마 기병을 공격하게 했다. 이제 로마군의 대형은 무너지고 한니발 군의 대형은 더욱 밀집하여 로마군을 포위 공격했다.

이 전투에서 로마군은 약 7만의 전사자를 냈다. 비록 병력이 열세라 하더라도 탁월한 진법이 얼마나 큰 위력을 발휘하는지 보여주는 사례이다. 한니발은 그 진법을 무엇이라 이름 붙였는지 모르지만, 그것은 학익진과 흡사한 배치였다.

이처럼 화려한 학익진, 그러나 전선을 이용하여 학익진을 펼치기에는 위험 부담이 적지 않다. 육지와 달리 바다는 날씨와 파도 등 미묘한 변수가 많아 전 함대의 속도와 방향을 원하는 대로 움직이는 것이 쉽지 않기 때문이다.

이순신도 그것을 알고 있었다. 50여 척이 넘는 전선을 일사불란하게 지휘할 수 있을 것인가. 조선 수군은 이순신의 지휘를 한 치 오차 없이 수행할 수 있을 것인가. 이순신 자신도 반신반의했으리라. 그때 그는 어떤 생각이었을까. 모든 것을 운에 맡기고 한번 해보자는 심정이었을까. 그것은 아니었을 것이다. 막연한 믿음으로 도박을 하기에 이순신의 위치는 너무나 절박했다.

이순신에게 가장 큰 약점은 자신을 대신할 만한 장수와 군대가 없다는 것이었다. 이순신은 조선의 마지막 버팀목이었다. 이순신 스스로 그것을 알고 있었다. 조선 수군의 단 한 번 패배는 곧장 조선이라는 나라의 멸망을 의미한다는 것을 누구보다 잘 알고 있었다. 그래서 그는 불확실성에 함부로 도전할 수도 없었다. 과연 학익진을 펼칠 것인가 말 것인가. 그 선택의 기로에서 이순신이 택한 것은 자신이 펼치려는 진법에 대한 확고한 믿음이었다. 그 누구도 아닌 자신을 믿었던 것이다.

실행키를 두드려라

때로는 자신이 하고 있거나 준비하는 일에 회의가 들 때도 있다. 이것이 맞는 길인지, 과연 성과를 거둘 수 있을지 확신하지 못할 때가 있다. 과연 이 계획대로 하면 성공할 수 있을 것인가 불안할 때가 많다.

많은 경우의 수를 짚어보며 검토에 검토를 거듭해도 마지막 결단을 내리기가 쉽지 않다. 그럴 때 대부분의 사람들은 상사의 판단을 바라거나 경험자에게 조언을 듣고자 한다. 그렇다면 타인의 판단과 조언은 또 믿을 만한가. 남의 의견을 듣는 것은 중요하다. 그러나 마지막 선택은 아무도 대신해주지 않는다. 많은 의견을 듣되 마지막 선택은 자신이 하라! 일단 선택한 후에는 엄청난 책임감과 중압감이 닥쳐올 것이다. 그렇더라도 마지막 선택은 자신이 하라! 그리고 그것을 이겨내라! 자신을 믿어야 한다.

그러나 자신에 대한 믿음이 실제로는 오만과 아집으로 나타날 우려는 없는가. 나를 믿어야 하면서도 끊임없이 나를 부정해야 하는 모순! 그렇다면 내가 믿어도 좋을 '나'는 어떻게 만들어지는가. 최선의 선택을 할 줄 아는 능력을 길러라. 모든 사안을 연구하고 신중하게 생각하라. 신중하면서도 신속하게 결정하라.

미국 최초의 기갑 사령관이자 2차 대전 당시 노르망디 전투에서 큰 공을 세운 조지 패튼 장군, 그는 "계획을 세우고 상황을 맞추려 하지 말라. 상황에 가장 맞는 계획을 세우려고 노력하라"고 했다. 상황이란 마치 생물처럼 움직이고 변한다. 상황이 발생하면 그 상황에 맞는 계획을 세워야 한다. 상황을 탓하지 마라. 그것은 기민하게 판단하지 못한 데 대한 핑계일 뿐이다.

한산대첩 당시 만약 이순신이 적에게 기습을 당했다면 어땠을까. 그때도 이순신은 학익진을 펼쳤을까. 상황이 달라지면 그는 역시 그 상황에 맞게 전략을 세웠을 것이다. 그리고 자신의 선택을 믿고 실행 키를 두드렸을 것이다. 자신과 자신이 훈련시킨 조선 수군을 믿고서.

상황을 정확히 판단하고 치밀하게 계획을 세웠다면, 이제 자신을 믿어라! 나의 능력을 믿어라! 하늘은 스스로 돕는 자를 돕는다. 문제를 풀어갈 수 있는 열쇠, 바로 자신의 손 안에 있다.

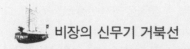 비장의 신무기 거북선

총통과 함께 이순신 전승에 결정적인 역할을 한 무기가 있다. 바로 거북선이다. 글자 그대로 거북 형태의 배로 특이하게도 배 위에 뚜껑을 덮고 송곳을 촘촘히 박았고, 뱃머리에는 용머리 형상을 달아 흡사 거북이가 바다를 헤치고 나가는 모양과 같다 해서 귀선龜船으로도 불리던 거북선.

그런데 이 거북선을 누가 만들었을까? 이런 질문을 하면 반사적으로 나오는 대답이 바로 "이순신!"이다. 워낙 임진왜란 때 거북선의 활약이 깊이 인식된 까닭일 것이다. 그러나 거북선이 최초로 기록에 나오는 것은 《태종실록》이다.

상(임금)이 임진강 나루를 지나다가 귀선과 왜선으로 꾸민 배가 해전 연습을 하는 모양을 보았다.
−《태종실록》 태종 13년(1413년).

이 기록대로라면 이순신보다 약 200여 년 전에 이미 임진강에 거북 형태의 배가 떠 있었던 것이다. 또 다른 기록도 나온다. 1415년 태종 15년에 좌대언 탁신이 그의 상소에서 귀선, 즉 거북선을 언급하고 있다.

"귀선은 많은 적에 충돌하더라도 적이 해칠 수가 없으니 결승의 양책이라 할 수 있으며, 거듭 견고하고 정교하게 만들게 하여 전승의 도구로 갖추어야 하옵니다."

이런 기록을 근거로 거북선의 최초 설계자는 탁신이라는 주장도 있다. 그러나 역시 본격적인 거북선은 임진왜란 당시 이순신의, 거북선이었다.

맑다. 식후에 배를 타고 거북선에서 현자, 지자총통을 쏴봤다. 전라 감영의 군관 남한도 함께 보고 갔다. 정오에 동헌으로 옮겨 활 10순을 쐈다.
−《난중일기》 1592년 4월 12일.

임진년 4월 12일자 일기에 이순신은 거북선 총통 시험 발사를 했다. 그날은 전쟁이 일어나기 바로 하루 전날, 일본군들이 대마도에서 출동 준비하고 있을 그 시각에 이순신은 여수에서 거북선 한 척을 먼저 만들었던 것이다. 그리고 임진왜란 때 모두 3척의 거북선이 만들어진다.

거북선의 용도는 돌격선이었다. 숱한 해전 기록에 보면 이순신이 거북선을 앞장세워 적 함대로 쳐들어갔다는 기록이 나온다. 상상을 해보라. 적 함대 한가운데로 파고든 거북선이 근거리 포격으로 적 선체의 하체를 공격하며 다가오는 적선을 몸체로 부딪혀서 깨뜨리는 당파 전술을 자유자재로 펼치는 장면을! 일본군에게는 그야말로 공포의 대상이었다.

전투를 치를 때는 거북선 돛을 내리고 돛대를 눕혔다. 그러고는 젖은 가마니로 거북선 등 위를 덮었다. 돛을 보호하기 위해서였으리라. 등에 가마니를 수북이 덮어쓴 거북선이 다가가자 용감한 일본군들이 아마도 거북선 등 위로 도끼를 들고 뛰어내렸을 것이다. 그러나 미안하게도 거북선 등 위에는 송곳이 빼곡히 거꾸로 박혀 있었다.

이순신이 거북선을 업그레이드시킨 것은 일본군의 주 전술에 대응하기 위해서였다. 일본군의 주 전술은 이른바 등선육박 전술! 즉, 적선에 배를 붙여서 배 위로 올라가서 칼과 조총으로 단병접전을 벌이는 것이다. 바로 이에 대응하기 위해 이순신은 뚜껑을 덮고 옆을 막은 거북선을 내세웠던 것이다.

그런데 거북선은 네 번째 전투인 사천 선진해전에 처음 등장한다. 이 역시 이순신의 신중함일 것이다. 거북선을 만들긴 했는데 실전에 먹혀들 것인가를 앞선 세 번의 전투에서 분석한 다음, 승산이 있다고 판단하여 네 번째 해전에 처음 투입했던 것이다.

무서운 신무기 거북선, 그러나 거북선 내부에서 사상자가 상대적으로 많이 발생했다. 아무리 뚜껑을 덮고 옆을 막았어도 적과 근접전을 펼쳐야 하는 거북선, 환기구나 포문을 통해 적탄이 들어왔고 이 탓에 원거리 포격전을 펼치는 판옥선에 비해 사상자도 더 많았던 것이다.

이순신의 거북선은 일본 측에 의해서도 기록되었다. 임진왜란 당시 종군했던 도노오카라는 69세 노인이 쓴 〈고려선전기高麗船戰記〉라는 기록이 바로 그것이다. 한산대첩에 이어 벌어졌던 안골포해전을 묘사한 부분,

7월 9일 진시辰時부터 적(조선 수군)의 대선 58척과 소선 50척가량이 공격해왔다. 대선 중의 3척은 맹선盲船이며, 철鐵로 요해要害하여……

여기서 나오는 맹선은 장님 배, 즉 안에서는 밖을 볼 수 있으나 밖에서는

안을 볼 수 없었던 거북선인 것이다. 또한 "철로 요해하여"라는 부분은 "철로 배 위를 덮고"라고 해석할 수 있어 거북선이 일부 철갑선이었다는 것을 알 수 있게 한다.

그러나 거북선의 최후는 허망했다. 이순신을 대신하여 삼도수군통제사가 된 원균이 치렀던 거제도 칠천량해전, 조선 수군 유일의 패전, 120여 척의 판옥선이 격침당하고 2만여 명의 조선 수군이 전멸당한 이 통한의 해전에서 최소 3척 이상의 거북선도 모두 침몰했다. 이 칠천량 전투 이후에는 거북선이 출동했다는 기록이 전혀 나오지 않고 있다. 그 유명한 명량해전에서도 거북선은 없었다.

그런데 당시 파괴된 거북선 일부를 일본군들이 가져갔다는 기록이 전한다. 한때 야스쿠니 신사에 전시하다가 이후 그들의 수장고인 정창원에 넣어버렸다는 기록, 만약 이 기록이 사실이라면 이순신 거북선 일부는 지금 일본에 남아 있을 수 있다.

임진왜란 이후 거북선은 그 명맥을 유지했다. 정조·순조 대에 오면 최소 30여 척 이상의 거북선이 조선의 바다와 강을 지켰다. 그런데 지금은 그 흔적이 전혀 없다. 바다 밑까지 샅샅이 뒤졌으나 거북선 부속품 하나 발견되지 않고 있다. 지금부터 겨우 200여 년 전에도 건재했던 거북선이 용머리 하나 남아 있지 않은 이 현실, 어떻게 된 것일까? 짐작컨대 일제 강점기를 거치면서 누군가 철저하게 조직적으로 비밀리에 모두 파괴해버린 것은 아닐까?

용머리의 현자총통과 선미의 총통, 그리고 선체 양옆으로 6문씩, 모두 14문의 포를 쏘며 적진을 누비던 이순신의 거북선, 그 위풍당당했던 거북선은 조선과 조선의 바다를 지킨 수호신이자 비장의 신무기였다.

어차피 이 싸움은 우리의 것,
풀보다 먼저 일어나 싸우리라.

2부

풀은 바람보다 빨리 일어난다

三尺誓天 山河動色 一揮掃蕩 血染山河

9
안골포해전

1. 야생동물은 제 키보다 큰 적을 두려워한다

한산해전이 끝난 지 이틀째, 조선 수군은 나른한 승전의 피로감을 누리고 있었다. 그것은 기분 좋은 피로감이었다. 그러면서도 이순신은 척후선을 운용하였다. 비록 일본군을 대파했다고는 하나, 원래 연합 함대를 꾸리기로 했던 병력의 일부라는 것을 이순신은 잘 알고 있었다. 그때 안골포에 40여 척의 적선이 있다는 정보가 입수되었다. 나중에 알려진 것이지만 안골포에 주둔하고 있는 일본군은 한산해전에서 조선 수군에 대패한 와키자카 함대와 연합 함대를 꾸리기로 했던 일본군들이었다. 조선 수군을 선제공격하려는 일본군 함대의 일부가 아직도 건재한 것이다.

선제공격을 결정하다

이순신은 즉각 진중 회의를 소집했다. 적을 칠 것인가 말 것인가를 두고 격론이 벌어졌다. 그대로 두면 저들이 언젠가는 먼저 쳐들어올 것이다, 그렇다면 먼저 공격하는 것이 상책이라는 주장과 기다렸다가 적이 바다로 나오면 치자는 주장이 팽팽했다. 사실상 안골포를 당장 치는 것은 몇 가지 문제가 있었다. 안골포는 적의 본거지인 부산과 가까웠다. 만약 조선 수군이 안골포로 접근한다는 것을 부산의 적이 알게 된다면 배후에서 조선군을 공격해올 수도 있었다. 좁은 포구에서 앞뒤로 적을 맞는다는 것은 매우 위험한 상황이었다. 또한 안골포는 포구가 깊어 해상에서 접근하여 적을 공략하기가 매우 어려운 지형이었으며 거기에 조선 군사들의 피로도 덜 풀린 상태였다.

이순신은 고심하였다. 이때처럼 이순신에게 육군이 아쉬운 적이 없었다. 만약 조선 육군이 포구에 정박하고 있는 적을 육지에서 공격하여 바다로 내몰아주기만 한다면…… 넓은 바다에서 하는 전투는 조선 수군들이 자신 있었다. 더구나 엊그제 적의 주력 함대 중의 하나인 와키자카 함대를 넓은 한산 앞바다에 모조리 수장시키지 않았던가.

"출전 준비를 하도록 하시오!"

이순신이 휘하 장수들에게 마침내 명령을 내렸다. 아직도 신중론을 펴는 장수들은 주장을 굽히지 않았다.

"모두가 힘든 줄 알고 있소. 허나, 이번 싸움으로 내가 구상하는 바가 있으니 우선은 안골포의 적을 철저히 소탕합시다!"

최고 지휘관이 구상하는 바가 있다는데 휘하 장수들도 더 이상 할 말이 없었다.

1592년 7월 10일 새벽 4시경, 먼동이 희뿌옇게 밝아올 시각, 이순신 함대는 정박하고 있던 외즐포를 출발했다. 어제까지 사납던 파도도 잠잠해져 있었다. 저 멀리 안골포 포구로 이어지는 바다가 보였다.

일본군, 자살 특공대로 지구전을 꾀하다

안골포 포구 앞에는 작은 섬이 두 개 있었다. 섬 이름은 송도와 연도. 이순신은 함대를 정지시켰다. 그러고는 함대를 분리했다. 전라우수사인 이억기 부대를 후미의 송도에 남겨두었다.

이억기에게는 두 가지 역할이 주어졌다. 만에 하나 있을지도 모를 적의 구원병을 견제하는 것이 첫째였다. 이순신 함대가 안골포 깊숙이 들어가 있는 동안 부산의 일본군들이 배후를 치는 것을 막는 임무였던 것이다. 두 번째는 이순신 함대가 일본 함대를 유인해 나오면 그때 합세하여 적을 치는 것이었다.

이억기 함대를 송도 섬 그늘에 매복시킨 채 이순신 함대는 밀물을 타고 천천히 안골포 깊숙이 전진해갔다. 이순신은 일부러 천천히 접근시켰다. 적이 아군의 공격을 알고 충분히 대비한 후 역습해 나오기를 바랐던 것이다. 그러나 일본군은 이순신의 바람대로 움직이지 않았다. 이순신 함대가 가까이 접근해도 일본 함대는 꼼짝도 하지 않았다. 그들은 이미 알고 있었다. 한산 앞바다에서 어떻게 70여 척의 일본 함대가 무참히 참패를 당했는지……. 이순신 함대와 맞붙어 싸우는 것은 자살 행위나 다름없다고 생각한 일본군은 정면 대결을 피했다.

기다리던 이순신이 먼저 공격 명령을 내렸다. 조선 함대가 속도를 높여 접근하자 일본군은 뜻밖의 반응을 보였다. 주력 함대는 그대로 포구에 묶어둔 채 단 세 척의 전선만이 달려나와 조선 함대를 막아섰다. 그들은 방패를 높이 세우고 방패 틈 사이로 조총과 화살을 날렸다. 어느 때보다 격렬한 사격을 가해왔다.

"단석을 준비하라!"

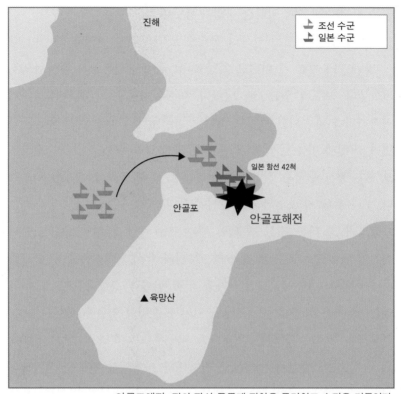

진해

조선 수군
일본 수군

일본 함선 42척

안골포

안골포해전

▲육망산

안골포해전 적의 자살 특공대 저항을 물리치고 승전을 거두었다.

이순신은 단석 발포를 명령했다. 단석은 둥근 포환처럼 생긴 돌덩이였다. 단단한 돌을 마치 볼링공처럼 만든 것으로, 지름이 대장군전이나 장군전보다 훨씬 크기 때문에 천자총통이나 지자총통에 넣어 쏠 수 없었다. 그래서 커다란 단석을 날릴 수 있는 총통이 따로 있었는데 그것이 바로 완구碗口였다. 완구는 그 지름에 따라 대완구, 중완구 등이 있다. 천자나 지자총통에 비해 총통의 길이는 짧았으나 입구가 둥글고 커서 커다란 단석을 장전해서 날릴 수 있었다. 조선 함대에서 발사된 단석은 세 척의 일본 전선에 명중했다. 단석의 충격으로 일본 전선의 곳곳에 커다란 구멍이 뚫렸다.

그러나 일본 전선은 쉽사리 물속으로 가라앉지 않았다. 수심이 얕아 반쯤 기울어진 채 버티고 있었고, 그 위에서 일본군은 결사적으로 저항했다. 보통의 일본군과 달랐다. 이전의 전투에서 배가 침몰하기 시작하거나 파손되면 그대로 바다로 뛰어내려 도망을 가던 일본군이었다. 그런데 이들은 달랐다. 배와 함께 운명을 같이하겠다는 결의를 보였다. 조선 수군은 저항하는 일본군을 향해 불화살 세례를 퍼부었다. 드디어 세 척의 일본군 저항선이 무너졌다.

그러자 또 다른 전선 세 척이 나와 조선 수군을 막아섰다. 또다시 격전이 벌어졌다. 일본군 전선에는 부상자와 사망자가 속출했다. 그들은 부상병은 이송시키고 전사자를 방패 삼아 저항했다. 앞으로 나와 있는 세 척은 특공대이자 본대를 지키는 방어벽 역할을 했던 것이다. 일본군은 자살 특공대를 운용하며 지구전을 계획하고 있는 듯했다. 세 척씩 나와 막아서는 일본군 결사대의 저항으로 전투는 생각보다 길어졌다. 지금까지의 전투는 대부분 한나절을 넘기지 않았다. 한산대첩도 속전속결로 끝났다. 그런데 안골포의 적은 달랐다. 소규모 자살 특공대를 내보내면서 이순신 함대의 진격을 저지했다.

전력 집중으로 적의 의도를 꺾다

이순신은 이들의 속셈을 곧 알아차렸다. 첫째는 시간을 벌면서 부산 주둔 일본군의 지원을 기다리는 것! 그것이라면 이억기 부대가 잘 막아줄 것이다. 다음으로 일본군이 노리는 것은 바로 물때였다. 일본군 지휘부는 이순신 함대를 지연시키면서 물이 빠지기를 기다렸다. 썰물이 되면 안골포는 갯벌이 넓게 드러나는 지형, 즉 물이 빠져 대형 전선인 조선의 판옥선이 갯벌에 갇히게 되기를 기다리는 것인지 모른다. 그렇게 되면 꼼짝달싹 못하게 된 조선 판옥선들은 일본군에게 완전히 노출될 수밖에 없을 것이다. 물론 물이 빠지기 시작하면 조선 판옥선도 어쩔 수 없이 후퇴를 하겠지만 자칫 시기를 놓치면 낭패를 당할 수도 있었다. 일본군은 그것을 노리는 것이었다.

만약 조선 판옥선이 갯벌에 갇히기라도 하면 전세는 조선군에게 크게 불리할 것이다. 육전에 강한 저들이 갯벌로 접근하여 꼼짝 못하는 조선 판옥선을 향해 화공과 조총 공격을 펼칠 것이고, 그런 다음 판옥선에 올라 단병 접전을 벌인다면 결과는 속수무책일 것이었다. 전투 지휘에 몰두하던 이순신은 곧 명령을 내렸다.

"물때를 잘 살펴라! 썰물이 시작되면 즉각 퇴각할 것이다."

한편, 안골포 바깥 바다 송도에 매복하고 있던 이억기 부대는 부산에서 올 일본군의 구원병이 없다는 것을 확인했다. 이 정도면 배후를 공격당할 염려는 없었다. 그렇다면 안골포로 들어가 함께 싸우는 것이 낫지 않은가? 그럴 즈음 신기전이 올랐다. 신기전神機箭은 불이 붙은 화살로 공격용 또는 신호용으로 사용되는 대형 화살이었다.

이순신이 전라우수군 이억기 부대를 부르고 있었다. 이억기는 즉각 출동 명령을 내렸다. 이억기 부대가 나타나자 세 척의 일본군 특공대는 순식간에 사기가 꺾였다. 지금 목숨을 걸고 싸우고 있는 상대만도 벅찬데, 그만한 규모의 조선 함대가 또 나타난 것이다. 이들만 막으면 무사할 줄 알았는데 생각지도 않았던 강적이 또 나

조선 시대 신기전에 대한 기록.

타나자 일본군의 저항이 눈에 띄게 줄어들었다. 몇 번째 격침된 세 척의 특공대, 벌써 다른 특공대를 투입해야 하는데도 일본군은 더 이상 특공대를 투입할 엄두를 내지 못했다.

이순신이 노리던 바였다. 마지막 힘을 다해 버티고 있는 적에게 이억기 부대를 합류시키면서 저항 의지를 완전히 꺾어버린 것이다. 뿐만 아니라 일본군들의 탈출 의지마저 꺾어버렸다. 썰물이 되어 조선 함대가 물러나는 틈을 타 한꺼번에 바다로 밀려나오면서 퇴각을 결행할 생각이었는데, 이순신이 이억기를 불러 조선 함대의 위용을 보여줌으로써 그들의 탈출 의지마저 잠재웠던 것이다.

"전 함대, 총공격하라!"

드디어 조선군의 예봉을 꺾으려던 특공대가 더 이상 투입되지 않자 이순신은 총공격 명령을 내렸다.

"깊숙이 들어가지 마라! 각 전선은 물의 깊이를 잘 살피도록 하거라!"

장수들과 군사들은 이순신의 명령을 충실히 따랐다. 그들은 세심히 수심을 살피면서 안골포의 적선을 향해 포격을 가했다. 40척의 적선 70퍼센트가량이 격침 혹은 소실되었다. 해가 질 무렵, 물이 서서히 빠지기 시작했다. 이순신은 퇴각 명령을 내렸다. 조선 함대는 불타는 안골포를 바라보며 천천히 배를 뒤로 물렸다. 역시 완벽한 승전이었다. 그날 밤 일본군들이 배를 버려두고 육로를 통해 부산 방면으로 모두 퇴각했다는 첩보가 입수되었다.

조선 수군의 위세를 확실히 각인시키다

한산해전과 안골포해전을 치른 이순신의 3차 출동도 끝나가고 있었다. 장수들과 군사들은 여수 본영으로 돌아가기를 원했다. 이순신도 귀환 필요성을 느꼈다. 큰 해전을 두 번 치르면서 전사자 20여 명에 부상자도 100여 명을 넘어서고 있었다. 가덕도 임시 주둔지에서 부상병들의 상태를 살핀 이순신은 귀환을 하루 늦추도록 명령했다. 그리고 휘하 장수들에게 내일 아침 일찍 출발할 준비를 하라고 했다.

장수들은 그때까지만 해도 이순신이 여수 본영으로 귀환하는 것으로 알았다. 다음 날 아침, 어제 해전을 치른 안골포 주변을 살펴보던 이순신은 전 함대를 동쪽으로 이동시키라고 명령했다. 휘하 장수들은 깜짝 놀랐다. 이순신이 이동시키라는 쪽은 부산 방면이었다. 부산이라면 적의 본거지가 있는 곳이 아니던가. 그런데 장군은 부산으로 함대를 이동시키라는 명령을 내린 것이다. 서쪽으로 방향을 잡아 여수로 귀환할 줄 알았던 장수들은 이순신의 결정을 이해하기 어려웠다.

"몰운대까지 진출할 것이니라!"

몰운대는 적의 본거지인 부산포에서 불과 40여 리, 두어 시간이면 닿을 수 있었다. 적의 경계가 삼엄할 뿐더러 적의 육군과 해군이 곳곳에 진지를 구축하고 있는 곳이었다. 두 번의 큰 해전을 치른 상태에서 적진 한가운데서 다시 전투를 벌이는 것은 위험천만한 일이었다. 더군다나 낙동강 하구와 연해 있는 이곳은 곳곳에 적의 소규모 함대들이 매복 혹은 정박하고 있어 협공이나 기습을 당할 우려도 적지 않았다. 언제나 신중하게 작전 계획을 세우던 이순신, 돌다리도 두들겨가며 건너던 이순신의 몰운대 진출 명령은 휘하 장수들에게는 놀라운 일이었다.

"짐승은 자기보다 키가 큰 상대에게는 덤비지 않는 법일세!"

이순신은 함대를 몰운대 쪽으로 이동시켰다. 첨자진을 형성한 조선 연합 함대는 긴장 속에서 유유히 부산 쪽으로 접근했다. 몇몇 산 정상에서는 연기가 올랐다. 조선 함대의 출현을 알리는 일본군의 봉화였다. 동쪽으로 항진하는 도중 만난 몇몇 일본 척후선은 이순신 함대를 보고는 조총 한 방 쏘지 못하고 부산 쪽으로 도주했다.

"전 함대! 모든 총통을 발사하라!"

이순신의 명령에 따라 각 함대에서는 공포탄을 쏘기 시작했다. 수백 문의 총통에서 연신 폭음을 터뜨렸다. 그 소리는 온 바다를 메우고도 남았다. 장관이었다. 각종 깃발을 높이 휘날리며 유유히 적진 한가운데 바다를 항진하며 수백 발의 총통을 발사하는 조선 함대, 그것은 다시 볼 수 없는 장관이자 이순신의 기발한 함대 시위였다. 몰운대와 부산에 은거한 적에게 조선 함대의 위용을 그대로 드러낸 것이다. 실제로 느닷없는 이순신의 함대 시위에 일본군은 육지와 바다 모두 숨을 죽이고 감히 대적할 엄두를 내지 못했다.

이순신은 유유히 여수로 돌아왔다. 다시는 우리에게 대적할 생각조차 말라는 이순신의 강력한 경고이자 조선 수군에게는 하늘을 찌를 듯한 사기를 올려준 항진이었다.

2. 때로는 과시하라

함대 시위, 적의 의도를 분쇄하다

끝이 없었다. 깨뜨려도 깨뜨려도 적선은 나타났다. 남해안의 수많은 포구를 찾아다니며 적선을 격침시키고 불 지른 지 두 달째, 전란은 길어졌다. 남해 바다를 틀어막은 채 적의 해상 보급로를 차단하고 있는 이순신, 그런 이순신에게 일본군도 서서히 적응이 되어갔다. 그러고는 대규모 함대를 꾸려 호시탐탐 이순신과의 전면전을 준비하고 있었다. 일본군도 이 전쟁을 이기기 위해서는 이순신과의 정면충돌을 피할 수 없다는 것을 인식하고 있었던 것이다.

적의 대규모 공격, 이순신으로서도 두려운 일이었다. 이억기 함대가 합세하여 50여 척으로 늘어난 판옥선, 그러나 수백 척의 적선과 마주한다면 이길 것이라고 장담하기 어려운 상황이었다. 안골포처럼 적이 지연 전술과 물량 공세로 나온다면 이순신의 조선 함대도 고전을 면하기 어려울 터였다. 수백 척의 적선이 한꺼번에 덤빈다면, 아무리 총통의 성능이 우수하고 당파 전술로 적을 제압할 수 있다고 해도 한계가 있을 것이다. 총통을 쏘는 화약과 발사체들을 무한정 싣고 다닐 수도 없었고, 당파를 계속하면 판옥선의 상태도 온전키 어려울 것이 뻔했다. 무엇보다 당장은 일본군의 대규모 공격을 차단하는 것이 급선무였다.

이순신이 가장 고민한 것이 바로 이것이었다. 어떻게 하면 적이 함부로 대회전大會戰을 걸어오지 못하게 할 것인가. 적의 기세를 완전히 꺾어놓을 방법이 무엇인가. 여기서 이순신은 누구도 예상 못한 함대 시위를 감행했다. 그래서 한산대첩과 안골포해전의 승전의 기세를 몰아 일본군들의 본거지인 부산 지척까지 대함대를 이끌고 항진을 했던 것이다. 이 같은 자기 세력 과시는 결과적으로 효과가 있었다.

한산대첩과 이순신의 함대 시위 이후, 도요토미 히데요시는 해전 금지령을 내린다. 즉, 조선 수군을 만나면 전투를 하지 말고 피하라는 명령을 내린 것이다.

횃불과 깃발-세력을 과시하라

적을 기만하고 속이고 오도하라! 이것은 전쟁의 기본이다. 군세가 약할 때는 강한 척하여 적의 예봉을 피하고 군세가 강할 때는 약한 척하여 적이 방심하도록 한다. 그래서 역정보를 흘리고 적이 아군을 오해하도록 하는 흔적을 남기는 것이다.

옛 병서에도 이러한 예는 숱하게 나온다. 야간에 적과 붙을 때는 횃불을 많이 사용하라고 했다. 물결치듯 일렁이는 횃불은 군세가 엄청나게 보이게 하는 효과가 있다. 군사 한 명이 두 개의 횃불을 들고 행군한다면 적은 아군의 병력을 두 배로 계산할 것이다. 낮에는 깃발을 이용하라고 한다. 바람에 펄럭이는 깃발은 실제보다 훨씬 군사가 많아 보이게 한다.

텔레비전 사극을 제작할 때에도 이 원리가 적용된다. 유심히 보면 야간 전투 장면에는 곳곳에 횃불과 화톳불이 등장하는데 이것은 화면이 가득 차 보이게 하려는 것이다. 또 대낮에 행군하는 군사들은 어김없이 깃발을 들고 있다. 거의 모든 군사들이 깃발만 들고 있는 것처럼 보인다. 어째서 무기는 들지 않고 깃발만 들고 행군한단 말인가. 이 역시 적은 수의 엑스트라들을 대규모 군중처럼 보이게 하려는 것이다.

남해안 곳곳에는 이순신 장군의 세력 과시와 관련된 재미있는 이야기들이 전한다. 어느 마을에는 장군천, 혹은 뜨물천이라는 냇물이 있는데 임진왜란 때 이순신 장군이 석회를 풀어 물을 뿌옇게 했다고 전해진다. 마치 쌀뜨물이 흘러가는 것처럼 보이게 했다는 것이다. 이것을 본 일본군들은 이순신의 군사가 많은 것으로 알고 쳐들어오지 못했다고 한다. 강강술래도 이순신 장군이 군사들의 수와 사기가 높음을 과시하기 위해 나온 것이라 하지 않는가. 실제로 이순신은 이처럼 세 과시를 위해 어선들을 전투선 뒤에 동원하기도 했다.

그러나 전장에서는 세를 과시하는 경우만 있는 것은 아니다. 오히려 그 반대의 작전으로 적을 물리친 경우도 있다. 촉한의 승상 제갈량이 겨우 1만의 군사로 위나라 사마의의 20만 대군을 맞은 적이 있었다. 제갈량은 성을 지키고 있었으나 병력 수에서 상대가 되지 않았다. 촉한의 군사들이 모두들 위기감을 느끼고 있을 때, 제갈량은 뜻밖의 명령을 내렸다. 즉 성 위의 모든 깃발을 내리고 독전을 하는 북을 치지 말라고 했다. 그리고 사방의 성문을 활짝 열고 군사들에게 성문 앞에 물을 뿌리게 하고 비질을 시켰다. 20만 대군을 눈앞에 둔 장수로서 감히 할 수 없는 일을 시켰던 것이다. 이것을 본 사마의는 당장 공격하려던 생각을 바꾸었다. 제갈량은 탁월한 전략가, 성문을 열고 일부러 허점을 보이는 것은 반드시 무슨 계책이 있으리라 지레 짐작하고는 공격을 하지 않았다. 이렇게 해서 시간을 번 제갈량은 위기를 넘길 수 있었다.

제나라 손빈과 위나라 방연의 전투에서도 비슷한 사례가 있다. 위나라 방연 군사들을 유인하기 위해 손빈은 행군을 하면서 숙영지의 아궁이 숫자를 점차 줄여나갔다. 즉 첫날은 숙영지에 10만 개의 아궁이를 만들고 다음 날은 5만 개, 그다음 날은 3만 개를 만들었다. 뒤쫓아 온 방연이 이를 보고는 손빈 군사들이 대거 탈영을 하고 있다고 생각하고는 급히 마릉계곡에서 손빈의 매복에 걸려 참패를 당하고 말았다. 이처럼 전장에서 자기 세력을 과시하거나 혹은 속이는 것은 적에게 사기 저하를 불러오거나 혼란을 초래한다.

자신의 능력을 정확하게 표현하라

겸손은 꼭 갖추어야 할 덕목이다. 산을 뽑을 수 있는 힘을 갖고 있더라도 흐르는 물과 같이 유연하라고도 한다. 자신을 낮추어야만 남들이 알아준다고도 한다. 틀린 말이 아니다. 골목의 사나운 개에게도 먼저 인사하고 웃어주면 나중에는 개가 나를 먼저 아는 척한다. 개 앞에서도 겸손하면 효과가 있는데 하물며 사람 사는 세상에서는 오죽하랴. 그러나 그것이 전부는 아닌 것이 또한 사람 사는 세상이다. 때로는 자신의 능력을 과시해야 한다. 말하지 않고 보여주지 않으면 아무도 알아주지 않는다.

어느 기업체가 갑자기 광고를 늘리고 사무실을 큰 건물로 옮기고 느닷없이 신입사원을 더 뽑는다면 일단 그 기업을 의심하라는 증권가의 불문율이 있다. 거품이 끼어 있다는 것이다. 객관적으로 봤을 때 사세를 확장할 특별한 사유가 없는데도 이러는 것은 뭔가 경영상 문제가 있다고 봐야 한다. 회생과 생존을 위한 몸부림이라고 봐줄 수는 있다. 그러나 이것은 진정한 자기 과시가 아니다.

운동 경기 중에 선수들은 끊임없이 '파이팅!'을 외친다. 이 역시 팀원들의 사기를 높이면서 상대를 주눅 들게 하려는 것이다. 그러나 큰소리나 과장된 몸짓이 반드시 효과를 발휘하는 것은 아니다. 전력이 형편없이 약한 팀이 내는 소리는 공허하다. 상대가 두려울 때도 큰소리를 치거나 과장된 몸짓을 하게 되어 있다. 두려움을 감추려는 것이다. 그것은 큰소리가 아니라 비명이나 절규에 가깝다. 빈 깡통이 내는 소리가 공허하듯이 우리의 전력이 충분하지 못한 상태에서 큰소리를 치는 것은 두려움의 또 다른 표현이다. 그것을 어찌 적이 모르겠는가. 짖는 하룻강아지와 숨소리도 내지 않는 맹호의 대결을 생각해보라.

이순신이 안골포해전 이후 적진 한가운데서 벌인 누구도 예상 못한 함대시위는 이와는 다른 것이었다. 이순신은 확실히 적에게 조선 함대의 위용과 위력을 각인시켜두고 싶었다. 그만큼 조선 수군의 전력은 강건했다.

가끔은 이순신 같은 과감한 몸짓을 보여야 한다. 모두가 지치고 힘들어할 때 앞장서서 팀의 능력을 과감하게 보여주는 리더라면 얼마나 큰 설득력을 갖겠는가.

허황한 제스처가 아니라 자신의 능력을 정확하게 표현하는 방법을 배워라! 그리고 그것이 필요할 때에는 과감하게 이용하라! 자신의 능력을 보여주어야 할 때, 상대의 기선을 제압해야 할 필요가 있을 때, 그때 가장 유효적절하게 써라! 그것이 안골포해전을 마친 후 보여준 이순신의 장쾌한 몸짓이었다.

능력이 있다면 그래서 더욱 겸손해야 한다. 바닥 끝까지 겸손하라. 그것은 미덕이며 훌륭한 전략이다. 그러나 겸손과 소극적인 태도는 다르다. 겸손하되 적극적이어야 한다. 정말로 하고 싶은 일이 있다면 자신의 능력을 과시하라!

10
부산해전

1. 전면전 없는 승리란 없다

가을이 되었다. 임진왜란이 시작된 지 5개월, 그 짧은 기간에 조선은 너무나 많은 변화를 겪었다. 새로 나라를 세운 지 꼭 200년째 되는 해 터진 전란. 준비 없이 맞이한 전쟁의 가장 큰 피해자는 백성들이었다. 하루아침에 가족을 잃고 고향을 등지고 그리고 언제 죽임을 당할지 모르는 고통의 나날을 보냈다. 곧 겨울이 닥칠 것이다. 농사는 이미 작파한 상태! 이대로라면 올겨울 굶어 죽는 사람이 부지기수일 것이다.

전황은 더욱 어려워져가고

전선은 고착되고 있었다. 일본군은 평양성에 주둔하고 조선은 의주에서 피난 조정을 꾸리고 있었다. 임금은 여차하면 압록강 건너 명나라로 넘어갈 심산이었다. 명나라로서는 반가운 손님이 아니었다. 조선왕 혼자 오는 것이 아니라 그 뒤로 수십만 일본 대군을 달고 들어올 것이기에 가능하면 조선 왕이 압록강을 건너지 않기를 바랐다.

이런 분위기 속에 조선 조정에서는 명나라 구원병 문제로 오래도록 애를 태웠다. 처음에 명나라는 조선이 일본과 합세하여 명을 치려는 게 아닌가 하고 의심했다. 오랜 전쟁의 역사를 가진 그들의 의심 많은 속성이 그대로 드러난 것이다. 그동안 명나라 구원병 1,000여 명이 왔다가 평양성 전투에서 크게 패하고 돌아가 버렸다.

일본군도 함부로 움직이지 못했다. 더 이상 조선 정부를 쫓다가는 명나라의 개입을 불러올 것이고, 그렇게 된다면 일본이 이긴다는 보장이 없었다. 무엇보다 바다를 장악하지 못한 데서 오는 불안감이 이들을 평양성에 묶어놓았다.

한편 이순신도 어려운 지경에 처해 있었다. 예상 밖의 함대 시위로 일본 해군을 부산에 묶어두기는 했으나 문제는 일본 육군이었다. 그들은 그동안 버려두었던 전라도 공략에 나섰다. 1차 금산전투에서 의병장 고경명이 전사했으며 2차 금산전투에서도 조헌을 비롯한 1,500여 조선 의승병들이 전멸하면서, 일본군은 전주를 차지했다.

이순신은 이것이 가장 불안했다. 전주의 일본 육군이 여수의 전라좌수영을 향해 진격해온다면? 육군의 진격과 발맞추어 부산에 아직도 남아 있는 적의 대규모 해군이 합세, 수륙합동작전으로 여수의 전라좌수영 본영을 공격해온다면 그 결과는 불을 보듯 뻔했다. 조선 수군은 일본 육군의 상대가 되지 못할 것이다. 비록 바다에서는 우세한 화력을 앞세워 연전연승을 거두고 있지만 일본 육군은 이미 100년에 걸친 자국 내 전쟁으로 실전 경험을 쌓을 만큼 쌓은 정예 군사들이다. 그들의 칼날을 어찌 조선 수군이 막아낼 수 있을 것인가.

이제 운명을 건 전면전이다

한산도와 안골포해전 이후 이순신은 판옥선을 더 건조하고 신병들을 모집, 수군의 전력을 크게 증강시켰다. 그러나 일본군의 수륙 양공에 충분히 대항할 정도는 아니었다. 이 난국을 타개할 묘수가 필요했다. 이순신은 고심을 거듭하다가 마침내 결심했다. 그것은 그 누구도 생각지 못했던 결단이었다.

"부산포를 칠 것이오!"

이순신은 마침내 결심했다. 휘하 장수들 중 일부가 펄쩍 뛰었다. 부산은 바로 왜적의 본거지가 아니던가. 그곳은 수만 명의 일본군과 500여 척의 일본 함대가 집결해 있는 명실상부 일본군의 심장부였다. 그런데 조선 판옥선은 삼도 수군이 연합해봐야 고작 80여 척! 이순신은 80 대 500의 싸움을 하려는 것이다. 만에 하나 조선 수군이 지는 날이면 조선 수군뿐만 아니라 조선이라는 나라의 운명이 달라질 것이었다.

불리한 면은 또 있었다. 여수에서 부산까지는 먼 길이었다. 그 먼 항해 끝에 지친 군사와 격군들이 제대로 전투를 치를 수 있을 것인가. 그리고 부산으로 가는 도중 곳곳에 진을 치고 있는 일본군과 크고 작은 전투를 치러야 할 것이다. 이렇게 되면 부산의 일본군은 충분히 전력을 가다듬고 조선군은 전력이 약해질 것이 뻔했다. 조선 수군이 부산을 쳐서 승리할 수 있는 길은 단 하나, 조선 육군과 합동으로 부산을 치는 것이었다. 육군이 육지의 적을 바다로 내몰아준다면 수군으로서도 해볼 만한 싸움이다. 육군의 도움 없이 조선 수군만의 단독 작전으로 부산을 장악한다는 것은 불가능한 일이었다. 그런데도 이순신은 부산 공격이라는 전면전을 내세운 것이다.

"그렇소. 이건 전면전이 될 것이오. 양측의 명운이 걸린 전투가 될 것이오. 그러나 전면전 없는 승리는 있을 수 없소. 만약 우리가 부산을 쳐서 적의 보급망과 본거지에 막대한 타격을 입힌다면 적은 더 이상 전선을 확대하지 못할 것이며, 지금 전주에서 우리 배후를 위협하는 적의 육군도 함부로 우리를 넘보지 못할 것이오. 그러니 부산을 칩시다! 이 전면전에서 꼭 이깁시다. 이겨서 이 전란을 하루빨리 끝장냅시다."

반대하던 장수들도 이순신의 논리에 설득되었다. 드디어 부산을 향해 기나긴 출정이 시작되었다. 이순신은 연안 해역을 철저히 수색하며 부산으로 접근했다. 이미 부산에도 대규모 조선 함대가 쳐들어온다는 소식이 전해졌다. 한산도 패전 이후 도요토미 히데요시는 '해전 금지령'을 내린 상태였다. 조선 수군을 만나면 맞서 싸우지 말고 피하라는 엄명이었다.

일본군은 이 명령에 충실했다. 그들은 부산을 중심으로 500여 척의 전선을 배치한 채 더 이상 서쪽으로 진격하지 않았다. 이순신은 일본군의 태도에서 자신감을 얻었다. 포구에 밀집 대형으로 정박해 있는 적의 본거지, 그곳을 모든 전력을 동원하여 공격한다면 적에게 심대한 타격을 입힐 수 있다고 판단한 것이다.

저항을 넘어 적의 심장부로!

그날은 바람이 몹시 거세게 불었다. 이순신 함대가 부산 근처의 가덕도에서 숙영을 한 후 부산을 치기로 한 그날 1592년 9월 1일, 폭풍이 불었다. 장수들은 이런 날씨에 배를 띄우고 전투를 하는 것은 바람직하지 않다고 했다. 일부는 배를 돌려 귀환했다가 다음 기회에 다

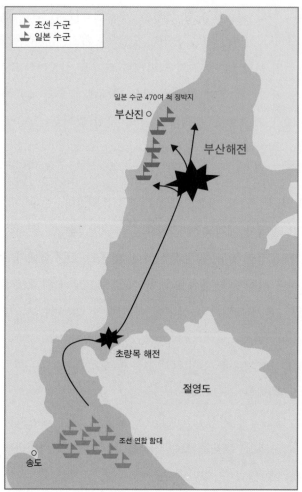

부산해전 과감히 적의 근거지를 공격, 심대한 타격을 입혔다.

시 부산을 치자고 했다. 그러나 이순신은 단호했다. 전면전을 준비했
다가 등을 돌리면 적의 사기만 높여줄 것이며 또한 적이 배후를 치지
않는다는 보장이 없다는 논리였다. 오히려 폭풍이 적선을 포구에 꽁
꽁 묶어둘 거라며 이순신은 전면전 감행을 주장했다.

이순신은 출전 명령을 내렸다. 가덕도를 출발, 부산 방면으로 항진해나갔다. 몰운대 앞을 지날 때는 역풍과 높은 파도로 항진이 지체되었다. 일본군도 만반의 준비를 갖추고 있었다. 그들은 소규모 전초 부대를 내세워 조선 함대의 예봉을 꺾으려 했다. 몰운대 지나 화준구말 앞에서 적의 제1전초대 5척을 만나 격파했다. 이후 다대포 8척, 두송말 앞바다 9척 등의 제2, 제3의 일본군 전초 부대를 격파했다.

이제 조선군 연합 함대는 거칠 것 없이 부산포를 향해 나아갔다. 드디어 부산포 입구인 절영도(지금의 영도)에 이르렀다. 일본군은 여기에도 방어벽을 치고 있었다. 대선 4척을 동원하여 좁은 물목을 막고 있었던 것이다. 그런 다음 주력군은 부산포 깊숙이 정박시켜놓았다. 당시 부산포 일본 전선은 약 500여 척, 이들도 조선 수군에게 치명적인 타격을 입힐 나름의 전술을 준비하고 있었다.

그것은 총통이었다. 일본군은 조선 육군으로부터 노획한 총통을 부산포 언덕에 설치, 조선 함대를 포격할 준비를 갖춘 것이었다. 지금까지 일본군은 해전에서 조총과 활로만 대적했기에 조선 수군의 적수가 될 수 없었다. 그러나 이제, 조선이 만든 총통으로 조선 함대를 공격하려는 것이었다. 그들도 승산이 있다고 믿었다. 그동안은 배가 견고하지 못해 총통을 함재하지 못했다. 그랬는데 이제는 육지에 총통을 설치, 조선 판옥선을 포격하겠다는 전략을 세운 것이다.

초량목 좁은 물목의 일본군 결사대 4척, 그들의 저항은 격렬했다. 자신들이 본대 500척을 지킬 수 있다고 믿는 듯했다. 이순신은 더 이상 시간을 지체할 수 없다고 생각했다. 가덕도를 출발한 후 역풍과 적의 전초대에 막혀 예상보다 항해 시간이 길어졌던 것이다.

"거북선을 선두에 세워라!"

이순신의 명령에 따라 두 척의 거북선이 함대의 전면으로 나갔다. 거북선은 순식간에 네 척의 일본군 대선을 격침시켰다. 이것을 본 조선 수군 진영에서는 함성이 올랐다. 군사들의 사기가 높아졌다.

드디어 부산 포구 앞바다! 이순신은 빼곡하게 정박해 있는 적선을 바라보았다. 저들이었다. 수십만 대군을 싣고 바다를 건너와 이 땅을 전쟁의 참화에 빠지게 한 저들, 그 주력군이 부산 포구를 가득 메우고 있었다. 저들만 격파한다면 이 전쟁의 물길이 달라질 것이다. 그러나 예상대로였다. 일본군은 바다로 나오지 않았다. 대신 포구와 그 주변의 언덕에 진을 치고 있었다. 배를 포기하면서까지 조선 수군에게 타격을 입히겠다는 의지가 엿보였다. 저들을 어찌할 것인가. 어차피 우리는 수군, 상륙전은 감행하지 못할 것이다. 그렇다면 최선은 적의 보급선이자 전함인 적선을 최대한 깨뜨려 일본과 조선을 오가는 왜적의 발을 묶어야 한다. 그리고 다시는 남해와 서해 바다를 넘보지 못하도록 심대한 타격을 입혀야 한다.

"장사진을 펼쳐라!"

장사진長蛇陳은 글자 그대로 함대를 긴 뱀처럼 세우는 것이었다. 앞선 전선의 꼬리를 물고 따라가는 진법으로 좁은 해협을 통과할 때 주로 사용하는 진법이었다. 항진할 때는 일렬종대, 포격을 할 때는 일렬횡대의 형태가 되었다.

"적은 총통으로 무장했다. 전선 사이 간격을 넓혀라! 그리고 모든 전선은 이동하면서 포격을 해야 할 것이니라!"

이순신의 명령대로 80여 척의 판옥선이 일렬횡대로 정렬했다. 그리고 사거리를 유지하면서 부산 포구의 오른쪽으로 천천히 접근해 들어갔다. 크게 원을 그리면서 길게 따라 들어가는 조선 함대! 마침내 적선이 사거리 안에 들어왔다.

"방포하라!"

이순신의 명령에 의해 조선 함대가 포격을 시작했다. 전 함대가 부
산 포구를 오른쪽에서 왼쪽으로 지나가며 연이어 포격을 가했다. 앞
선 배가 지나가면서 포격을 하면 뒤따라가는 배가 연속으로 포격했
다. 그리고 포격을 마친 배는 다시 함대의 맨 뒤에 정렬, 다음 포격을
감행했다. 80여 척의 판옥선이 마치 수레바퀴가 돌듯 돌아가며 부산
포의 500여 일본 배를 향해 포격을 시작했다. 일본군들도 응사해왔
다. 높은 언덕에서 쏘는 조선 총통은 위협적이었다. 그들은 조선군으

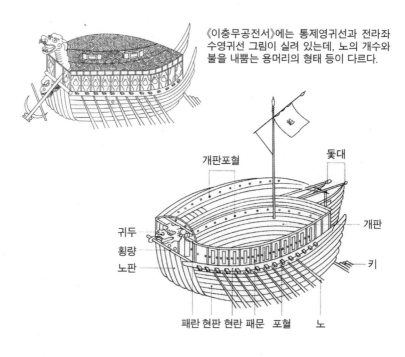

《이충무공전서》에는 통제영귀선과 전라좌
수영귀선 그림이 실려 있는데, 노의 개수와
불을 내뿜는 용머리의 형태 등이 다르다.

개판포혈
돛대
귀두
횡랑
노판
개판
키
패란 현판 현란 패문 포혈 노

거북선의 구조

로부터 노획한 총통을 조선 포로들을 시켜 발포했다. 조선 판옥선 몇 척이 포격에 맞아 파손되기도 했다. 하갑판에 구멍이 뚫려 물이 새면 격군들이 재빨리 판자를 대고 막았다. 이렇게 응급조치를 해가며 기나긴 포격전이 진행되었다.

동시에 두 척의 거북선은 그대로 돌격을 감행, 배 위에서 저항이 거의 없는 적선을 마구 격침시키기 시작했다. 자신들의 전선이 격침되는 모습을 본 일본군들의 저항도 거셌다. 그들도 끊임없이 포격을 감행했다. 그러나 명중률은 극히 떨어졌다. 조선 함대는 이동하면서 밀집해 있는 적선을 향해 포격을 하는 반면 일본군은 배끼리 간격을 유지한 채 빠르게 움직이는 조선 전선을 향해 포격을 했기 때문이다.

부산 앞바다는 순식간에 포연과 포성으로 가득 메워졌다. 조선 수군들은 가라앉기 시작하는 일본 배에 연신 불화살을 날렸다. 그들의 깃발이 타고 지휘소가 탔으며 갑판이 불탔다. 나중에는 검은 연기에 시야가 가려졌다. 그것은 조선군을 더 유리하게 하는 것이었다. 끝없는 포격으로 조선군의 총통이 벌겋게 달아올랐다. 물을 부어 식혀가며 총통을 발사했다. 충분히 준비했던 화약과 장군전, 단석 등의 무기가 떨어진 판옥선도 있었다. 이순신은 오늘의 전투에 모든 화력을 쏟아붓도록 했다. 어느덧 해가 기울었다. 전세 또한 기울었다.

"전 함대 포격 중지! 퇴각하라!"

이순신은 더 이상의 전투는 무의미하다고 판단했다. 때리다가 지치는 격이었다. 이 정도면 왜적이 다시는 함부로 발호하지 못할 것이다. 그날 부산 앞바다에 수장된 일본 배는 모두 130여 척! 전쟁 발발 이후 단일 전투로 조선 수군, 아니 조선군이 거둔 최대의 전과였다. 적어도 적군 2만 명 이상이 탈 수 있는 배를 단 한 번의 전투로 격침시켰던 것이다. 이순신은 불타는 부산 앞바다를 바라보며 천천히 함대를 후진시켰다. 벼르고 별렀던 이순신의 전면전이 승리로 끝나는 장면이었다.

2. 전면전을 피하지 마라

작은 싸움만으로는 부족하다

전쟁이 반 년 가까이 이어지던 시기, 이순신은 다시 한 번 전황을 짚어보았다. 언제 끝날지 모르는 전란, 그리고 이제 곧 겨울, 과연 언제까지 버틸 수 있을지 걱정이었다. 이순신은 냉정하게 정세를 분석했다. 그러고는 오래전부터 내심 작정하고 있던 결론을 내렸다.

전면전이었다. 전면전, 아군과 적군의 모든 전력을 집중하여 일대접전을 벌이는 전투! 그것은 화려하긴 하지만 위험한 작전이기도 했다. 모든 것을 다 걸어야 하기 때문이다. 전면전에서 패배하면 미래가 없었다. 단 한 번의 패배로 모든 것이 끝날 수도 있는 상황이었다.

500여 척의 적선을 80척의 판옥선으로 공격한다. 만약 포위라도 당하면 어떻게 되겠는가. 적은 타격만 입을 뿐이지만 조선 수군은 전멸을 각오하지 않을 수 없다. 그런데도 이순신은 전면전을 결심했다. 지금 전면전을 벌이지 않으면 더 어려운 지경에 처할 수 있다고 판단했다. 위험성도 크지만 이 전면전에서 이긴다면 적에게 막대한 타격을 입힐 수 있을 것이다. 어쩌면 전면전이 긴 전쟁을 끝낼 수 있을지도 모르는 일이다. 첫 출전 이후 약 4개월, 이순신은 아홉 번의 크고 작은 전투를 치르면서 언제부턴가 전면전을 생각하기 시작했다. 남해안 각 포구에 흩어져 있는 수십 척의 적선을 깨뜨리는 것은 전황에 결정적인 구실을 못하고 있었다. 언젠가는 전면전을 치러야 한다는 것을 직감했던 것이다.

이를 위해 이순신은 40여 일 전, 안골포해전 직후 함대 시위를 벌여 적의 기세를 꺾어 시간을 벌었다. 전면전을 준비할 시간이 필요했던 것이다. 그리하여 마침내 일본 육군이 압박해오는 시점, 일본으로서는 전세를 뒤집을 수 있는 좋은 기회를 맞은 그때, 이순신은 먼저 정면 승부를 걸었다. 그리고 그것은 계획대로 보기 좋게 성공했다. 부산해전 이후 전선은 교착 상태에 빠졌고 그해 가을과 겨울은 큰 전투 없이 넘어갈 수 있었다. 그리고 눈치만 살피던 명나라가 전쟁에 적극적으로 개입하는 하나의 계기가 되기도 했다.

전면전을 위한 조건

세계 전쟁사를 뒤져보면 어느 전쟁이든 전면전은 큰 위험을 내포하고 있었다. 진주만을 기습 공격하는 것으로 미국과 전면전을 시도했던 일본의 선택은 참담한 실패로 끝났다. 수많은 장군들이 전 병력을 동원하여 '돌격 앞으로!'를 외치다가 처참한 패배를 맛보아야 했다. 그러나 승부는 전면전에서 결정되는 경우가 많다. 수많은 장수들이 적의 배후를 치고 보급망을 끊고 적을 속이는 까닭이 무엇이겠는가. 결국은 언제고 치러야 할 전면전에서 승리하기 위한 단계를 밟는 것이다.

게릴라전만으로는 결코 전쟁에서 승리하지 못한다. 세계 최강 미군을 상대로 끈질기게 정글전과 게릴라전, 동굴전을 벌였던 북베트남군도 결국은 마지막 '구정 대공세'라는 전면전으로 승리를 쟁취할 수 있었다. 칭기즈칸의 세계 정복도 결국은 전 세계를 상대로 한 전면전의 결과였으며 나폴레옹의 정복전 역시 총력을 다한 전면전의 결과였다.

그렇다면 언제 전면전을 단행해야 하는가. 이것을 찾는 일이야말로 유능한 장수의 몫이다. 탁월한 승부 감각, 전황을 꿰뚫어 보는 예리한 통찰력, 그리고 아군과 적군의 전력을 철저히 분석하는 판단력이 절대 필요하다. 전면전은 유리한 상황에서도 단행해야 하고 불리한 상황에서도 단행해야 할지 모른다. 불리한 상황에서는 기습 전면전이 되어야 할 것이고, 유리한 상황에서는 지공을 펼쳐 공포에 질린 적이 스스로 싸울 의사를 잃도록 만들어야 할 것이다.

그러나 무엇보다 전면전에서 지켜야 할 원칙, 그것은 반드시 이겨야 한다는 것이다. 전면전에서 패배란 모든 것의 종말을 의미한다. 이 한 판으로 모든 것이 끝이 난다. 그래서 전면전을 펼치는 장군에게 가장 필요한 것은 전략 전술을 넘어 '대담성'이다. 대담성이란 무엇인가. 져도 좋다는 식의 저돌성은 아닐 것이다. 어떻게 되든 한판 해보겠다는 무모함도 아닐 것이다. 자신의 판단과 선택이 옳다는 신념, 그리고 그 신념을 실현할 수 있도록 모든 능력을 최대한 발휘하는 지혜와 과감한 결단, 이것이 바로 대담성이다.

사람은 높은 지위에 오를수록 대담성을 상실한다고 한다. 장군도 전투에서 이길수록 대담성을 잃어간다. 지금까지 쌓아온 승전을 하루아침에 다 날릴 수도 있기 때문에 '대담'보다는 '신중' 쪽으로 흐르는 것이다. 대담성을 상실한 장군은 전면전을 펼칠 수 없다.

최후의 승자가 되고 싶은가. 그렇다면 지금 당장 전면전을 머릿속으로 그려보라! 그리고 남모르게 준비하고 또 준비하라! 모든 전투는 전면전의 승리를 위한 것이다. 전면전은 두려운 것이다. 그러나 피하지 마라, 전면전 없이는 결코 최후의 승자가 될 수 없다!

일본의 신무기 조총

1592년 음력 6월 5일, 용인의 광교산 자락에서 큰 전투가 있었다. 전쟁이 발발한 지 두 달째, 왕이 도망을 가고 도성까지 빼앗기자 삼남의 남은 병력들이 근왕병을 자청하며 서울로 진격했다. 전라도 순찰사 이광, 충청도 순찰사 윤선각, 경상도 순찰사 김수, 광주목사 권율 등이 지휘하는 5만 대군이었다. 그러나 이 5만 대군이 일본군 1,600여 명에게 순식간에 무너져버렸다. 와키자카 야스하루가 지휘하는 소규모 부대에 의해 순식간에 조선 근왕병은 무너졌다. 조총 때문이었다. 일본군의 신무기, 조총 소리에 조선군은 놀라 달아났다.

마치 산이 무너져 내리듯 했다고 한다. 난생 처음 들어보는 엄청난 총소리, 수백 보 밖에서 날아온 눈에 보이지도 않는 탄환에 쓰러지는 동료들, 조선 근왕병은 견딜 재간이 없었다. 용인 전투뿐만이 아니었다. 조선 육군이 20일 만에 도성을 빼앗긴 것도 바로 이 조총 때문이었다.

전쟁이 나기 약 50여 년 전인 1543년, 규수의 다네마시마種子島에 명나라와 무역을 하던 포르투갈 상선 한 척이 표류해왔다. 다네마시마의 젊은 영주 토키타카는 이들과의 필담 도중 조총의 존재를 알고 관심을 보였다.

포르투갈 상인들이 영주 앞에서 시범을 보였다. 사람들이 보니까 코가 뾰족하고 이상하게 생긴 자들이 기다란 작대기를 하나 들고 있다가 '빵' 하니까 나무 위의 새가 툭 떨어졌다. 경이로운 물건이었다. 젊은 영주는 즉각 매료되었다.

"그 물건을 우리에게 팔겠는가?"

"팔지 않겠다."

"팔아라."

"안 된다."

결국 포르투갈 상인들은 조총 두 자루를 요즘 돈으로 약 8억에서 10억을 받고 팔았다. 관세 한 푼도 내지 않은 포르투갈 상인들, 장사 제대로 한 것이었다. 이렇게 해서 총을 두 자루 산 일본 영주는 한 정은 자신이 갖고 한 정은 당시 유명한 일본 기술자에게 주면서 총의 복제를 지시했다. 이에 일본 기술자들이 총을 복제했는데, 마지막으로 총열과 총의 아랫부분을 결합하는 방법을 알 수가 없었다. 핵심 기술 가운데 하나가 빠진 것이었다.

고민에 빠진 일본 기술자 스기보노는 결국 한밤중에 자신의 어린 딸을 데리고 포르투갈 상인 숙소로 간다. 그러고는 딸을 바치면서 이 결합 기술을 알아냈다고 전해진다. 이때부터 일본에서도 조총이 양산되는데 일본에서는 조총을 뎃포鐵砲(철포)라고 불렀다.

그렇다면 일본이 조총을 적극 받아들이고 양산한 이유는 무엇일까?

무엇보다 익히기 쉽다는 것이다. 활에 비해 발사 속도가 느리고 성능도 썩 뛰어나다고 할 수 없었다. 특히 비가 오는 날에는 사용이 매우 제한적이었다. 이런 약점에도 조총은 사격술을 배우고 익히기 쉽다는 장점이 있었다. 숙련된 사수射手를 육성하는 데는 적지 않은 시간이 소요되지만 조총은 누구든 쉽게 사격술을 배울 수 있는 장점이 있었다.

또한 배우기 쉽기 때문에 대규모 조총 부대를 쉽게 보유할 수 있다는 장점도 있었으며, 근거리의 경우 활보다 훨씬 살상력과 파괴력이 뛰어난 장점도 있었다.

그런데 가장 큰 약점은 역시 발사 속도였다. 숙련된 일본군이 조총을 한 발 쏘는 데 약 20초가 걸렸다. 한 발 쏘고 다시 쏘는 데 그 간격이 20초! 이럴 경우 전투가 되질 않는다. 조선군의 경우 20초 사이에 화살을 적어도 7, 8발은 쏠 수 있기 때문이다.

이런 약점을 극복한 장본인이 바로 오다 노부나가였다.

1575년 나가시노 전투에서 대규모 조총 부대를 동원했던 오다 노부나가는 이른바 3단 사법이란 전술을 개발한 것으로 알려졌다. 즉 조총수를 3열로 배열한 다음 맨 앞줄은 쏘고 두 번째 줄은 대기하고 세 번째 줄은 장전하는 방식이었다. 이렇게 3열의 조총수가 교대로 사격을 하면서 대규모 연발 사격이 가능해졌던 것이다.

이처럼 일본군은 조총을 이용한 전술도 발전시켰고 또 임진왜란 당시에는 세계 조총의 약 50%를 일본이 보유했다고 할 정도로 양산에도 성공했다. 이처럼 임진왜란 직전 일본은 조총이라는 신무기로 무장했고 그들의 선택은 주효했다. 적어도 육전에서는 조총을 당할 무기가 조선에는 없었다.

11
웅천해전

1. 자신을 공격해야 상대를 이길 수 있다

어느덧 겨울이 깊어지며 해가 바뀌었다. 임진년의 전란이 계사년으로 이어지고 있었다. 전황에도 변화가 있었다. 명나라군의 개입, 명나라 이여송의 4만 부대는 곧 평양성을 탈환했고 일본군은 한양까지 물러났다. 그러나 벽제관 전투에서 명나라군은 대패하고 평양성에 머물렀다. 이즈음 명나라는 일본군과의 강화 교섭을 시작했다.

육군이 합세하다

1593년 1월 당시 조선, 일본, 명나라 모두 전쟁을 수행하기 어려운 상황이었다. 일본군은 명나라의 참전과 전염병과 혹한으로 수많은 군사를 잃었다. 조선 역시 명나라군의 군량미 조달과 명나라 기병대의 말먹이 보급에 애를 먹고 있었다. 수많은 군사들이 굶주렸으며 도망치기 시작했다. 이제 전쟁은 정치적으로 외교적으로 풀어야 할 상황인지도 몰랐다. 이즈음 여수의 전라좌수사 이순신에게는 새로운 명령이 떨어졌다. 명나라군이 개입하였으므로 육군과 합동으로 부산을 치라는 것이었다.

1593년 2월 6일, 이순신은 89척의 연합 함대에 병력 1만 4,000여 명을 거느리고 여수를 출발했다. 조정의 구상대로 명나라 육군이 부산으로 진격하기만 한다면 부산의 적을 섬멸할 수 있으리라! 부산의 적도 만만치 않았다. 지난해 가을, 부산해전에서 이순신에게 참패를 당했던 일본 해군은 겨울을 지나면서 전선을 더 보강하였다. 겨울 동안 일본을 오가며 부지런히 전선을 확충했던 것이다. 일본군은 본거지인 부산에 500여 척, 그리고 전진기지랄 수 있는 웅천에 115척의 전선을 배치해두었다. 오히려 지난해보다 전선의 수가 늘어난 형국이었다. 이순신으로서도 난감한 일이었다. 적선은 부수고 또 부수어도 유령처럼 오히려 늘었다.

그러나 이번은 다를 것이다. 조선 육군과 명나라 육군이 부산을 공격해주기만 한다면 일거에 바다에서 저들을 모조리 수장할 수 있으리라. 그렇게 된다면 이 참혹한 전란도 끝이 날 것이다. 실제로 겨울을 넘기면서 전쟁의 참상은 조선 땅 곳곳에서 나타나기 시작했다. 무엇보다 농사를 망친 백성들의 고통이 너무나 컸다. 겨울로 접어들면서 유난히 잦은 혹한과 폭설은 식량난을 가중시켰다. 대부분의 백성들이 심각한 식량난에 시달렸다. 일부 지역에서는 식인, 즉 사람을 잡아먹는다는 소문도 들려왔다. 실제로 식인 사례가 빈번하여 조정에서 문제가 되기도 했다. 이 겨울이 가기 전에 전란을 끝낸다면 새봄에는 농사를 다시 시작할 수 있지 않을까.

웅천 앞바다, 부산을 치려면 웅천의 적을 먼저 쳐야 했다. 그냥 지나쳤다가는 틀림없이 조선 수군의 배후를 칠 터였다. 지난해 이순신은 이 바다에서 안골포해전을 치렀고 부산해전을 위해 이 바다를 지나다녔다. 해가 바뀌었건만 달라진 것은 없었다. 오히려 적선과 백성들의 피해는 점차 늘어만 갔다. 웅천 역시 이순신이 싸우기에 불리한 곳이었다. 안골포 서쪽에 있는 웅천은 나중에 적들이 왜성을 쌓을 만큼 요새화되어 있는 깊은 만이었다.

일본군의 대응 전략에도 변화가 없었다. 그들은 절대로 이순신과 맞서 싸우려 하지 않았다. 100여 척이 넘는 전선을 그대로 포구에 묶어둔 채 육지에서만 응전하려고 했다. 적의 준비는 치밀했다. 이미 패전을 당한 경험이 있는 그들, 웅천의 주변 야산에 진지를 파고 조선 함대를 기다렸다. 그것은 해전이 아니었다. 해전이라 하면 양측 함대가 바다 위에서 대치하고 포격하고 쫓고 쫓기는 것이어야 하지만 일본 수군은 오히려 육군 흉내를 냈다. 바다 위에서의 전투는 승산이 없다는 것을 이미 잘 알고 있는 그들이었다.

의승병이 상륙전에 앞장서다

2월 10일 이순신 함대는 밀물을 타고 웅천으로 쳐들어갔다. 적의 대응은 완강했다. 특히 웅천 앞의 야산에 위치한 적의 진지에서 날아오는 포격과 조총은 조선군에게 큰 위협이었다. 전투는 지지부진했다. 포구를 향해 들어가던 조선 수군들이 주춤했다. 적의 진지 포격에 막혀 웅천의 적선에 제대로 총통을 쏠 수도 없었다. 더구나 일본군은 바다 한가운데 목책을 설치했다. 바다를 빙 둘러 대형 통나무를 박아놓은 것이다. 조선 함대가 포구로 진입하는 것을 막기 위한 장애물이었다. 견고한 목책 앞에서 조선군은 총통 사격을 했지만 효과는 미미했다. 대신 목책에 접근하는 조선 함대를 향해 육지에서 쏘는 일본군의 조총과 화살은 위협적이었다. 높은 육지에서 바다를 내려다보고

웅천해전 **173**

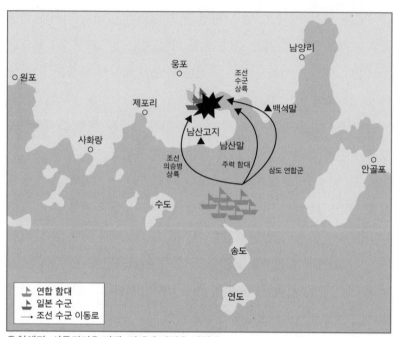

지도 라벨:
- 남양리
- 웅포
- 원포
- 조선 수군 상륙
- 제포리
- 백석말
- 사화랑
- 남산고지
- 조선 의승병 상륙
- 남산말
- 주력 함대
- 삼도 연합군
- 안골포
- 수도
- 송도
- 연도

범례:
- 연합 함대
- 일본 수군
- 조선 수군 이동로

웅천해전 상륙작전을 병행, 적에게 타격을 입혔다.

사격을 하는 그들이었다.

"전 함대, 퇴각하라! 천천히, 천천히 퇴각하라!"

이순신은 전투가 지지부진하자 퇴각 명령을 내렸다. 그러면서 이순신은 적진을 예의주시했다. 아군 함대가 물러나면 혹시 적선이 뒤쫓아 나올지 모른다고 생각했다. 그러나 적은 단단히 작정을 한 듯, 한 발짝도 움직이지 않았으며 단 한 척의 배도 출전시키지 않았다. 이순신은 가까운 포구에서 군사들을 쉬게 했다. 마음이 급해졌다. 명나라 육군과 함께 부산을 치기 위해서는 반드시 웅천의 적을 섬멸해야 했다. 언제 명나라 육군이 부산에 당도할지 모르는 상황, 당장이라도 부산으로 오라는 연락이 오면 낭패였다. 등 뒤에 적을 두고 싸울 수는 없는 노릇이 아닌가.

'침착해야 한다. 장수가 초조해하면 장졸들은 더 흔들리는 법! 내가 흔들려서는 안 된다!'

마음을 다잡은 이순신은 다시 웅천을 공격했다. 2월 12일, 2월 18일, 연이어 공격했지만 큰 성과를 거두지 못했다. 설상가상 아군 판옥선 두 척이 파손되기까지 했다. 좁은 포구에서 배를 돌리다가 아군 판옥선끼리 부딪쳐 선체가 파손되고 부상자까지 발생했다. 적에게는 견고한 철옹성처럼 보이던 조선 판옥선, 그 배에만 타고 있으면 어떤 위험도 극복할 수 있다고 믿었던 조선 수군들이 흔들리기 시작했다. 비록 적의 공격에 의한 파손은 아니라 하더라도 철석같이 믿었던 판옥선의 파손은 조선 수군에게 충격이 되고도 남았다.

2월 19일 밤, 이순신은 마침내 결단을 내렸다.

"상륙할 것이오!"

이순신의 입에서 떨어진 말에 장수들은 모두 놀랐다. 전혀 이순신다운 전술이 아니었다. 지금까지 이순신은 철저히 상륙전을 피해왔다. 일본군은 단병접전에서 이미 수많은 전투 경험이 있는 군사들이라 칼싸움에 능하다는 것은 이순신 자신이 누구보다 잘 알았던 것이다. 그에 반해 조선 수군은 배 젓기와 총통 발사에 능하지만 적과 직접 맞서 싸우는 백병전의 경험은 거의 전무하다시피 했다. 그런데 조총으로 무장한 육지의 적을 향해 상륙을 하겠다고 이순신이 결심한 것이다.

"이미 적도 우리를 잘 알고 있소. 아군이 상륙을 감행하리라고는 꿈에도 생각지 못할 것이오. 웅천의 양 방면에 은밀히 아군을 상륙시켜 적진을 교란합시다. 그 틈에 포구 깊숙이 아군이 쳐들어가면 승산이 있을 것이오."

일순 이순신의 임시 군막 안은 찬물을 끼얹은 듯 조용해졌다.

"상륙은 소승들에게 맡겨주시지요."

침묵을 깨고 나선 사람은 놀랍게도 머리를 짧게 깎은 승려, 의승장
義僧將 삼혜와 의능이었다. 이들은 600여 명의 승병을 이끌고 이순신
함대에 합류한 승려들이었다.

"수군보다는 그래도 산에서 살아온 저희 중들이 더 낫지 않겠습
니까?"

이순신은 지그시 승병들을 바라보았다. 임진왜란 당시, 승병들의 활
약은 눈부셨다. 조선의 억불정책으로 가장 미천한 신분으로 떨어졌
던 그들이 막상 전란이 터지자 조선 팔도 각처에서 떨쳐 일어났다. 이
미 금산전투에서 의병장 조헌과 함께 800여 명의 의승병들이 전사했
다. 기록에는 조헌과 700의사라고만 남아 있지만 일부 사학자들은 여
러 정황과 기록으로 당시 조헌 부대에는 800여 명의 승려가 더 있었
던 것으로 판단하고 있다. 권율의 행주산성 싸움에서도 의승병들의
활약은 눈부셨다. 가장 방어하기 어려운 서북 능선을 끝까지 막아낸
것은 관군이 아닌 의승병들이었다. 이순신과 함께 싸운 삼혜와 의능
에 대한 기록은 자세하지 않으나 이 싸움에 이들이 참전한 것만은 확
실하다.

우리가 뚫지 못하면 상륙군이 전멸한다

이순신은 의승병들에게 웅천의 서쪽인 제포로 상륙할 것을 지시했
다. 의승병들이 상륙을 자청하자 수군 가운데도 상륙하겠다는 지원
자들이 생겼다. 이순신은 정규군에게 웅천의 남쪽인 남양으로 상륙

하도록 했다. 그것은 은밀한 작전
이었다. 600명의 의승병에 1,100명
의 수군을 이순신은 은밀히 상륙
시켰다. 육지의 두 방향과 바다,
세 방면에서 적을 압박할 작전
이었다.

도화선(위)과
빙철(아래)

비격진천뢰飛擊震天雷 겉
은 무쇠로 둥근 박과 같지
만 속에는 쇳조각인 빙철
憑鐵과 화약이 들어 있다.
일종의 수류탄.

　이순신 함대가 다시 웅천으로
쳐들어갔다. 일본군은 여전히 산
위의 진지에서 저항했다. 이때 이들 진지를
향해 접근하는 그림자들이 있었다. 바로
이순신이 상륙시킨 조선의 의승병과 수군들
이었다. 엄폐물에 몸을 감추고 적진을 노려

마름쇠　적군의 접근 예상로
에 살포해 접근을 저지하는
데 사용한 방어용 무기.

보는 의승병과 수군 상륙군들, 칼과 창을 잡은
그들의 손이 가늘게 떨렸다. 이제 저 바다에서 포성이 오르면 적과
얼굴을 마주 하고 싸워야 한다. 과연 저들의 조총과 칼을 이길 수 있
을까? 바다를 향해 진을 치고 있는 적에게 최대한 가까이 접근한 조
선군들은 숨을 죽인 채 아군 함대의 포격이 시작되기를 기다렸다.

　"쾅―!"

　드디어 바다 위의 이순신 대장선에서 커다란 대장군전이 발사되는
것을 신호로 조선 함대가 일제히 포격을 시작했다. 동시에 제포와 남
양의 두 군데로 상륙한 의승병과 수군들도 때를 같이하여 일본군 진
지를 향해 화살을 날리기 시작했다. 느닷없이 나타난 조선 상륙군을
맞은 적은 매우 당황했다. 바다 쪽만 신경 쓰며 모든 포와 조총을 그
쪽으로만 집중하다가 측면 공격을 받은 것이다. 조선군의 화살 공격

에 일본군은 조총으로 대항했다. 적의 조총은 매우 위력적이었다. 그리고 일본군은 노련했다. 100년의 전쟁 경험이 있는 그들, 그들은 상대와 가까울수록 위력을 발휘했다. 서로 간에 치열한 사격전이 벌어졌다. 그러나 조선 상륙군의 전력은 한계가 있었다. 상륙전이 제대로 위력을 발휘하려면 적에게 접근하여 근접전을 벌여야 하건만 일본군의 조총과 일본도 앞에서 상륙군은 제 역할을 못 해내고 있었다. 오히려 시간이 지날수록 일본군들이 조선 상륙군을 향해 접근해왔다.

그 시각, 바다에서도 필사적이었다. 조선 수군들이 톱과 도끼를 들고 물로 뛰어들어 일본군이 설치한 목책을 제거하기 시작했다. 조선 수군이 목책에 근접하자 일본군의 집중 사격이 쏟아졌다. 적지 않은 수군들이 목책에서 조총과 화살을 맞았다.

"돌격하라! 모든 총통을 발사하라!"

"우리가 뚫지 못하면 상륙군이 전멸한다!"

이순신은 수군들을 독려했다. 독전고가 쉬지 않고 울렸다. 조선 수군들은 필사적으로 포격을 가했다. 적선과 적의 진지를 향해 끊임없이 장군전과 단석 그리고 조란탄을 쏘았다. 드디어 적의 목책 일부가 무너졌다. 이제 조선 수군은 적선을 향해 정확하게 포격할 위치를 잡을 수 있었다. 그러나 좁은 목책에서의 포격은 한계가 있었다. 쏘아도 쏘아도 100척이 넘는 적선은 좀체 줄어들지 않았다. 한꺼번에 일자진을 펼쳐 포격을 할 수도 없었다. 좁은 공간에서 제한된 판옥선만이 포격을 했다. 그러나 쉴 새 없는 공격에 드디어 웅천 앞바다의 적선들이 서서히 침몰하기 시작했다. 그와 함께 시커먼 연기가 하늘을 뒤덮었다. 이제 조금만 더 포격을 가한다면 적의 함대에 치명타를 입힐 수 있을 것 같았다.

승리했으나 함성은 없었다

"장군, 물이 빠지고 있습니다!"

또다시 썰물이었다. 물이 빠지면 조선 판옥선들이 그대로 뻘밭에 갇히게 될 터, 이순신은 입술을 깨물었다. 희생에 비해 전과가 만족스럽지 못했다. 그러나 어쩔 수 없었다. 적선의 절반 이상이 파괴되었다. 이 정도라면 적의 예봉은 충분히 꺾었을 것이다.

"퇴각 신호를 올려라! 상륙군에게도 신호를 보내라!"

곧이어 어두워지는 바다 위로 신기전이 올랐다. 육지의 적과 결사적인 전투를 벌이던 상륙군들도 이 신호를 보았다.

"퇴각하라!"

조선 상륙군들이 부상자들을 이끌고 퇴각하자 일본군은 악착같이 추격해왔다. 그들이 단 한 번도 이겨보지 못한 조선 수군이 지금 물을 빠져나온 물고기처럼 뭍에 올라와 있었다. 그러잖아도 전과에 목말라 있던 일본군들이었다. 처절한 퇴각전이 갯벌 위에서 벌어졌다. 이순신은 함대를 대기시켜놓은 채 총통에 조란탄을 발사시켰다. 아군도 맞을 수 있는 상황이었지만 그들이 당하는 것을 눈뜨고 볼 수는 없었다. 더러는 조선 수군의 조란탄에 쓰러지고 더러는 일본군의 조총과 칼에 쓰러지면서도 조선 상륙군은 퇴각하고 있었다. 쓰러지는 의승병과 부하들을 바라보는 이순신의 눈에는 불꽃이 튀었다. 마침내 처절한 철수가 완료되었다. 이순신은 살아 돌아온 부하들과 의승병들의 어깨를 일일이 두드려주었다. 피와 땀과 뻘투성이가 된 그들…….

그러나 군사들 사이에서 예전처럼 승리의 함성은 오르지 않았다. 승전 이전에 쓰러져간 전우들의 모습이 그들 가슴을 무겁게 했기 때문이었다. 군사들을 위로한 이순신은 홀로 자신의 지휘소에 올라 오래오래 저물어가는 바다를 바라보았다. 어느 정도 예상했던 희생이었다. 적의 의표를 찌른 상륙작전, 작전만으로 볼 때 그것은 훌륭한 작전이었고 성공적인 작전이었다. 단 한 번도 시도하지 않던 기습 상륙전을 감행하여 어렵게 치른 웅천해전, 그러나 그는 함대를 여수로 돌려야 했다. 그토록 갈망하던 명나라 육군과 합동으로 부산을 치려던 계획에 차질이 생겼다. 명나라가 일본과 50일간의 휴전협상을 체결해버렸던 것이다. 전투가 아니라 전쟁의 승리, 그 염원을 웅천 앞바다에 묻어놓고 이순신 함대는 여수로 귀환했다. 그 아쉬움이 컸기 때문일까. 이순신은 웅천해전의 결과조차 정확하게 기록해놓지 않았다. 평소의 그와는 전혀 다른 모습이었다.

2. 자신을 공격하라

고정관념과 맞서라

언제나 그렇듯이 결단은 어려운 것이었다. 더구나 그동안 한 번도 시도하지 않았던 작전을 결정하며 이순신은 고심에 고심을 거듭했다. 조선 수군의 상륙작전! 조선 수군은 바다 위에서 강했고 파도 위에서 자유로웠다. 따라서 개전 이래 조선 수군은 단 한 번도 육지에서 적과 싸운 적이 없었다. 이순신 자신이 상륙전을 엄격히 통제했기 때문이었다. 일본 수군 전력의 핵심이랄 수 있는 적의 전선을 격침하는 데 중점을 두었던 것이다.

그러나 웅천해전은 힘들었다. 해안에 견고한 목책을 설치한 채 산 위에서 반격해오는 적, 반드시 물리쳐만 수륙합동작전으로 부산을 칠 수 있었기에 웅천의 적은 반드시 제압해야 할 대상이었다. 몇 차례의 공방전이 큰 성과가 없자 이순신은 상륙전이라는 결단을 내렸던 것이다. 그것은 자신에 대한 공격이었다. 상륙전은 결코 하지 않는다는 자신의 원칙에 대한 공격이었다.

자신을 공격하는 것, 그것은 고정관념과의 대결이다.

1차 세계대전 당시, 독일과 그에 대항하는 영국·프랑스 모두는 탱크의 중요성에 관심을 갖기 시작했다. 양측 모두 경쟁적으로 탱크를 전선에 투입했다. 그러나 영국과 프랑스는 탱크 부대를 보병 부대에 배속했다. 전투의 승패는 결국 보병에 의해 결정된다는 사실에 너무 집착했던 것이다. 보병이 어느 지점을 차지하여 깃발을 꽂아야 이기는 것이라는 사고에 빠져 있었다. 그래서 그들의 탱크는 보병의 작전을 보조하는 역할에 그쳤다. 영국과 프랑스의 탱크는 보병과 함께 느릿느릿 움직였다.

반면 독일은 달랐다. 독일은 탱크 부대가 작전의 주체가 될 수 있다고 생각했다. 그래서 독일은 독립된 기갑사단을 만들고 거기에 포병과 기동성을 갖춘 보병이 지원하도록 했다. 결과는 뻔했다. 기갑 전투 개념을 갖고 있던 독일은 탱크 부대를 적의 전선 한 곳에 집중시켜 그곳을 돌파, 적의 후방 깊숙이 파고들어 후방을 교란했다. 전쟁은 보병에 의해 가름된다는 고정관념을 깨뜨림으로써 새로운 전술을 수립했고 그것은 보기 좋게 적의 의표를 찔렀던 것이다.

자신에 대한 공격은 마케팅 현장에서도 볼 수 있다. 세계적인 상표를 가진 면도기 회사가 있었다. 경쟁사가 날이 두 개 달린 신제품을 선보이자 이 회사 역시 날이 두 개 달린 새 제품을 내놓았다. 그러고는 그것을 그동안 자신들이 만들었던 면도기보다 훨씬 좋은 제품이라고 광고했다. 이렇게 두 날 면도기 시장이 안정되어가자 이번에는 날이 한 개인 일회용 면도기를 생산하기 시작했다. 그러면서 이 일회용이 자사 제품의 날이 두 개인 면도기보다 훨씬 편리하다고 광고했다. 소비자들은 처음엔 어리둥절했으나 곧 일회용 면도기에 매료되기 시작했다. 자신에 대한 공격, 자사 제품에 대한 공격으로 경쟁사와 소비자의 의표를 찌른 이 회사는 지금도 여전히 세계 최고의 면도기 제작사로 남아 있다.

변화구인가 직구인가, 상대의 의표를 찔러라

자신에 대한 공격으로부터 시작되는 상대의 의표 찌르기, 그러나 거기엔 정해진 공식이 있는 것은 아니다. 여기에도 함정은 있다.

세계 최고의 컴퓨터 제품을 생산하는 회사가 있다. 성능도 우수하고 소비자의 인식도 좋다. 다만 한 가지 흠이라면 가격이 비싸다는 것! 그래서 어느 야심만만한 경쟁 회사가 고품질 중저가 컴퓨터 제품을 들고 나왔다. 깜짝 놀란 세계 최고의 회사가 대응책을 마련한다.

그렇다면 경쟁사와 소비자의 의표를 찌르기 위해 가격을 낮춰볼까? 그래서 가격을 낮췄다고 치자. 신규 업체는 가만있을까? 그들은 선발 업체의 의표를 찌르기 위해 오히려 고품질 고가격의 제품을 내놓을지 모른다. 이렇게 되면 선발 업체가 오히려 싸구려라는 이미지에 빠져들지 모른다. 따라서 선발 업체는 싼 가격으로 도전하는 후발 주자가 있을 때 더 비싼 제품을 내놓는 것도 하나의 대응책이 될 수 있을 것이다.

이처럼 자신에 대한 공격과 의표 찌르기는 치열한 머리싸움을 해야 하는 것이다. 과연 투수는 다음 볼을 변화구를 던질 것인가 직구를 던질 것인가, 그 짧은 인터벌 순간, 타자와 투수는 불꽃 튀는 머리 싸움을 한다. 이처럼 자신에 대한 공격은 가혹하고 상대 의표 찌르기 는 예술의 경지에 닿아 있어야 하는 것이다.

상대가 전혀 생각지 못한 전술, 예상치 못했던 전략, 꿈도 꾸지 못 했던 프로젝트를 들고 나와 마지막에 흐뭇하게 웃을 수 있는 의표 찌 르기. 그러나 어설프게 자주 하는 것은 경계해야 한다. 변칙이 잦으면 상대가 얕본다. 밑천이 드러난다. 둔중한 중심을 잡은 상태에서 의표 를 찔러야 최대의 효과를 거둘 수 있다. 의표 찌르기는 사기가 아니 다! 그것은 자신에 대한 공격으로 가능한 것이다. 자신의 신념과 원 칙을 다시 점검하고 그것을 한 단계 넘어설 때 가능한 것이다.

자신을 스스로 공격하라. 그리고 그것을 바탕으로 의표를 찔러라.

12
견내량 봉쇄작전

1. 적의 눈동자를 보면서 지켜라

1593년 이른 봄, 전선은 남하하고 있었다. 명나라 이여송의 4만 군사가 조선 전쟁에 개입했다. 일본군 역시 나름대로 버티기 힘든 상황이었다. 혹독한 겨울을 지나면서 엄청난 병력 손실이 있었다. 조선의 혹독한 추위와 전염병, 명나라군의 개입과 조선 의병의 활약으로 그들은 애초의 목적을 이루지 못했다.

무엇보다 전선이 고착화되고 마침내 일본군이 후퇴할 수밖에 없었던 가장 큰 이유는 이순신 함대의 남해와 서해 봉쇄였다. 바다를 통한 원활한 보급이 끊기면서 일본군의 전쟁 수행 능력은 급격히 떨어졌던 것이다.

적은 더 늘어나고

1593년 4월 30일, 전쟁이 발발한 지 꼭 일 년 만에 조·명 연합군은 서울을 탈환했다. 기나긴 일 년이었다. 고작 전란 일 년 만에 조선은 건국 200년 동안보다 더 극심한 변화를 겪었다. 그것은 한마디로 참화였다.

그 비극 속에 새로운 변화의 움직임도 감지되었다. 그동안 견고하게 유지되어오던 신분제의 동요와 백성들의 인식 변화 등은 그래도 긍정적이었다고 나중에 역사학자들이 평가하고 있다.

어쨌거나 전선은 남하하고 있었고 명나라와 일본은 끊임없이 강화를 모색하고 있었다. 명나라는 국내 정치 상황이 매우 어려웠고, 일본은 전열을 가다듬을 시간을 벌어야 했다. 전쟁보다 강화 쪽에 기운 명나라의 속셈은 한양을 탈환한 이후에 잘 나타나고 있다. 조선군이 남하하는 일본군을 뒤쫓으려 하자 명나라 지휘부는 한강을 넘지 못하도록 했다.

시간을 벌게 된 일본군은 남하를 서둘렀다. 부산을 중심으로 한 남해안에 일본군이 속속 집결하기 시작했다. 이순신은 일본군의 움직임을 예의주시했다. 명나라군이 개입했지만 그들의 지원으로 이 전란을 끝낼 수 없다는 것도 감지하고 있었다. 명나라군은 4만 대군이라고 하지만 절반 정도는 노약자로서 전투력이 형편없다는 보고도 들어왔다.

반면 일본군의 움직임은 이순신을 불안하게 했다. 당시 이순신은 일본군이 이 땅에서 완전히 철수하리라고는 생각하지 않았다. 그러던 차에 놀라운 첩보들이 보고되었다. 적선의 숫자가 엄청나게 늘어나고 있다는 보고였다. 당시 파악된 적선의 숫자는 대략 900여 척, 임진왜란 초기보다 훨씬 늘어났으며 그동안 이순신이 수백 척의 적선을 격침시켰는데도 오히려 적선은 늘어나 있었던 것이다. 일본군은 900여 척의 전선을 진해 앞바다를 중심으로 배치하기 시작했다. 동시에 일본 육군 역시 창원·진해·부산 등지에서 주둔하기 시작했다. 그리고 주둔지에 성을 쌓았다. 그것은 절대로 이 땅에서 그냥 물러나지 않겠다는 의지의 표현이었다.

이순신은 육군에 한 가닥 기대를 걸었다. 현재의 적은 전력 손실이 많은 상태, 지금이라도 육군이 적의 배후를 치고 자신이 바다에서 저들을 맞는다면 전세를 획기적으로 역전시킬 수 있을 듯했다. 그러나 육군에 기대를 걸기에는 조·명 연합군의 전력이 충분치 않았다. 지난해 진주성을 지켜내고 올해 초에 행주산성에서 대첩을 이룬 육군이지만 아직도 적을 몰아낼 전력에는 한참 미치지 못했다.

이순신은 오랫동안 해도와 지도를 들여다보았다. 지금 무엇을 해야 하는가? 적선은 900여 척, 지금까지 해왔던 것처럼 포구를 찾아다니며 저들을 격침시켜야 할까? 아니면 부산해전처럼 전면전에 승부를 걸어야 할 것인가? 어느 것도 명쾌하지 않았다.

갈수록 싸움은 어려워졌다. 아군의 강점을 잘 알게 된 적은 아예 싸움을 피하기만 했다. 포구 깊숙이 배를 정박시켜놓고 산 위에 진지를 구축했다. 조총뿐만 아니라 조선 총통까지 노획하여 조선 판옥선에 심각한 위협을 가했다. 적선은 깨뜨려도 깨뜨려도 오히려 늘어만 가는 상황, 무엇보다 육군과의 합동작전이 불가능한 이 상황에서 무엇을 할 것인가. 과연 무엇이 최선인가. 그동안 수집한 첩보를 분석하며 며칠을 고심하던 이순신은 마침내 결단을 내렸다. 그리고 조선 연합 함대에 출전 명령을 내렸다.

바다 위에 팽팽한 긴장감이 감돌다

1593년 5월 7일, 이순신 함대는 다시 여수에서 출항했다. 여수를 지나 남해도와 사천 앞바다를 지나면서 이순신은 감회에 젖었다. 지난 일 년이 마치 꿈속처럼 흘러갔다. 옥포에서 안골포를 지나 부산, 웅천에 이르기까지, 숱한 해전을 치르면서 단 하루도 다리를 뻗고 편히 잠든 날이 없었다. 항진하는 동안 바라본 바다와 산마루들이 이제는 너무나 익숙한 풍경이 되었다.

이순신은 마지막 기대를 걸고 있었다. 그동안 그는 수차례 경상우병사 김성일과 체찰사 유성룡, 그리고 전라순찰사 권율 등에게 육군이 부산을 공격해주도록 요청했다. 확답은 없었으나 조선 육군이 퇴각하는 일본군을 따라 남하하고 있다는 소식이 들려왔다. 이순신은 여기에 한 가닥 기대를 걸고 지금 함대를 출전시킨 것이다. 어느새 조선 연합 함대도 판옥선만도 100여 척으로 늘어나 있었다. 전투 중에도 끊임없이 판옥선을 건조한 결과였다.

여수를 출발한 지 사흘째, 이순신은 한산 앞바다, 견내량이 바라보이는 곳에 도착했다. 지난해 한산대첩을 이룬 바로 그 바다였다. 이순신은 함대를 정박시키고 육로와 해로로 첩보를 띄웠다. 이순신은 다시 확인할 수 있었다. 진해를 중심으로 적의 전선 900여 척 배치, 그리고 창원에 일본 육군 정예군의 집결! 결국 평양과 함경도 북단까지 늘어났던 전선이 축소되면서 적의 전력이 남해안에 밀도 있게 배치된 것이다.

이순신은 싸늘한 냉기를 느꼈다. 멀리 조선 조정과 명나라 본토를 치지 못한 적들이 상대로 삼을 대상은 누구인가? 바로 조선 수군이자 자신이 아닌가? 일본 육군 정예군과 900여 척의 일본 수군이 지금 자신과 조선 수군을 노리고 있다. 그리고 자신을 넘어 다시 한 번 북상을 시도하려는 것이다. 더 절망적인 소식도 전해졌다. 일본군을 쫓아 남하하던 조선 육군이 의령과 함안에서 군사를 돌렸다는 소식이었다. 그들은 창원에 주둔한 적의 주력군과 접전을 벌이지도 않은 채

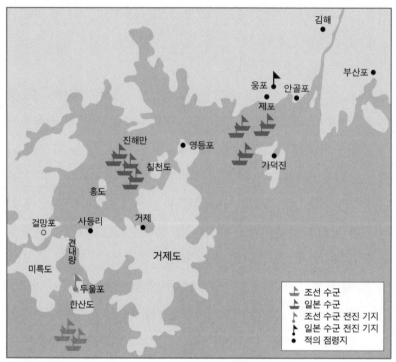

견내량 대치도 철저한 봉쇄로 일본군의 서진西進을 막아냈다.

돌아가버렸다.

"싸웁시다. 지금 곳곳에 적선이 정박하고 있다지 않소이까?"

전투를 주장하는 장수들도 있었다. 벌써 며칠째 이순신은 한산도
를 중심으로 함대를 정박시켜놓은 채 척후선만 운용하고 있었다. 어
쩌다가 견내량을 지나 거제 북단까지 전체 함대를 항진시킬 뿐이었
다. 일종의 무력 해상 시위였다. 그러나 그것뿐 정작 전투는 실행하지
않고 있었다.

"장군, 무엇이 두렵소이까? 우리는 한 번도 패한 적이 없는 조선 수
군이외다. 이러다가 군졸들의 사기까지 떨어질까 걱정이외다. 칩시다,

당장!"

이순신은 그런 장수들에게 차분히 상황을 설명했다. 지금 적은 모든 전력을 집중하고 있다. 명나라와 강화 협상을 하고 있다지만 그것은 언제 깨질지 모를 일, 적은 여전히 남해를 지나 서해로 진출하려 하고 있다. 그리고 무엇보다 우리를 유인하고 있다. 진해 웅천 안골포 거제 곳곳에 함대를 정박시킨 채 우리가 어느 포구든 깊숙이 들어가 기만을 기다리고 있다. 우리가 여느 때처럼 특정한 포구를 향해 공격하면 저들은 일시에 900여 척의 전선을 동원, 우리를 포위 공격하려 할 것이다. 그리고 창원에 주둔하고 있는 적의 육군 주력 부대 역시 언제든지 전투에 합세할 것이다.

그렇다면 승산이 있는가? 범이 아가리를 벌리고 있는 줄 알면서 그 굴로 기어들 수는 없는 노릇 아니겠는가?

이순신의 설명에 전투를 주장하던 장수들도 할 말을 잃었다.

물길이 좁은 견내량을 봉쇄하라

그럴 즈음, 급보가 전해졌다. 수많은 적선이 견내량 북단에 집결하고 있다는 소식이었다. 이순신이 움직이지 않자 적이 먼저 움직인 것이다. 이순신은 생각에 잠겼다. 자신을 유인하려던 적이 참지 못하고 먼저 나오는가? 그렇다면 피할 수 없는 싸움이 되겠지. 어디서 싸울 것인가? 이번에도 역시 적은 견내량을 통해 올 것이고 그렇다면 지난해처럼 이곳 한산 앞바다인가? 아니다. 적은 이미 이곳에서 참패한 경험이 있다. 같은 장소에서 같은 패배를 당할 저들이 아니지 않은가. 지난해처럼 호락호락하진 않을 것이다.

대규모 적함과 맞서려면 역시 좁은 물길이 유리할 것이다. 그렇다면 이번에는 견내량을 내주면 안 된다. 지난 한산대첩 때는 적을 유인하기 위해 견내량을 내주었지만 지금은 사정이 다르다. 견내량을 막아야 한다! 전진 배치! 이순신은 전 함대를 견내량을 통과하여 견내량 북단에 배치시켰다. 싸운다면 여기서 맞서 싸우리라! 좁은 물길에서 맞서리라!

그런데 왜 적이 갑자기 움직이기 시작했을까? 의문은 곧 풀렸다. 이순신에게 다시 전해진 급보, 그것은 진주성 함락 소식이었다. 진주성이 어떤 곳이던가? 지난해 10월 일본군은 진주성에서 치욕적인 패배를 당했다. 김시민과 진주성민들의 저항에 부딪혀 수만의 희생자를 남겼을 뿐만 아니라 전라도 진출이 막혀 전황에 막대한 지장을 받았던 곳이었다. 남하한 일본 육군은 지난해 임진년 패배를 설욕하기 위해 진주성 공격을 감행, 함락시킨 후 성 안의 모든 조선인을 무차별 학살했던 것이다. 당시 진주성의 7만 조선인 민관군은 모조리 죽임을 당했으며 의기 논개도 이때 순국했다.

모든 것이 명확해졌다. 진주성을 교두보로 삼은 적은 이제 바닷길을 열려고 할 것이다. 그렇다면 막아야 한다. 당장의 전투로 적선 몇 척을 깨뜨리는 것이 문제가 아니라 적의 전략을 근본적으로 막아내야 한다. 그렇다면 선택은 하나, 바닷길을 지키는 수밖에 없었다. 진주성이 무너지고 육로가 뚫린 이상 여수 본영도 위험할 터였다. 그렇다면 바로 이곳, 견내량, 견내량을 지켜내야 한다.

"견내량을 봉쇄할 것이니라!"

이순신은 전 함대에 경거망동하지 말 것을 주문했다. 그리고 견내량 봉쇄작전에 들어갔다.

100여 척의 판옥선에 첨자진 진형을 명령했다. 그러고는 견내량 북단을 틀어막았다. 일본군 전선 몇 척이 저 멀리서 부산하게 움직였다. 저들은 지금 고무되어 있을 것이다. 진주성을 무너뜨린 육군에 뒤지지 않기 위해서라도 도발을 할지 모른다. 만약 저들이 도발해온다면 또다시 지난해 한산해전처럼 명운을 건 전투가 벌어질 것이다. 이순신은 즉시 인근 산에 신호망을 설치했다. 고성 벽방산, 한산도 고둥산, 통영 미륵산 등 진해와 가덕도 앞바다를 살필 수 있는 지형에 봉화대를 설치했다. 적의 움직임을 한눈에 감지할 수 있는 곳이었다.

이순신은 본대를 바다 가운데 정박시키고 몇몇 함대를 꾸려 견내량 주변 포구를 수색하게 했다. 최대한 함대를 활발하게 운용했다. 지키는 것도 그냥 서서 지킨다면 적이 아군을 가벼이 볼지 모를 일이었다. 마치 언제든지 선제공격을 감행할 수 있는 것처럼 함대를 운용했다. 그리고 군사들을 배불리 먹였다. 끼니때마다 밥 짓는 연기를 최대한 피워 올렸다. 교대로 육지나 섬으로 올라가 훈련도 했다. 함대를 이용한 해상 진법 훈련도 실시했다. 깃발 신호와 나발 신호에 따라 전 함대는 일사불란하게 움직였다. 첨자진에서 일자진으로, 돌격 대형에서 항진 대형으로! 수십 척의 배가 좁은 바다를 자유자재로 움직이는 모습은 빠르고 정확했다.

몇 번씩 척후선을 띄우던 일본군은 끝내 정면 승부를 걸어오지 않았다. 이순신의 방어 태세가 워낙 견고해 보였기 때문이다. 그렇게 견내량을 봉쇄하던 이순신은 또 다른 결단을 내린다. 그것은 여수의 전라좌수영 본영을 한산도로 옮기는 것이었다. 막아야 할 적과 가장 가까운 곳에 본영을 설치하려 했다. 그것은 일본군 육군의 예봉을 피하는 것과 동시에 견내량 봉쇄의 의지를 적에게 과시하는 것이었다.

이순신의 이러한 결단은 조정에서도 받아들여져 곧 한산도로 삼도

수군통제영을 옮기게 된다. 이보다 약간 먼저 마침내 이순신은 전라 좌수사에서 정2품 삼도수군통제사가 된다. 명실상부 조선국 해군 총 사령관이 되는 순간이었다. 그동안 견제해오던 원균도 전라우수사 이 억기도 이제는 이순신의 지휘를 받게 되었다.

지휘권의 통일, 그것은 이순신이 오랫동안 바라오던 것이었다. 통제 사로서 강력한 지휘권을 행사하게 된 이순신은 이후 한산도에서 견내 량 바다를 4년여 동안 굳건히 지킨다. 견내량은 일본군과 조선군의 군 사 분계선이 되었다. 절대 불리한 상황에서도 지켜야 할 곳을 끝끝내 지켜냈던 것이다. 지키는 것도 이기는 것이기에…….

2. 제1선에서 지켜라

지키는 자는 외롭다

한바다에 가을 햇살 저물었는데水國秋光暮

찬바람에 놀란 기러기 진중 높이 떴구나驚寒雁陳高

근심 가득 잠 못 이뤄 뒤척이는 밤憂心輾轉夜

새벽달이 활과 칼을 비추네殘月照弓刀

〈한산도 야음〉이라는 이순신의 한시이다. 잘 알려진 시조 〈한산섬 달 밝은 밤에〉와 더불어 한산도 시절에 지은 시가 아닐까 싶다. 나라 의 운명을 짊어진 장수의 시라 하기에는 너무나 서정적인 시구들, 그 러나 견내량을 틀어막고 한산도를 지키던 장군을 생각하면 눈시울

장검長劍 "석 자 칼로 하늘에 맹세하니 강산이 떨고 한 번 휘둘러 쓸어버리니 피가 강산을 물들인다三尺誓天 山河動色 一揮掃蕩 血染山河"라는 이순신의 친필 검명劍銘이 새겨져 있다.

붉어지는 시이다. 임진왜란 7년을 통해 그 누가 이토록 절실한 우국시를 남겼던가. 적을 눈앞에 두고 노심초사해야 했던, 외로웠던 한 인간의 고심이 그대로 드러나 있다.

그랬다. 이순신은 견내량에서 초조했고 한산도에서 외로웠다. 이순신이 모든 전력을 동원하여 견내량을 틀어막자 일본군은 함부로 움직이지 못했다. 일본군은 이순신의 바로 눈앞인 진해 앞바다에 900여 척의 전선을 보유하고 있으면서도 감히 견내량을 넘보지 못했다. 한 번도 그들은 정면 승부를 걸어오지 못했다. 물론 이 시기에도 크고 작은 전투가 있었다. 그러나 무엇보다 이순신의 가장 큰 전략적 목표는 견내량을 지키는 것이었다.

전쟁은 필연적으로 공격과 방어로 이루어진다. 공격을 잘해서 이기는 경우가 있는가 하면 방어 전략이 뛰어나 적을 물리친 경우도 많다. 대체로 전쟁은 전력이 강한 쪽이 '공격 앞으로!' 하여 전력이 약한 적을 몰아붙이는 형태였다. 따라서 공격하는 쪽이 이기는 경우가 많았다. 왜냐하면 이길 만하니까 공격했으므로. 또한 공격받는 쪽에서는 방어에 대한 개념과 전략이 정립되지 못해 '맞서 싸우라!' 하다가 필연적으로 패배를 당했다. 이후 차츰 방어 개념이 생기고 방어의 중요성이 인식되면서 성이 발달하기 시작했다. 성은 견고한 방어선이었다. 이후 전쟁은 창과 방패의 대결로 바뀌었다. 성이 견고해질수록 성을 공격하는 무기와 전술이 발달했다. 성을 공격하는 무기와 전술이 발달할수록 성을 지키는 전술 또한 발달했다.

이기려거든 방어하라

1차 세계대전 이후에는 방어의 중요성이 더욱 부각되기 시작했다. 1차 대전 당시 견고한 진지를 구축한 방어전이 공격전보다 훨씬 각광받기 시작했다. 전쟁 수행자들은 공격보다 방어가 훨씬 쉽고도 중요하다는 사실을 알게 되었다. 그 이전까지는 공격 전술이 사람들의 주목을 끌었다. 공격이 훨씬 화려하고 공격으로 얻는 이득이 많았던 탓이다. 공격의 성공은 곧 정복으로 이어졌으며 전리품은 수많은 장군과 군사들을 유혹했다. 그러나 차츰 세계가 안정되고 각 나라마다 군사적 체계를 갖추어가면서 공격에 드는 비용이 예상외로 많아졌다.

이제 전쟁에서도 방어에 눈을 돌리기 시작했다. 적의 주력 공격군을 효과적으로 방어한 후 역공을 가하는 것이 훨씬 비용도 적게 들고 효과도 있다는 것을 알게 되었다. 그것은 수많은 전투에서 얻은 교훈이었다. 진지를 공고하게 구축하고 적을 기다린 쪽이 항상 우세했다. 만반의 태세를 갖추고 기다리는 적을 공격하기란 쉽지 않았다. 물론 견고한 방어 체계는 새로운 공격 무기의 출현을 불렀다. 적의 견고한 지상 진지에 대한 심각한 타격을 입힐 수 있는 항공기 개발 등이 바로 그것이었다.

이런 상황에서 생긴 가장 유명한 방어 시스템이 바로 프랑스의 마지노선이었다. 1차 대전 이후 프랑스 육군 장관 A. 마지노의 이름을 따서 붙인 마지노선은 총 길이만도 750킬로미터에 이르는 방어선이었다. 마지노선은 지하에 각종 전투 시설물과 토치카를 구축하여 서로 연결한 현대판 만리장성이었다. 이 마지노선은 벨기에 북서부 국경에서 독일과 프랑스의 전 국경을 지나 스위스까지 연결되는 난공불락의 요새선이었다. 1936년 10년의 공사 끝에 마지노선이 완공되자 어느 누구도, 어떤 공격을 하더라도 이 방어선은 뚫을 수 없을 것이라 생각했다. 그러나 마지노선도 2차 대전 때 독일 기갑 부대에 의해 붕괴되었다.

전쟁이든 전투든 방어는 매우 중요하다. 특히 아군의 전력이 상대적으로 약할 경우 방어는 최후의 수단이 된다.

전쟁은 철저히 득이 있으면 실이 존재한다. 적선 5척을 깨뜨리면 조선 판옥선 1척도 심대한 타격을 입을 것이다. 산술적으로 적선 500척을 격침시키면 조선 수군의 전력은 바닥이 난다. 그렇다면 남은 400여 척의 적선과 적의 예비전함은 아무런 제지도 받지 않고 바다를 통해 북상할 수 있을 것이다. 그래서 이순신은 선제공격 대신 견내량을 지키기로 한 것이다.

그런데 여기서 주목해야 할 것이 있다. 바로 이순신이 지킨 자리인 것이다. 왜 하필 견내량이었을까? 비록 견내량이 좁은 물길이라 하더라도 거제 바깥 바다를 돌아오는 적에게 배후를 허용할 우려도 있는 곳이었다. 또한 전라도로부터 군수 식량 등 보급이 비교적 쉬운 남해나 순천, 여수 앞바다를 봉쇄선으로 삼을 수도 있었을 것이다. 그런데도 이순신은 견내량을 선택했다. 왜였을까? 견내량이 방어에 유리한 지형이기도 했지만 무엇보다 적과 가장 가까운 곳에서 지키려고 했다. 바로 '제1선'에서 지키려고 했다. 그래서 삼도수군통제영도 여수가 아니라 한산도에 설치했던 것이다.

2차 당항포 및 진해해전
적을 격리시켜라

견내량의 대치는 팽팽했으나 그 겨울은 큰 전투 없이 넘어갈 수 있었다.

해가 바뀌고 다시 봄이 돌아왔다. 일본이 임진왜란을 일으킨 지 만 2년이 가까워오고 있었다. 도요토미 히데요시의 애초의 야심대로라면 조선은 이미 그들의 수중에 들어가 있어야 했다. 그러나 전황은 길어지고 명나라와의 강화 협상이 진행되고 있었다.

1594년 3월 3일, 고성 당항포에 21척의 일본군 함대가 있다는 보고가 접수되었다. 이순신의 견내량 봉쇄작전으로 발이 묶였던 일본군은 봄이 되자 서서히 움직이기 시작했다. 일본군은 이미 몇 차례에 걸쳐 견내량 주변에 소규모 부대를 투입, 조선 수군의 반응을 살피고 있었다.

이 과정에서 물론 일본군의 약탈 행위도 끊이지 않았다. 이순신은 상당 기간 일본군의 이런 탐색전을 내버려두었다. 대여섯 척씩 나타나는 적선을 분쇄하기 위해 함대를 움직이는 것은 전력 손실이라고 여겼던 것이다. 이렇게 이순신이 별다른 반응을 보이지 않자 일본군은 마침내 3월 초, 대규모 함대를 움직였던 것이다.

이순신은 드디어 출동 명령을 내렸다. 3월 3일 심야였다. 어둠을 틈타, 이순신 함대는 일본군이 눈치채지 못하게 견내량을 통과했다. 3월 4일 새벽, 이순신은 20척의 판옥선으로 견내량 북단 입구를 봉쇄하도록 했다. 한산도가 텅 빈 것을 안 일본군이 견내량을 통과하는 것을 막기 위한 조치였다.

31척으로 당항포 공격 함대를 꾸린 후 이순신 자신은 거제 북단으로 이동, 지금의 부산과 진해 등의 일본군이 당항포에 있는 적을 지원할 수 없도록 바다를 봉쇄해버렸다. 그런 다음 어영담이 이끄는 당항포 공격 함대를 진격시켰다. 어영담 부대는 진해(지금의 마산시 진동면) 앞바다에서 6척의 적선을 분쇄한 후 어선포 시구질포 등에서 각각 2척의 적선을 불태웠다. 그리고 완전히 고립된 당항포의 적을 향해 진격해나갔다. 배후는 이순신의 주력군이

든든히 지키고 있었다.

3월 4일 자정 무렵, 노장 어영담의 특별 공격 함대는 당항포에 주둔하고 있던 일본 전선 21척을 모조리 격침시켰다. 2차 당항포해전이었다.

이틀에 걸쳐 치러진 2차 당항포와 진해해전. 이순신은 소규모 적의 준동을 내버려두다가 적의 규모가 커지자 공격을 결정했다. 그것도 철저히 적의 후방을 봉쇄, 도주나 지원의 여지를 남겨두지 않고 공격을 감행했다. 봉쇄와 격리, 진해와 2차 당항포해전을 승리로 이끈 이순신의 치밀한 전략이었다.

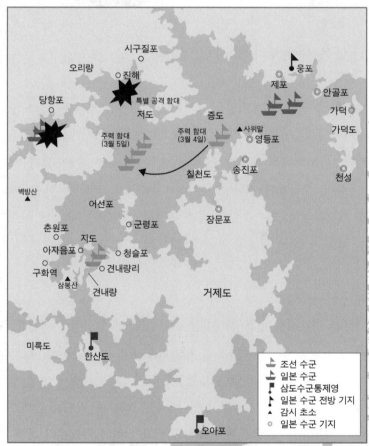

2차 당항포 및 진해해전 철저한 배후 봉쇄로 적을 격리시킨 후 승전했다.

13
칠천량해전

1. 풀은 바람보다 빨리 일어난다

　한산도에 삼도수군통제영을 설치하고 견내량을 봉쇄해온 삼도수군
통제사 이순신, 1593년 여름부터 1597년 초까지 약 4년을 이순신은
굳건히 남해 바다를 지켰다. 그러나 그것은 혹독한 세월이었다. 부족
한 군량미, 창궐하는 전염병, 거기다가 몰려드는 피난민, 이 모든 문
제를 해결하면서 또한 눈앞의 적과 팽팽히 대치해야 했다. 단 하루도
마음 놓을 수 없는 나날의 연속이었다.

　이순신 체포되다

　그동안 명나라와 일본 사이에는 지루한 강화 협상이 이어졌다. 전
쟁의 당사국은 조선이었으나 전쟁을 쥐고 흔드는 것은 일본과 명나
라였다. 전투는 소강상태였다. 일본군은 남쪽 해안 지방에 성을 쌓은
채 긴 싸움에 대비하고 있었고 명나라군은 대부분 철수한 상태였다.
그 긴장 속에서 이순신은 한산도를 굳건히 지켰다. 둔전이라 하여 직
접 농사를 짓고 소금을 구워 군비를 충당해갔다. 한산도는 하나의 나

라, '작은 조선'이었다. 이순신이 있는 곳이라면 안전하다는 생각으로 몰려든 피난민과 조선 수군들이 어울려 살았다. 그러나 그 긴장 속의 평화는 오래가지 못했다.

1597년 2월, 이순신은 한산도에서 체포되었다. 죄목은 무군지죄! 임금을 무시하고 업신여긴 죄였다. 즉 임금의 명령을 듣지 않았다는 것이다. 그 죄목은 어디에서 비롯되었는가?

그보다 앞서 강화 협상이 결렬되자 도요토미 히데요시는 재침을 결심하였다. 다시 바다를 건너와야 하는 일본군들, 그러나 그들에게 가장 큰 위협은 이순신, 일본측은 이순신을 제거할 계략을 세웠다. 그들은 요시라라는 승려를 이용, 정보를 흘렸다. 가토 기요마사가 부산 앞바다에 나타날 것이니 그때 그를 친다면 잡을 수 있다고 했다. 이 말을 들은 조선 조정은 앞뒤 가릴 것 없이 이순신에게 부산 앞바다로 나아가 가토 기요마사를 잡으라고 했다. 그러나 이순신은 신중했다. 적이 흘린 정보를 곧이곧대로 믿을 수 없었다. 이순신이 출전을 미루는 사이 가토 기요마사 부대가 울산의 서생포로 상륙하였다. 이 소식을 들은 선조는 이 나라는 끝장이라며 탄식했다. 그러고는 이순신을 잡아들이도록 했다. 막을 수 있었던 일본 부대를 막지 않았다는 것이었다. 그것은 곧 임금의 명을 어긴 죄가 되었다.

이순신에 대한 선조의 불신은 이순신의 생애에서 매우 중요한 의미를 갖는다. 그 불신은 이순신의 한산도 시절부터 싹튼 것으로 보인다. 자신은 전란을 맞아 북으로 북으로 몽진을 갔던 임금, 반면 이순신은 왜적을 막아내고 백성들의 신망을 받는 장수가 되었다. 선조의 불신의 근원은 이런 것이 아닐까 싶다. 어느 군왕인들 자신을 젖혀두고 민심을 얻는 장수를 좋아하겠는가. 만약 전쟁이 이대로 끝난다면 그의 권력 유지에 이순신이 가장 위협이 될지 모른다고 생각할 수도 있었다.

수군 지휘관이 된 원균

어쨌든 정유재란이 일어나던 그 시점, 이순신은 체포되었고 대신 원균이 삼도수군통제사가 되었다. 이후 이순신은 죽을 고비를 넘긴 끝에 백의종군을 명 받아 당시 도원수이던 권율 휘하로 들어갔다. 그 것이 1597년 4월 초의 일이었다.

이순신의 뒤를 이어 삼도수군통제사가 된 원균은 제대로 수군을 통제하지 못한 것으로 여러 기록에 나오고 있다. 그런 원균에게 조정 은 부산 앞바다로 나아가 증파되는 일본군을 막으라는 명령을 내렸 다. 그러나 원균도 전황을 나름대로 판단하고 있었다. 즉 조선 수군의 힘만으로는 적을 막기 어렵다는 것을 알고 있었다. 원균의 판단은 비 교적 정확했다. 130여 척의 조선 수군 함대만으로 부산 앞바다를 지 키는 것은 매우 위험한 발상이었다. 앞에서 오는 적과 부산 등지에 정 박하고 있는 적에게 협공을 당할 우려가 많았다. 그런데도 조선 조정 은 피아의 전력을 제대로 가늠하지 않은 채 오로지 출전만을 강요했 던 것이다. 급기야 도원수 권율은 삼도수군통제사 원균을 불러 출전 하지 않는다며 곤장까지 쳤다.

1597년 7월 5일, 원균은 마침내 출전을 감행했다. 전 함대를 이끌고 한산도를 떠나 부산 앞바다를 향해 나아간 것이다. 그러나 그것이 조 선 수군의 운명을 결정지을 비운의 항해였음을 당시는 아무도 짐작 조차 못했다. 그때 합천 땅 초계에 머물던 이순신도 원균의 출전 소 식을 들었을 것이다. 그때 이순신은 무슨 생각을 했을까? 그 역시 이

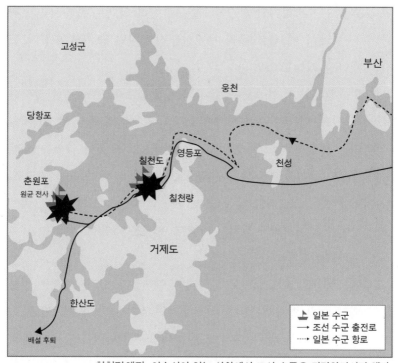

고성군

부산

웅천

당항포

칠천도   영등포

천성

춘원포
원균 전사

칠천량

거제도

한산도

배설 후퇴

일본 수군
조선 수군 출전로
일본 수군 항로

칠천량해전 이순신이 없는 상황에서 조선 수군은 전멸하다시피 했다.

출전이 무모하다는 것을 알았을 것이다. 까닭 모를 불안감이 밀려들 었을지도 모를 일이다.

원균의 출전 소식을 들은 일본 수뇌부는 드디어 때가 왔다고 생각 했다. 그들은 그동안 조선 수군의 강점과 약점을 면밀히 파악해놓고 있었다. 지금까지 이순신에게 연전연패한 것은 조선의 총통에 밀렸으 며, 무엇보다 그들의 주특기인 등선육박 전술, 즉 배에 올라 백병전을 벌이는 그들 특유의 전술을 제대로 펼치지 못한 데 패인이 있다는 것 을 절감했다. 그래서 그들은 야간 기습 작전을 준비하였다. 비록 조선 판옥선이 크고 강하다고 하지만 작은 배 여러 척으로 판옥선을 포위한 후 사방에서 배 위로 올라 백병전을 벌인다면 충분히 승산이 있다는 계산을 해놓고 있었다.

항해는 힘들었다. 한산도를 떠나 옥포 외즐포를 거쳐 부산 앞바다로 나가는 데 이틀이 걸렸다. 부산포 입구인 절영도를 지날 즈음 원균 함대는 풍랑을 만났다. 음력 7월은 한반도에 태풍이 닥치는 시기, 아마 태풍이 불었을지도 모른다. 격군들은 역풍을 맞아 하루 종일 노를 저어야 했다. 그렇다고 해서 큰 전투가 벌어진 것도 아니었다. 적은 조선 함대를 보자마자 도망치기 바빴다. 원균은 마음이 급했다.

"쫓아라! 놓치지 마라!"

그러나 적선은 파도 너머로 사라지기 일쑤였다. 단거리에서는 일본군의 배가 훨씬 빨랐던 것이다. 한 무리의 적을 놓쳤다 싶으면 다른 곳에서 또 적이 나타났다. 다시 조선 함대가 추격하면 그들은 사라졌다. 이렇게 하루 종일 풍랑 속에서 적선을 쫓다가 놓치기를 되풀이하였다. 그것은 일본측의 치밀한 작전이었다.

일본군의 작전에 말려들다

당시 일본군 장수는 한산도에서 이순신에게 대패했던 와키자카 야스하루, 첫 해전인 옥포에서 참패했던 도도 다카도라, 안골포해전 등에서 패했던 구키 요시하키 등이었다. 모두가 일본군에서는 내로라하는 수군 장수들이었다. 그들은 같은 조선 수군에게 똑같은 참패를 당할 만큼 어리석은 장수들이 아니었다. 하나같이 도요토미 히데요시가 아끼는 백전노장들이었던 것이다. 또 하나, 이들은 모두 이순신에게 참패를 당한 경험이 있었다. 그래서 그들은 모두가 복수를 꿈꾸었다. 전쟁 초부터 지금까지 그들은 조선 수군에 단 한 번도 이겨보지 못했던 것이다.

그러나 지금, 이순신이 없는 조선 함대야말로 복수를 하기에 더없이 좋은 상대였다. 그래서 그들은 원균이 출전한다는 소식을 듣자마자 세밀한 작전을 세웠던 것이다. 그들은 원균의 성격까지 파악하고 있었던 것으로 보인다. 이순신은 신중에 신중을 기해 이길 수 있는 여건이 성숙되지 않으면 절대로 싸우지 않는 지장智將이지만 원균은 적을 보기만 하면 돌격을 감행하는 성격이라는 것을 알고 있었던 것이다. 이런 원균의 성격을 활용, 그들은 하루 종일 유인 작전을 펼쳤다. 결국 원균의 조선 함대는 일본군의 유인 작전에 말려들어 하루 종일 헛힘만 빼고 말았다. 그 와중에 풍랑으로 판옥선 20여 척을 잃었다. 그날이 1597년 7월 7일이었다.

"가덕도로 회군하라! 회군하는 즉시 식수를 보충하라!"

해 질 무렵, 마침내 원균은 전 함대에 철수 명령을 내렸다. 하루 종일 강풍에 시달리며 적을 쫓았으나 별다른 전과를 올리지 못한 채 조선 함대는 가덕도로 뱃머리를 돌렸다. 이미 장수들과 군사들은 지칠 대로 지친 상태였다. 노를 젓는 격군들의 피로는 더 말할 나위 없었다. 어둠이 내리는 가덕도에 상륙한 조선 수군들은 식수를 구하기 위해 서둘렀다. 그 순간이었다. 가덕도 해변 숲 속에서 난데없이 벼락 치는 소리가 들리는가 싶더니 조선 수군이 우수수 쓰러졌다. 긴장을 풀고 막 배를 대던 조선 수군을 향해 미리 잠복하고 있던 일본군이 기습 공격을 한 것이다. 일본군은 조선군이 가덕도에 정박할 것을 예상하고 미리 은밀히 군사를 매복해두었던 것이다. 순식간에 가덕도 포구는 공포와 혼란에 빠졌다.

"승선하라! 후퇴하라!"

미처 배에서 내리기 전에 상황을 파악한 원균은 전군에 다시 배에 오를 것을 명령했다. 그 아수라 틈에서 400여 명의 조선 수군이 전사했다. 어둠 속에서 간신히 바다로 빠져나온 조선 함대는 가덕도를 포기하고 거제도 북단의 영등포로 향했다. 지친 군사들이 간신히 영등포에 도착한 것은 7월 8일 새벽녘이었다. 그러나 여기에도 적은 매복하고 있었다. 역시 정박을 위해 배를 대던 조선 수군은 일본 육군의 매복에 걸려 변변히 저항도 못 해본 채 심각한 피해를 입었다. 육지에서 적의 육군과 전투를 벌이는 것은 자살 행위나 다름없었다.

조선 수군이 선택한 것은 또다시 도주였다. 원균은 함대를 이끌고 칠천도로 이동했다. 이번에는 신중하게 접근했다. 정찰조를 먼저 올려 보냈다. 다행히 칠천도에는 적이 없었다. 그제야 조선 함대는 칠천도 외즐포에 정박할 수 있었다. 배를 정박하자 수군들은 너나없이 잠에 곯아떨어졌다. 하루 종일 풍랑이 이는 바다에서 적을 쫓고 나서두 번이나 기습을 당한 조선 수군, 그들은 손가락 하나 움직일 힘조차 남아 있지 않았다. 이후 조선 수군은 약 일주일가량을 칠천도 외즐포에 정박했다. 원균은 더 이상 수군만의 작전은 무리라고 판단한 듯했다.

운명의 날, 쓰러지는 조선 수군

114척의 조선 판옥선이 정박하고 있는 외즐포에 드디어 운명의 날 1597년 7월 16일 새벽이 되었다. 전날 밤, 일본 척후선이 느닷없이 나타나 조선 판옥선 4척을 불태우고 돌아갔다. 그런데도 조선 수군은 더 이상의 공격이 없을 것으로 판단한 듯하다.

깊은 밤, 바람은 자고 주위는 고요했다. 수군들은 갑판이나 해변에서 잠이 들었다. 곳곳에 모닥불을 피우고 피곤한 몸을 뉘었다. 이 과정에서 치명적인 실수가 있었다. 기록에는 척후선 한 척 띄우지 않고 보초 경계병조차 세우지 않은 것으로 전한다. 7월 16일 새벽, 소리 없이 일본군 함대가 움직이기 시작했다. 그들은 최대한 조용히 조선 함대를 향해 접근했다. 대규모 적선이 여명을 타고 접근해오는데도 그 누구도 발견하지 못했다. 설령 발견했더라도 이미 늦었는지 모른다.

조선 함대에 접근한 일본 전선들은 신호와 함께 공격하기 시작했다. 기습을 받은 조선 수군은 우왕좌왕했다. 갑판에서 자던 수군들이 응사하기 시작했다. 그러나 일본군은 그들 배의 돛대를 부러뜨려 조선 판옥선에 대고는 기어오르기 시작했다. 조총과 활로 엄호를 하면서 일본군은 필사적으로 조선 판옥선으로 기어올랐다. 일단 판옥선으로 오른 일본군은 거칠 것이 없었다. 그들은 일본도를 빼들고 아직도 조직적으로 응전하지 못하는 조선 수군들을 베어나갔다.

그것은 전투가 아니라 일방적인 학살과 다르지 않았다. 곳곳에 조선 판옥선이 불타기 시작했다. 원균은 필사적으로 적과 싸우며 수군들을 독려했다. 그러나 이미 전세는 기울대로 기울어 있었다. 휘하 장수들이 철수를 요구했다. 그러나 빠져나갈 구멍도 없었다. 바깥 바다에는 일본군 대선들이 포위하고 있었다. 배를 버리고 도망쳐봤자 좁은 칠천도에서 갈 곳은 없었다.

그 와중에 눈치를 보던 경상우수사 배설은 자신의 함대에 철수 명령을 내렸다. 싸움

대승자총통大勝字銃筒과 승자총통勝字銃筒. 가는 화살이나 철환을 쏘았다.

이 한창이었지만 배설은 전장을 외면했다. 간신히 그의 배 12척은 전장을 벗어났다. 원균의 눈에도 도망가는 배설의 함대가 보였지만 저지할 방법이 없었다.

날이 밝아오자 전세는 확연히 드러났다. 먼발치서 칠천도 포구를 바라보고 있는 일본군 장수들 사이에는 회심의 미소가 돌았다. 드디어 해낸 것이다. 지난 6년간, 단 한 차례도 이기지 못하고 치욕의 패배를 당했던 조선 수군에게 지금 통쾌한 보복을 하고 있는 것이다. 보복 정도가 아니라 조선 수군을 전멸시키는 중이었다.

"빠져나가라! 무슨 수를 쓰든 벗어나라!"

원균은 눈앞에서 쓰러져가는 조선 수군을 보며 목이 메도록 고함을 질렀다. 철수에도 작전과 체계가 필요하지만 이번만은 그것이 아니었다. 그것은 그냥 도주였다. 오로지 살아남기 위한 필사의 탈출이었다. 조선 수군은 두 방향으로 도주했다. 일부는 진해 쪽으로 달아났으나 이들은 거의 전멸당했다. 또 일부는 한산도를 바라보고 견내량을 향해 도주했다. 원균도 간신히 견내량 방향으로 배를 돌렸다. 도망치면서 잠시 돌아본 칠천량 앞바다는 불타는 조선 함대로 가득했다.

원균은 눈앞의 상황이 믿어지지 않았다. 어찌하여 이 지경에 이르렀는지, 모든 게 꿈이었으면 했다. 그러나 감상도 잠시, 먼저 적의 추격을 피해야 했다. 원균의 배도 필사적이었지만 이미 승기를 잡은 일본군의 추격은 날렵했다. 또한 견내량 북단에는 일본군 전선이 이미 봉쇄하고 있었다. 원균은 뱃머리를 고성 땅으로 돌렸다. 원균은 간신히 춘원포에 상륙할 수 있었다. 원균이 배를 버리고 상륙 도주하자 조선 수군들도 배를 버리기 시작했다.

상륙한 원균 곁에는 아들 원사웅이 함께했다. 그러나 적도 따라 상륙했다. 원균은 도주를 포기했다. 마지막까지 단 하나의 적이라도 더 베고 죽겠다고 다짐했다. 살아날 길은 없었다. 기록에는 원균이 뚱뚱한 몸 탓에 제대로 달아나보지도 못하고 적의 칼날에 죽었다고 전해진다.

싸움은 끝났다. 6년간 조선의 바다를 굳건히 지켜오던 조선 수군은 그렇게 칠천량 앞바다에서 허무하게 무너지고 말았다. 그때 잃은 판옥선이 100여 척이 넘고 적게 잡아도 1만 이상의 조선 수군이 전사했다. 전멸이나 다름없었다. 아니, 그것은 전멸이었다. 삼도수군통제사 원균이 전사하고 전라우수사 이억기 역시 전사했다. 충청수사 최호도 죽었다. 최고 사령관이 전사한 보기 드문 패전이었다. 이틀 후, 조선 함대의 전멸 소식이 합천 초계의 이순신에게 전해졌다. 이순신의 낙담은 말할 수 없었다. 우리만 늘 이길 줄 알고 적이 강한 줄 몰랐기에 당한 비극 앞에 이순신은 망연자실했다.

2. 적은 더 빨리 강해진다

오늘의 적은 어제의 적과 다르다

만약 이순신이 울었다면 그때일 것이다. 칠천량에서의 조선 수군 전멸, 그 소식을 듣고 이순신은 비통한 눈물을 삼켰을 것이다.

몇 달 전, 백의종군을 마치고 내려오던 길에 고향 앞바다에서 어머니의 시신을 만났을 때도 이순신은 울었다. 늙으신 어머니가 여수에 있다가 아들의 석방 소식을 듣고 아산으로 오다가 배 위에서 일생을 마쳤던 것이다. 그리고 나중의 일이지만 막내아들 면이 아산에서 가족들을 지키기 위해 일본군과 싸우다가 전사했다는 소식을 들었을 때도 이순신은 하늘을 원망하며 울었다.

그리고 조선 함대의 전멸 소식을 들은 지금, 이순신은 통곡했을지 모른다. 어떻게 이루어낸 조선 수군이던가? 그의 일생을 고스란히 바친 조선 함대와 조선 수군이 단 한 번의 전투로 전멸하다니……. 이순신은 누구를 원망할 힘도 없었을 것이다. 조선의 맹장과 용장이 전사하고 거북선과 판옥선이 모두 불타거나 수장되었다. 주린 배를 안고 자신과 생사를 함께했던 이름 없는 수군들, 그들이 칠천량 바다에 젊은 목숨을 묻었던 것이다. 어찌하여 이런 일이 생겼는가.

책임은 물론 패전 지휘관인 원균이 져야 할 것이다. 또한 객관적인 전력 분석이나 육군의 협조 없이 부산 공격을 강요한 조선 조정도 책임을 피할 수 없을 것이다. 원균과 조선 조정, 그들이 저지른 가장 큰 실수는 무엇일까. 그것은 적을 제대로 보지 못했다는 것이다. 오늘의 적도 어제의 적과 똑같으리라는 안일한 생각에 젖어 있었다는 점이다.

승자의 자리는 비어 있다

전쟁의 역사는 물고 물리는 역사였다. 그야말로 영원한 승자도 영원한 패자도 없다. 어제의 승자가 오늘은 패자가 되는 것이 마치 공식처럼 보일 정도였다. 청동검을 소유한 문명은 석기 문명을 간단히 제압했다. 그 청동검은 철제 검에 의해 문명의 뒤안으로 사라졌다.

중세 유럽의 기마병은 천하무적이었다. 두터운 갑옷과 역시 갑옷을 입은 말, 그리고 방패와 긴 창과 얼굴까지 가린 투구, 이들을 이길 수 있는 군대는 없는 것처럼 보였다. 그러나 이들은 벌거벗다시피 한 몽골군에게 유린당했다. 두텁긴 하지만 느린 속도와 둔중하고 무거운 무기가 오히려 약점이 되었다. 경무장한 몽골군은 유럽 기마병보다 훨씬 빨랐다. 그리고 반월형의 예리한 몽골군의 칼은 유럽 기마병이 무겁고 둔중한 칼과 창을 제대로 휘둘러보기도 전에 그들을 쓸고 지나갔다. 자신이 강한 줄만 알았지 상대가 강한 줄 몰랐던 것이다. 자신의 강점만 믿었던 것이다.

나폴레옹은 뛰어난 전략전술가였다. 기동력을 바탕으로 적의 배후에 대한 기습 공격, 선제공격을 통해 적 주력군의 발목을 붙잡은 후의 측면 공격, 그리고 적의 부대와 부대 사이를 파고들어 적의 연합을 막으면서 차례로 적을 격파하는 전술 등을 화려하게 사용하며 연전연승을 거두었다. 이런 전술이 적에게 간파당하기 시작하면서 그의 싸움도 힘들어졌다. 힘들어지는 만큼 이기기 위해 모든 국력을 전쟁에 쏟아부었고 그것은 자신의 몰락을 재촉했다.

짧은 활을 사용했던 부대는 긴 활을 가진 부대에게 참패를 당했다. 칼과 활로 무장한 보병은 소총 부대 앞에 무기력했다. 기고만장했던 단발식 소총 부대는 기관총 앞에서 하루 만에 5만 명의 전사자를 남겼다. 두꺼운 통나무를 뾰족하게 깎아 수레에 싣고 그것을 밀고 들어가 성문을 격파하던 공성 무기는 철제 성문 앞에서 주저앉았다. 영국에서 탱크를 먼저 선보이자 독일군은 더 빠른 탱크를 선보였다. 그 빠르기에 대항하기 위해 더 두꺼운 장갑의 탱크가 출현했다. 그러자 이번에는 관통력이 우수한 포를 탑재한 탱크가 등장했다. 새로운 성능의 탱크가 출현할 때마다 전장의 양상은 달라졌다. 드디어 폭격기가 전쟁에 등장했다. 곧이어 누가 더 멀리 비행하여 더 많은 폭탄을 투하하는 폭격기를 소유하느냐가 경쟁이 되었다. 나중에는 누가 더 정밀한 폭격을 할 수 있느냐에 주력하였다.

전쟁은 냉정하여 항상 승자와 패자를 만들어냈다. 이러한 과정에서 패배를 당한 쪽은 공통점이 있었다. 그것은 적은 자신보다 더 빨리 강해진다는 점을 간파하지 못한 것이었다.

세상에 절대 강자는 없다고 한다. 그리고 영원한 강자도 없다고 한다. 그렇다고 해서 지레 포기할 일은 아니다. 하고 싶은 일을 할 만큼, 이루고 싶은 꿈을 이룰 만큼은 강해야 하지 않겠는가.

변화보다 앞서서 변화를 주도하라

조선 수군 최대의 비극이자 이순신의 절망이 된 칠천량해전, 이 해전을 보면 강하고 약하다는 것의 역동성을 절감하게 된다. 조선 수군은 확실히 강한 군대였다. 잘 훈련된 군사, 성능이 월등한 무기, 그리고 견고하고 튼튼한 함선에 이순신이라는 리더까지, 강해지기 위해 갖출 수 있는 것은 다 갖추었다. 그러던 중에 리더가 원균으로 바뀌었다. 이것은 조선 조정의 명백한 오판이었다. 그리고 또 하나의 오판을 했다. 조선 수군이 예전처럼 일본군을 만나기만 하면 이길 수 있으리라 생각했던 것이다. 전체 전황을 분석하는 힘이 부족했다. 적의 전력을 면밀히 살피고 우리의 전력과 비교 분석하는 가장 기본적인 작업조차 소홀히 한 채 전장으로 내몰고 말았던 것이다.

이에 반해 일본군은 철저히 준비했다. 임진왜란 초기 이순신에게 연전연패를 당한 원인을 철저히 분석했다. 승리는 패인 분석에서 비롯된다는 것을 확실히 인식했던 것이다. 그리고 원균이라는 적장에 대해서도 분석했다. 그는 돌격장, 그래서 유인 작전에 쉽게 빠질 것이다. 그리고 상대를 지치게 한 후, 대규모 전선을 동원한 야간 기습 작전으로 적의 배에 올라 섬멸한다는 전략을 세웠던 것이다. 그들은 이기기 위해 자신들이 사용할 수 있는 모든 방법 중에 가장 효과적인 것을 선택했던 것이다. 예전 같으면 선제공격을 꿈이라도 꾸었겠는가. 우리가 강한 만큼 적도 따라 강해졌던 것이다. 아니 아군보다 훨씬 빠른 속도로 강해져 마침내 아군을 능가하고 만 것이다.

정유재란 당시 대마도는 벌거숭이가 되었다고 한다. 모든 나무를 베어 배를 만드는 데 사용했기 때문이라고 한다. 일본군은 무기와 선박 성능의 열세를 숫자로 채우려 했던 것이다. 원균은 이런 사실을 알았어야 했다. 그리하여 그 대비책을 세웠어야 했다. 그동안 조선 수군이 이긴 원인을 분석하고 적이 들고 나올 전술을 예상하여 한발 먼저 길목을 장악하고 있어야 했다. 그렇지 못했기에 원균에 대한 평가가 오늘날에 이른 것이다.

괄목상대라는 말은 어쩌면 순진한 단어인지 모른다. 눈을 크게 뜨고 바라볼 틈도 없이 상대는 변하고 강해진다. 바늘귀 같은 방심의 순간, 조직 전체는 뿌리부터 흔들리고 상대는 그 틈새를 예리하게 파고들 것이다.

강자의 자리에 머물고 싶다면 언제나 상대를 예의주시해야 한다. 상대의 입장에서 생각해야 한다. 상대는 나를 능가하기 위해 애를 쓰는데 언제까지나 지난날 승리의 달콤한 기억에만 빠져 있을 수는 없지 않은가. 나보다 빨리 강해지는 상대, 그보다 강하려면 언제나 깨어 있어야 한다. 추월하는 것은 쉽지 않으나 추월당하는 것은 순간이다.

어란진해전
어려울 때 앞장서라

1597년 8월 18일, 칠천량해전 한 달 후 이순신은 장흥의 회령포에서 12척의 전선을 인계받았다.

칠천량에서 도망쳤던 경상우수사 배설은 병을 핑계로 이순신 앞에 나타나지도 않았다. 자신은 아직도 경상우수사이며 이순신은 벼슬이 없는 몸이라는 것도 그가 내세운 이유였다. 이미 이순신은 삼도수군통제사로 재임명한다는 교지를 받은 터였다.

다음 날 이순신은 삼도수군통제사 취임식을 거행했다. 곧이어 이순신은 함대를 해남의 이진으로 옮겼다. 이때부터 이순신은 몹시 아팠다는 기록이 남아 있다. 곽란과 통증, 병세는 위독할 정도였다고 한다. 이로 인해 이순신은 전선이 아니라 민가에서 요양을 할 정도였다. 칠천량 패전 소식 이후 무리한 강행군이 그의 건강을 위협했을 것이다. 두 달에 걸친 옥고와 조선 수군의 전멸 소식, 그리고 합천 초계에서 장흥 회령포까지의 대장정…… 이 모든 것이 이순신을 고통스럽게 했을 것이다.

8월 24일 이순신은 함대를 해남의 어란포로 다시 이동시켰다. 개전 이후 가장 서쪽으로 철수한 셈이 되었다. 나흘 후 8월 28일 일본군 전선 8척이 어란포의 이순신을 공격했다. 경상우수사 배설은 도망쳤고 군사들은 두려움에 떨며 심하게 동요했다. 그러나 이순신은 직접 진두지휘하여 일본군과 맞서 싸웠다.

이순신의 진두지휘는 조선 수군들에게 깊은 인상을 남겼다. 그들이 목격했듯이 이순신의 몸은 정상이 아니었다. 홀로 배에 오르기도 힘들 만큼 건강이 악화되어 있었다. 그런데도 적이 나타났다는 소식을 듣자 이순신은 분연히 자리를 떨치고 일어나 자신의 위치에 우뚝 섰던 것이다. 이미 이순신의 나이 쉰셋, 당시로는 적은 나이가 아니었다. 오랜 전투와 참혹한 옥고를 치른 쉰셋의 이순신, 그가 적이 나타나자 누구보다 먼저 나섰으며 조선국 삼도수군통제사로서의 면모를 유감없이 보였던 것이다.

단박에 조선 수군의 사기는 올랐다. 이순신이 진두지휘하는 함대, 결코 지지 않으리라. 이순신은 접근해오는 적을 향해 정면으로 진격할 것을 명령했다. 패잔병 조선 수군을 우습게 보고 다가오던 일본 전선 8척은 급히 배를 돌렸다. 12척의 조선 수군의 기세가 칠천량해전 전처럼 기세등등했기 때문이었다.

일본군은 황급히 도주했으며 이순신은 10여 킬로미터를 추격, 적을 완전히 몰아냈다. 칠천량해전 이후 일본군의 1차 내습이었다.

벽파진 1차 해전
작은 적을 쫓으며 큰 적을 기다려라

9월 7일 이순신 함대는 진도의 벽파진에 주둔하고 있었다. 어란진에서 다시 서쪽으로 함대가 이동했던 것이다.

당시 이순신 함대는 최악의 상태였다. 경상우수사 배설은 며칠 전 기어코 도망쳐버렸다. 그는 임진왜란이 끝난 다음 해 고향에 숨어 있다가 권율에게 잡혀 참형을 당했다.

당시의 기록을 보면 날씨가 매우 추웠던 것으로 전해진다. 이순신 자신은 비가 내리는 날 갈대로 엮은 선실 지붕 밑에 웅크린 채 추위를 견뎌야 했다고 진술하고 있다. 북풍이 크게 불어 아군 함대끼리 충돌로 인한 파손을 막기 위해서 동분서주해야 했다. 군사들 역시 여름 옷을 그대로 입고 있어 이순신은 그들의 건강을 매우 염려했다.

그럴 즈음 벽파진 건너편 어란진에 적선 55척이 도착, 13척이 아군을 공격하려 한다는 첩보가 입수되었다. 조선 수군은 아연 긴장했다. 그들은 내심 이순신이 후퇴 명령을 내리기를 바랐는지도 모른다. 13척의 선봉대 다음에는 40여 척의 적선이 뒤따를 것이고, 그 뒤로 또 얼마나 많은 일본 전함이 뒤쫓아올지 모르는 상황, 차라리 서해를 따라 한강으로 올라가 거기서 도성이라도 지키는 것이 나을지 몰랐다.

그러나 이순신은 전투 명령을 내렸다. 이순신은 이미 열흘 가까이 주둔해 온 벽파진을 떠날 생각이 없는 듯했다. 해 질 무렵, 적이 쳐들어오자 이순신은 즉각 적을 요격했다. 조선 수군을 만만히 보고 접근하던 일본군은 조선 수군의 기세에 쫓겨 뱃머리를 돌려 도망쳤다. 추격하려 했으나 이순신은 중지 명령을 내렸다.

그 무렵의 전투는 탐색전의 성격이 짙었다. 이순신은 소규모 적을 쫓아내기만 할 뿐이었다. 그것은 더 큰 적을 기다리기 위한 이순신의 치밀한 전략이었다.

14
벽파진해전

1. 기적은 신뢰의 땅에서 생긴다

　참담한 패배였다. 그것은 단지 패배로만 끝나지 않았다. 칠천량 패전으로 조선의 운명에 검은 먹구름이 뒤덮였다. 임진왜란 6년 동안 바다를 굳건히 지켜오던 조선 수군의 전멸, 그것은 곧 조선이라는 나라가 없어진다는 것을 뜻했다. 조선 조정은 당황했다. 즉시 이순신에게 다시 삼도수군통제사 직을 맡기기로 결정했다.

　도원수 권율과 의견을 나눈 이순신은 직접 전황을 살피고 수군 재건을 위해 합천 초계를 출발했다. 고난의 행군이 시작되었다. 이순신의 일행은 15명, 한때 조선 수군을 지휘하던 삼도수군통제사의 행렬치고는 초라하기 그지없었다. 합천을 거쳐 진주 땅 수곡에 이르러 이순신은 삼도수군통제사 직첩을 받았다. 이후 이순신은 남해, 하동, 구례, 보성, 순천, 낙안, 장흥을 거쳐 회령포까지 장장 천 리가 넘는 길을 걸었다. 그것은 수군을 다시 재건하려는 행보였다.

아직 열두 척의 배가 남았다

이순신이 가는 곳마다 백성들이 몰려나와 술과 음식을 바쳤다. 그리고 울었다. 바로 그때 일본군 역시 섬진강을 따라 북상 중이었다. 그들은 남원성과 전주성을 노리고 북상 중이었다. 이순신은 이런 일본군보다 하루 정도 앞서가고 있었다. 만약 이순신의 행보가 일본군에게 알려졌더라면 어떤 일이 생겼을지 알 수 없는 노릇이었다. 이 대목에서 일본군은 전략상 치명적인 실수를 하게 된다. 칠천량 승전 분위기 때문이었을까? 그들은 수군을 통한 서해 진출 대신 육로로 북상하기 시작했던 것이다. 그 바람에 이순신은 시간을 벌 수 있었다.

패전의 아픔은 컸다. 가는 곳마다 패잔병들이 이순신의 소식을 듣고 몰려들었지만 이미 그들은 과거의 조선 수군이 아니었다. 이순신은 대장정을 통해 군사들을 모았다. 그리고 마침내 도착한 회령포, 그곳에서 경상우수사 배설이 이끄는 12척의 판옥선을 만났다. 경상우수사 배설은 칠천량에서 적이 나타나자 제대로 싸우지도 않고 도망친 것으로 알려져 있다. 어쩌면 그랬기 때문에 결과적으로 12척의 전선이라도 남을 수 있었는지 모른다. 함대를 이순신에게 인계한 배설은 며칠 아프다고 하더니 탈영해버렸다. 지휘관이 탈영할 정도로 당시 조선 수군 진영에는 패배감과 절망감이 짙게 깔려 있었던 것이다. 조정도 마찬가지였다. 이순신에게 삼도수군통제사를 다시 맡기면서 힘들면 수군을 포기하고 육군에서 도우라고 했다. 이순신의 대답은 간단했다

"신에게는 아직 열두 척의 배가 있사옵니다."

12척의 판옥선과 1,000여 명이 될까 말까 한 수군, 이순신은 고민에 빠졌다. 어떻게 할 것인가? 도대체 어디서부터 손을 대야만 한단

말인가? 이순신은 본진을 서쪽으로 이동시켰다. 장흥의 회령포에서 해남으로 이동시켰다. 즉각적인 적과의 대규모 전투를 피하려는 의도였다. 지금은 수세기守勢期 정도가 아니라 적을 만나지 않아야 했다. 《난중일기》에 보면 당시 이순신이 몹시 아팠다는 기록이 남아 있다. 체포 당시 혹독한 고문의 후유증과 조선 수군을 모두 잃은 상실감이 이순신에게는 엄청난 압박으로 작용했을 것이다.

가장 시급한 문제는 수군의 사기 앙양이었다. 이순신과 함께 할 때 조선 수군의 사기는 하늘을 찌를 듯했다. 패배를 모르는 군사들이었다. 그런데 자신의 눈앞에서 범 같은 장수들을 잃고 전우를 잃었다. 높은 곳에서 떨어지면 충격이 더한 법, 지금 수군의 사기가 그러했다. 이순신은 병사들의 사기를 높이고 잃어버린 자신감을 되찾게 하고 싶었다. 그렇다면 어떻게 할 것인가? 자신이 건재함을 보여야 했다. 자신과 함께 싸운다면 절대로 패하지 않는다는 확신이 필요했다. 다시 한 번 수군들이 이순신을 믿어주어야 했다.

다시 시작된 불패 신화

이순신은 곧 함대를 정상 운용했다. 우선 소선을 이용하여 척후선을 띄웠다. 적의 움직임을 감지하기 위해서였다. 적은 소규모로 움직이고 있었다. 1597년 8월. 이 무렵, 이순신은 인사불성에 빠질 정도로 몸이 극도로 쇠약했다. 그러면서도 끊임없이 함대를 이동시켰다. 해남 땅 이진에서 어란포 등지로 함대를 이동시켰다. 적의 대규모 공격에 대비하기 위해서였다. 그것은 살아남기 위한 몸부림이었다. 그러나 마냥 피해 다니기만 한 것은 아니었다. 8월 28일, 적선 8척이 어란포로 접근해왔다. 당시 일본군은 이순신이 함대를 재건 중이라는 것을 알

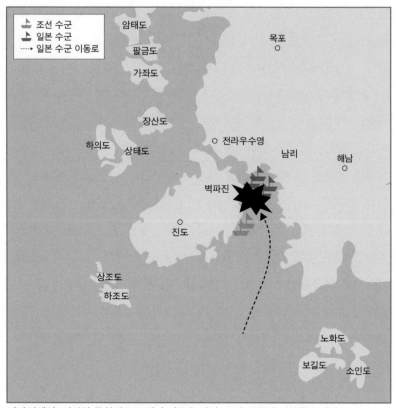

벽파진해전　탁월한 통찰력으로 적의 기습을 예상, 조선 수군의 사기를 높였다.

앉을 것이다. 그런데도 그들이 온 것이다. 이순신은 결정해야 했다. 진
을 옮길 것인가, 맞서 싸울 것인가? 전의를 상실한 군사들을 데리고
싸울 것인가, 후퇴할 것인가? 이순신은 이것이 기회라고 여겼다. 삼도
수군통제사가 된 이후 처음 맞는 적, 여기서 물러난다면 군사들은 영
영 사기를 회복하지 못할 것이었다.

"전 함대 출동하라!"

이순신은 적과 맞서 싸우기로 했다. 이미 칠천량해전의 승리로 사

기가 오를 대로 오른 일본군 역시 정면 승부를 걸어왔다. 함대의 숫자는 이순신이 많았다. 이순신은 즉각 총통 공격을 명령했다. 일본군도 지지 않고 조총과 불화살 등으로 응사했다. 이순신 역시 정면 승부를 선택했다. 그러나 조선 수군들의 움직임이 예전 같지 않았다. 총통은 빗나갔고 화살을 쏘는 손은 떨리고 있었다. 적의 조총 소리에 방패 아래로 숨기만 하는 군사도 있었다. 적은 아침해를 등지고 쳐들어왔다. 역광으로 보는 적은 더욱 위압적이었다.

이순신은 직접 갑판으로 내려왔다. 강궁을 들었다. 이순신의 몸 역시 예전 같지 않았다. 활시위를 당겼다. 등줄기에서 식은땀이 흘렀다. 어젯밤까지만 하더라도 도저히 일어날 것 같지 않은 몸이었으나 눈앞에 적이 있었다. 이순신의 화살이 적선으로 날아갔다. 조총을 겨누던 적병 몇이 쓰러졌다. 그제야 수군들도 제대로 활을 쏘기 시작했다. 장군전 한 발이 선두에 있던 적선을 명중시켰다. 적선에 구멍이 뚫리고 선체가 기울기 시작했다. 이를 신호로 일제히 함포 사격이 시작되었다. 8척의 적선은 순식간에 무너졌다. 남은 적선이 뱃머리를 돌렸다.

"추격하라! 놓치지 마라!"

이순신은 적을 쫓을 것을 명령했다. 적선이 8척뿐이라면 혹시 매복이 있을지 모를 일이었다. 이들은 조선 수군을 유인하기 위한 미끼인지 모른다. 보통의 경우였다면 신중한 이순신은 추격하지 않았을 것이다. 그러나 이순신은 위험을 감수하기로 했다. 추격해야 한다. 그래서 아군 앞에서 도망가는 적의 뒷모습을 확실히 보여주어야 한다. 그것만이 이들에게 잃었던 자신감, 승리의 기억을 되살리게 하는 길이다. 이순신 함대는 해남 반도 남단까지 적을 쫓았다. 다행히 더 이상의 적이나 매복은 없었다.

"멈춰라!"

이순신은 충분한 추격전 후, 함대를 멈추게 했다. 판옥선에서는 함성이 올랐다. 수군들은 도망가는 적선의 뒤꽁무니에 공포를 쏘며 환호했다. 이들은 여전히 무적의 조선 수군이었던 것이다. 이순신은 남몰래 안도했다. 오늘 싸움으로 조선 수군은 재기할 수 있을 것인가? 군사들은 잃었던 자신감을 되찾았을까? 그리고 또 하나, 아직도 나를 믿고 있는가? 나와 싸운다면, 나의 작전대로 싸운다면 절대로 패하지 않는다는 믿음을 이들은 갖고 있을까? 몸이 불편하여 배조차 타기 힘든 자신을 과연 믿어줄지…….

탁월한 통찰력을 보이다

어란진과 벽파진에서 한 차례씩 일본군의 내습을 막아낸 이순신. 그러나 여전히 조선 수군의 사기와 전력은 미약했다. 특단의 대책이 필요했다. 분위기를 반전시킬 특단의 대책! 1597년 8월 30일, 또다시 일본군이 벽파진 앞에 나타났다. 이순신은 즉각 응전했다. 이번에도 일본군은 조선 수군에 쫓겨 도망갔다. 이번에는 멀리 추격하지 말도록 했다. 지금껏 보인 공세적인 자세와는 다른 명령이었다. 대신 장수와 군사들을 모아놓고 이순신은 다시 군기와 군령을 강조했다. 소규모 부대가 믿을 수 있는 것은 군기와 사기밖에 없었던 것이다.

"한 치라도 군령을 어기는 자는 지위 고하를 막론하고 군법에 따를 것이니라!"

장수와 군사들은 긴장했다. 그들 중에는 차라리 수군을 해체하고 육군에 편입되었으면 하는 자들도 적지 않았을 것이다. 아무리 이순신이라 하더라도 고작 12척의 전선으로 무엇을 할 수 있단 말인가?

진중에는 그런 분위기가 흐르고 있었다.

그날은 8월 그믐이었다. 달이 없는 밤, 이순신이 적을 멀리 추격하지 않은 것은 그의 승부수였다.

"오늘 밤 적의 야습이 있을 것이다. 전군은 전선 위에서 비상 대기하도록 하라!"

이순신의 말에 장수와 군사들은 반신반의했다. 이순신이 무엇을 믿고 적의 야습을 단언하는지 의심스러웠던 것이다. 그러나 이순신은 단호했다.

"신기전과 불화살을 충분히 준비하라!"

갑주甲冑. 전투 시에 전사들이 몸을 보호하기 위해 착용하던 무구. 위는 조선 장수의 갑주, 아래는 일본 장수의 갑주이다.

장수와 군사들은 이순신의 명령대로 전선의 뱃머리를 바다 쪽으로 돌려놓고 대기했다. 추석이 지난 밤바다는 쌀쌀했다. 이순신은 낮에 쳐들어온 일본군을 일부러 멀리 쫓지 않았다. 만약 적이 멀리 달아나지 않았다면 오늘 밤 야습을 할 가능성이 있다. 그믐밤, 달이 없는 밤이라면 적들도 야습을 선택할 수 있을 것이다. 더구나 저들은 칠천량에서 어둠을 뚫

고 다가와 조선 수군을 궤멸시킨 경험이 있지 않은가. 이순신도 초조했다. 만약 적이 쳐들어오지 않는다면 그는 장수들과 군사들의 신망을 잃을 것이다. 적을 지나치게 두려워하여 전에 없던 비상 대기까지 시켰다는 불만이 나돌고 동시에 불신감도 팽배해질 것이다.

이순신은 기다렸다. 적이 쳐들어올 것이라고. 마침내 그의 예상은 적중했다. 멀리 물러가지 않았던 일본군이 한밤에 기습한 것이다. 그러나 이미 대비하고 있던 조선 수군, 적이 가까이 오기를 기다려 일제히 불화살과 신기전을 쏘았다. 어두운 밤하늘로 불꽃이 날았다. 가까이 접근하여 조선군의 배에 올라 백병전을 벌이려던 일본군은 그야말로 혼비백산했다. 변변한 공격조차 못 해본 채 퇴각했다.

이순신 진영의 분위기가 확 달라졌다. 이순신은 적의 야습을 예상했고 그 예상은 보기 좋게 맞아떨어졌다. 어두운 밤에 불의의 야습을 받았더라면 어찌 되었을 것인가? 또다시 칠천량의 비극이 되풀이될 수도 있었을 터, 그것을 우리 장군께서 미리 아시고 막아내지 않았는가? 역시 장군은 하늘이 내리신 분이다! 이런 분위기가 진중에 돌았다. 이순신은 안도했다. 이제 군사들은 나를 믿을 것이다. 예전처럼 나를 믿고 따를 것이다.

이순신은 소 다섯 마리를 잡아 군사들에게 먹였다. 이제 진중에는 자신감과 지휘관에 대한 신뢰가 감지되기 시작했다. 참담한 패전 이후, 이순신이 가장 공을 들인 것은 군사들의 자신감과 지휘관인 자신에 대한 신뢰감 회복이었고 그것을 그는 전투를 통해 다시 일구어냈던 것이다.

2. 신뢰의 중심이 되어라

위기감에서 신뢰를 회복하라

위기 속에 기회가 있다는 말은 사실 매우 위험한 발언이다. 위기는 전의를 상실하게 한다. 위기는 올바른 판단과 빠른 대응을 불가능하게 한다. 그리하여 우왕좌왕하거나 자포자기하게 한다. 위기에 빠진 개인이나 조직은 공황에 휘말릴 가능성도 있다. 더구나 죽음과 삶을 함께 지고 다니는 전장의 군사들에게 위기감은 그대로 공황으로 연결될 수 있으며 그것은 끝장을 의미한다.

칠천량 패전 소식을 들은 이순신이 그러했다. 아니 칠천량에서 패한 조선 수군이 그러했다.

일부 병력의 상실이 아니라 최고 지휘관이 전사하고 범 같던 조선 장수들이 전사했다. 군의 조직은 그대로 무너져버렸다. 요행히 살아남은 군사들은 삼삼오오, 재집결지에 대한 정보도 없이 각 포구로 흩어져 달아났다. 이제 남해 바다 그 어디에도 조선 수군의 깃발은 오르지 않았다. 군사들은 무엇을 해야 할지, 어디로 가야 할지 몰랐다. 바로 이때 겨우 15명의 수하만 거느린 이순신이 합천 땅 초계를 출발했다. 그는 도원수 권율에게 자신이 직접 전장을 돌아보고 대책을 세우겠노라 했다. 그리하여 이순신은 대장정에 나섰던 것이다.

마침내 회령포에서 경상우수사 배설이 인솔하여 도망쳤던 판옥선 12척을 수습했다. 판옥선 12척, 전선은 10분의 1로 줄었고 군사는 더욱 부족했다. 이제 어떻게 할 것인가? 어떻게 조선 수군을 재건할 것인가? 첩경은 신뢰 회복이라고 이순신은 생각했다. 남아 있는 군사들이 자신을 믿어준다면 희망이 있다고 생각했다. 최후의 한 사람까지 싸우다 죽을 수 있으리라 생각했을 것이다. 전장에서 군사의 신뢰를 받는 장수는 언제나 이기게 되어 있다.

강군에는 이유가 있다

촉나라의 승상이었던 제갈량은 8만여 명의 군사로 요충지를 지키고 있었다. 이때 위나라는 30만 대군을 동원하여 촉을 치기 위해 제갈량이 지키고 있는 요충지로 진격해왔다. 하필 그때 군사 중 10분의 1의 병력을 임무 교대해야 할 시점이 있었다. 이미 요충지를 지키기 위한 새로운 병력 8,000여 명은 도착해 있었다. 그동안 제갈량 휘하에서 근무하다가 교체해 나갈 병력들은 술렁거렸다. 자신들이 후방으로 교체되어 가야 할 때 하필이면 적이 쳐들어온 것이다. 이미 교체는 물 건너간 일이 되고 만 것이 아닌가? 병사들이 술렁거리는 것은 당연했다. 제갈량은 고민에 빠졌다. 제갈량의 참모들도 제갈량에게 지금은 적이 너무 강하니 교체하지 말고 한 달만 더 연장 근무를 시키자고 했다. 고양이 손이라도 빌려야 할 판국이 아닌가?

고심 끝에 제갈량은 참모들의 의견에 반대 의견을 내놓았다. 자신은 지금까지 군사들에게 믿음으로 대해왔다. 임무를 교대하고 돌아가야 할 군사들은 이미 짐을 꾸린 상태, 가족들도 그들이 무사히 돌아오기만을 기다릴 것이다. 그런데 이제 와서 교대 약속을 저버리는 것은 믿음을 저버리는 것, 아무리 적이 강하다 한들 교대 약속을 어길 수는 없다. 그러면서 제갈량은 교대 병력들에게 당장 고향으로 돌아가라고 명령했다. 그러자 다시 군사들이 술렁거렸다. 그들끼리 의견을 맞추더니 한 사람도 돌아가지 않고 적과 싸우겠다고 자원했다. 새로운 임무를 위해 투입된 병사들도 감격했다. 이들은 용기백배, 일치

단결하여 마침내 적의 대군을 무찌를 수 있었다. 장수가 믿음을 주는 것이 휘하 군사들에게 얼마나 중요한 일인가를 보여주는 사례였다.

이와 비슷한 이야기가 위나라 장수 오기의 일화에도 나온다. 그는 모든 것을 일반 군사들과 함께했다. 먹는 것도 똑같이 먹었고 잠자리도 함께했다. 직접 자신의 식량과 짐을 꾸려 메고 다녔다. 군사들이 그를 믿고 따른 것은 당연했다. 그러다가 어느 병사 하나가 종기를 심하게 앓았다. 오기는 입으로 병사의 종기를 빨아 고름을 빼내고 치료해주었다. 그러자 이 소식을 들은 병사의 어머니가 대성통곡을 했다.

사람들은 지체 높은 장군이 아들의 종기 고름을 직접 입으로 빨아주었으니 영광스러운 일인데 왜 통곡을 하느냐고 물었다. 그러자 그 여인이 울면서 말하기를 지난해 남편이 종기가 났을 때도 장군이 입으로 빨아서 치료해주었는데 그에 감격한 남편이 앞장서 싸우다가 전사했다는 것이다. 그런데 이제 아들까지 장군이 치료해주었으니 아들역시 앞장서 싸우다가 전사하고 말 거라며 통곡했다. 군사들이 지휘관을 믿고 따르면 그 군대는 저절로 강군이 되는 것이다.

믿음을 주는 사람은 무엇이 다른가

나는 누군가에게 믿음을 주고 있는가. 어떻게 신뢰감을 주는가. 일이 잘되고 나면 틀림없이 보상하겠다고 말을 먼저 앞세우는가? 이길 수 있다고, 잘할 수 있다고 비장하게 건배를 하며 그들의 눈을 똑바로 쳐다보는가? 그것만으로는 부족하다. 도대체 어떻게 해야 신뢰의 중심이 될 수 있을 것인가.

첫째는 직접 보여주는 것이다. 진정 신뢰를 주고 싶다면 화려한 연설이 아니라 우직한 행동으로 보여라. 12척의 배만 남았을 때 이순신이 조선 수군들에게 아무 걱정 마라, 우리는 이길 수 있다고 아무리 사자후를 토했어도 수군들은 믿지 못했을 것이다. 그러나 이순신은 달랐다. 그는 싸우면서 보여주었다. 적의 대규모 공습을 피하기 위해 자주 진을 옮겼지만 적이 나타날 때면 어김없이 싸웠고 그리고 이겼다. 적의 척후선들은 이순신의 공격에 꽁무니를 빼곤 했다. 그것을 본 조선 수군들은 정말 우리가 이길 수 있다고 믿기 시작했을 것이다.

나중의 일이지만 명량대첩 당시에도 이순신은 함대의 맨 앞에 섰다. 선두에 서서 달려드는 적선을 홀로 막으면서 정말로 죽기를 각오하고 싸우면 이길 수 있고 또 살아날 수 있다는 것을 직접 보여주었다. 아무리 화려한 연설도 신뢰를 주지 못한다. 묵묵한 행동으로 보여줄 때 사람들은 믿기 시작할 것이다.

다음으로 필요한 것은 통찰력이다. 전체 전황을 읽고 남보다 한발 먼저 생각할 수 있는 능력, 그것이 필요하다.

이순신이 벽파진에서 보여준 것, 그것이 바로 통찰력이다. 쳐들어온 적을 일단 막아낸 이순신, 멀리 쫓지 않았다. 대낮의 1차 공격에 실패한 적이 선택할 수 있는 전술은 무엇인가? 더구나 달도 없는 그믐밤, 그들은 야습을 시도할 것이다. 그럴 가능성이 충분하다. 이것을 꿰뚫어 본 이순신이 미리 군사들에게 적의 야습에 대비하라는 지시를 내린다. 군사들은 이순신이 점쟁이가 아닌 이상 적의 야습을 어찌 알 수 있는지 반신반의했다. 그러나 적은 쳐들어왔다. 이순신의 예상대로! 이제 군사들은 이순신이 팥으로 메주를 쑨다고 해도 믿지 않을 수 없게 되었다. 이렇게 상하가 신뢰하는 군대라면 어찌 강한 군대가 되지 않겠는가?

실천과 통찰력으로도 신뢰를 주기에는 뭔가 부족한가? 그렇다면 이제 갖추어야 할 것은 여유이다. 신뢰라는 것은 입이 너무 커 여유와 배짱까지도 요구하는 것이다. 신뢰의 중심이 되어라. 미래는 바로 거기에 있다.

큰 별이 바다로 지니
별 진 자리, 염원과 희망을 채우리라.

3부

장군의 길

15
명량대첩

1. 밀집된 방패가 견고하다

1597년 9월 16일 아침, 이순신은 일본 전선 200여 척이 어란진을 출발했다는 급보를 받았다.

전날인 9월 15일 이순신은 대규모 일본군 함대가 서쪽으로 이동을 시작했다는 소식을 접하고 벽파진에 있던 조선 수군 전 함대를 해남 땅 전라우수영으로 모두 이동시켰다. 전 함대라고 해봐야 판옥선 13척이 전부였다. 거북선도 없는 판옥선만으로 구성된 조선 함대, 이순신은 벽파진에서 어둠을 틈타 은밀히 함대를 우수영으로 옮겼다. 우수영은 명량해협 바로 뒤에 있는 조선 수군 주둔지였다. 그리고 다음 날, 이순신은 대규모 적선이 서진西進해 오고 있다는 급보를 받은 것이다.

더 이상 잃을 것도 없다

이순신은 즉각 전 함대에 출동 명령을 내렸다. 그것은 결전을 위한 출동이었다. 회령포에서 12척의 판옥선을 인수한 이래, 이순신은 서쪽으로 서쪽으로 천천히 진을 이동시켰다. 이 과정에서 이순신은 판옥선 한 척을 증강한 것으로 보인다. 그동안 이순신은 대규모 접전보다는 적의 척후선이나 아군을 급습해오는 소규모 적을 맞아 싸워왔다. 그러나 그날의 이순신 결정은 달랐다. 일본군의 예봉을 피해 아군 함대를 물리는 대신 나가 싸울 결정을 내렸다.

이순신의 이 결정에 조선 수군은 긴장했다. 첩보에 따르면 적선은 130여 척, 어떻게 그 많은 적과 맞서 싸운단 말인가? 이순신은 인근의 어선들에게도 출동 명령을 내렸다. 민간 어선들을 직접 싸우게 하는 것이 아니라 조선 수군의 배후에 배치시키면서 적에게는 아군의 전선이 많다는 것을 내보이고 조선 수군에게는 힘이 되도록 했던 것이다. 그것은 일종의 배수진이었다. 우리가 무너지면 저 바다 위의 민간인도 모두 피해를 입게 된다는 것을 수군들에게 은연중 강조한 것인지도 모른다.

이순신은 명량해협을 선택했다. 13척의 전선으로 대규모 적을 막을 수 있는 곳, 그곳을 명량으로 선택한 것이다. 명량은 해남과 진도 사이의 좁은 물길, 길이 1.5킬로미터에 좁은 곳은 폭이 500여 미터가 채안 되는 곳이었다. 십 리 밖에서도 조류 흐르는 소리와 소용돌이치는 물울음 소리가 들린다 하여 붙은 이름이 바로 명량, 울돌목인 것이다.

드디어 조선 수군이 출정했다. 13척의 판옥선 뒤로는 민간 어선들이 뒤따랐다. 전투 소식은 인근 백성들에게도 퍼졌다. 오로지 이순신에게 의지하던 백성들이 진도와 해남의 육지에 새까맣게 몰려들었다. 이들은 마음 졸이며 조선과 일본군의 한판 승부를 지켜볼 참이었다. 일본군이 몰려온다면 응당 피난을 가야 했으나 대부분의 백성들은 움직이지 않았다. 만약 이순신이 무너진다면 이 나라 땅 어디를 가도 안전하지 못하다는 것을 알았기 때문이다. 쫓기다가 끝내 죽임을 당할 바에야 이순신과 운명을 함께하겠다는 생각이었는지도 모른다.

진도와 해남의 육지 위에서 바다를 바라보던 백성들은 눈을 질끈 감고 말았다. 믿기 어려운 장면이 울돌목에 펼쳐지고 있었다.

울돌목 격류 위에 늘어선 조선 판옥선은 고작 13척, 조류를 타고 울돌목으로 접근하는 일본 배는 얼핏 보아도 100여 척이 넘었다. 그 뒤로도 얼마나 많은 배가 있는지 끝이 보이지 않을 정도였다. 일본 함대는 그야말로 바다를 새까맣게 메우며 울돌목으로 접근하고 있었다. 당시 일본군은 연합 함대였다. 도도 다카도라, 구키 요시하키, 구루시마 미치후사 등 이름난 수군들이 연합 함대를 이루었던 것이다.

도도 다카도라는 첫 해전인 옥포해전에서 이순신에 참패했고 구루시마 미치후사는 당항포해전에서 전사한 구루시마 미치유키의 동생이었으며 구키 요시하키는 안골포해전에서 이순신에 패하고 걸어서 도망간 경험이 있었다. 모두가 이순신에게 당한 패전을 설욕하겠다는 투지가 넘쳤다. 이제 그들은 조선 수군, 이순신 함대가 더 이상 두렵지 않았다. 13척의 이순신과의 전투는 전투라고 여기지도 않았다. 10배나 많은 군선이 그냥 지나가기만 해도 조선 함대는 저절로 무너질 것이라 여겼다. 꼭 두 달 전 7월 16일, 자신들이 전멸시켰던 조선 수군, 그 패잔병들이 아닌가? 아무리 이순신이 신출귀몰하더라도 결코 질 수 없는 전투라고 생각하며 그들은 명량으로 몰려들었다.

격류 위에 홀로 서다

일본군은 명량해협에서 약 30킬로미터 떨어진 어란진을 아침 일찍

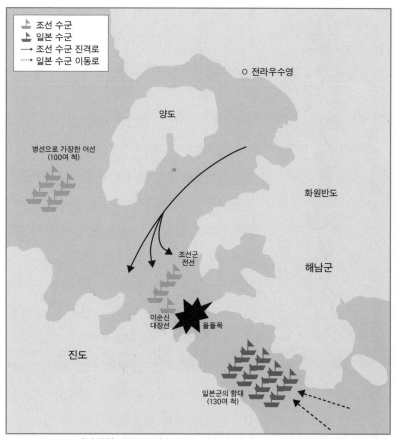

조선 수군
일본 수군
조선 수군 진격로
일본 수군 이동로

O 전라우수영

양도

병선으로 가장한 어선
(100여 척)

화원반도

조선군
전선

해남군

이순신
대장선   울돌목

진도

일본군의 함대
(130여 척)

명량대첩 좁은 물길을 봉쇄, 집중된 전력으로 기적 같은 승리를 일구었다.

출발했다. 이때는 조류가 목포 쪽으로 흐르는 북서류였다. 이들이 명
량해협 입구에 도착할 무렵, 이순신은 지금의 진도대교 근처에서 일
자진을 형성한 채 적을 기다리고 있었다. 물살은 거셌다. 목포 쪽으로
흐르는 역류는 자꾸만 조선 함대를 뒤로 밀려나게 했다. 역류 위에
정지해 있는 것만도 어려운 일이었다. 이순신 함대는 닻을 내린 채 노
를 저으며 대형을 유지하려 애썼으나 역류는 거셌다. 일부 군사들과

명량대첩 233

이순신의 필적. 죽고자 하면 살 것이오, 살고자 하면 죽을 것이다.

장수들은 차라리 배가 뒤로 밀리는 것을 다행으로 여겼다. 이길 수 없는 싸움이었다. 이순신은 긴장하는 빛이 역력한 군사들에게 말했다.

"한 사람이 길을 지키면 능히 천 명을 막아낼 수 있느니라!"

뒤이어 이순신은 청사에 남을 당부를 했다.

"필사즉생, 필생즉사必死則生, 必生則死! 죽기를 각오하고 싸우면 살 것이요, 살기를 작정하고 싸우면 반드시 죽을 것이니라!"

군사들이 함성을 올리며 이순신의 명령에 호응했지만 이순신은 느낄 수 있었다. 오직 한 줄, 등이 시렸다. 지원군도 매복군도 없는 오로지 13척만의 일자진, 이것으로 저 노도 같은 수백 척의 왜군을 이길 수 있다고 믿는 군사는 없다는 것을 이순신은 느낄 수 있었다.

'집중, 오로지 집중만이 희망이다!'

드디어 적선의 앞머리가 명량해협으로 들어서고 있었다. 바다를 가득 메운 대함대였다.

조선 수군들 사이에는 얕은 탄식이 터져 나왔다. 그것은 절망에 갇힌 자가 내쉬는 마지막 숨소리 같은 신음이었다.

"전 함대! 총통을 준비…… 방포하라!"

이순신의 대장선에서 10여 문의 함포가 발사되었다. 장군전과 단석 등은 곧 선두의 적선에 명중했다.

"불화살을 쏴라!"

"조란탄을 준비하라!"

이순신은 연신 명령을 내렸고 대장선의 수군들은 일사불란하게 명령을 수행했다. 그런데 문제가 생기고 말았다. 이순신이 옆을 돌아본 순간, 나머지 조선 함대들이 없다는 것을 알았다. 그들은 이미 적을 보는 순간 주춤주춤 물러나고 말았던 것이다. 좁은 명량해협의 격류 위에서 오로지 이순신의 대장선 한 척만이 적을 맞아 싸우고 있었다.

명령에 복종하지 않으면 목을 베겠다는 글귀가 새겨진 독전기督戰旗.

적선은 한꺼번에 4, 5척씩 덤벼들었다. 이순신 대장선은 마치 이리떼의 공격을 받는 코끼리처럼 버텨나갔다. 가까이 접근한 적선에서 조총과 화살이 비 오듯 날아오기 시작했다. 수군들이 머리를 숙이는 순간을 틈타 배를 더욱 접근시킨 일본군은 이순신의 배로 올라타려고 했다. 그러나 워낙 이순신의 대장선이 높아 쉽게 기어오르지는 못했다. 뱃전에 붙어 기어오르려는 일본군을 향해 조선 수군들은 장병겸을 휘둘렀다. 긴 자루 끝에 커다란 낫이 붙은 장병겸은 일본군의 목을 낙엽 베듯 베어 넘겼다.

"배를 좌현으로! 방포하라! 우현 사수 발사하라!"

"정면 적선, 충파하라!"

이순신은 사방에서 달려드는 적을 보며 정신없이 싸웠다.

물살이 기적을 만들다

뿌연 포연 속에 뒤처져 있는 아군 함대가 보였다. 저들이, 저들이 합세해야만 이길 수 있거늘. 이순신은 애가 탔다. 육지의 언덕과 산에서 바라보는 백성들도 마찬가지였다. 그들은 대장선을 남겨두고 뒤처져 있는 조선 함대에 야유를 보내기도 했다.

같은 시각, 거제 현령 안위는 자신의 배에서 주위를 둘러보았다. 대장선만 적선에 둘러싸인 채 고군분투하고 있을 뿐, 나머지 조선 판옥선들은 모두 물러나 있었다. 특히 전라우수사 김억추의 배는 더 멀리 물러나 있었다. 대장선을 보호하고 호위해야 할 중군장 김응함의 배도 물러나 있었다. 순간 거제 현령 안위는 대장선에서 오른 깃발을 보았다. 그것은 대장선 호위군인 중군장을 부르는 깃발이었다. 적선에 둘러싸인 대장선에서 중군장 초요기가 오른 것이다.

"노를 저어라! 대장선에 접근한다! 장군을 구하리라!"

안위는 명령했다. 자신이 중군장은 아니지만 장군을 구해야겠다는 생각이 든 것이다. 안위 배의 격군들이 노를 젓기 시작했다. 안위의 배가 이순신에게 접근하자 산 위의 피난민 사이에서는 함성이 올랐다. 안위는 곧장 적선의 옆구리를 들이받고 화살과 총통을 쏘면서 이순신에게 접근했다. 이순신 대장선에 숨통이 트인 것이다. 이순신은 안위를 노려보았다.

"안위야, 네가 도망가면 어디로 갈 것이더냐? 군법으로 내 손에 죽으려느냐? 적과 싸우다가 죽으려느냐?"

"장군! 소장, 한 놈이라도 베고 죽도록 해주십시오! 돌격하라!"

안위의 배가 일본군 함대 한가운데로 뛰어들었다. 이순신 대장선도 전투를 개시했다. 그때였다. 뒤처져 있던 조선 배들은 자기도 모르는 사이 배가 적선을 향해 접근하고 있다는 것을 느꼈다. 노를 젓지 않는데도 배가 이순신과 안위가 일본군과 싸우고 있는 명량해협의 한 가운데로 천천히 이동하고 있었던 것이다.

그것은 기적의 시작이었다. 거세게 조선 배를 뒤로 밀고 가던 조류가 천천히 방향을 바꾸기 시작했다. 조류는 6시간씩 일정한 방향으로 흐르다가 방향을 바꾼다. 달의 인력과 지구의 자전 때문인데 하루에 두 번 그 방향을 바꾸는 것이다. 울돌목 바다가 몸을 뒤채더니 물살이 바뀌기 시작했다. 일본군에게 순류이던 물살이 갑자기 거꾸로 바뀌면서 역류가 되었다. 일본 함대의 선두에 섰다가 파손된 배들이 일본군 함대 진영으로 흘러가기 시작했다. 배의 잔해와 파편들이 일본군 배에 부딪혔다. 동시에 조선 함대 측에서 천지를 뒤흔드는 소리와 함께 무수한 총통이 불을 뿜었다. 장군전이 날아가 꽂히고 단석과 비격진천뢰가 날았다. 주먹만 한 쇠공이 한꺼번에 수백 개씩 날아가 일본군 갑판을 뒤엎었다. 전황이 바뀌고 있었다.

일본군은 역류에 휩쓸려 전 함대가 주춤거리고 있었고 그 틈을 타서 조선 판옥선이 접근, 치밀하게 포격을 해나갔다. 일본군 장수들은 돌격 명령을 내렸지만 바다를 가득 메운 파편과 잔해, 그리고 역류를 뚫고 전진하기란 불가능했다. 명량 바다가 한 덩어리가 되어 동남쪽

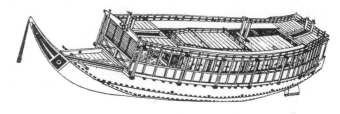

세키부네. 일본 수군에서 가장 많은 수를 차지한 전선.

으로 흘러가는 듯했다. 일본 함대는 등용문을 오르지 못한 채 숨을 거둔 거대한 이무기처럼 조류에 떠밀려 갔고 조선 함대는 마치 거대한 공룡의 급소에 침을 놓듯 포격을 가했다.

"적장이다! 적장이 물에 빠졌다!"

조선 진영에서 함성이 올랐다.

"건지거라!"

이순신은 적장의 시체를 건졌다. 그러고는 장대 끝에 높다랗게 매달게 했다. 기록에는 '마다시'라는 적장이라 했지만 구루시마 미치후사로 추정되고 있다. 일본에서 가장 용맹한 해적 집단인 '구루시마' 가문의 형제, 구루시마 미치유키와 구루시마 미치후사는 당항포와 명량에서 이순신에게 모두 죽임을 당하는 비운의 주인공이 되었다. 구루시마의 죽음으로도 치욕스러운데 그 시체까지 빼앗긴 일본군은 급격하게 전의를 잃었다. 후퇴하려 했으나 후퇴도 쉽지 않았다. 뒤를 가득 메우고 있는 일본군 함대 때문이었다.

마침내 긴 시간이 끝나고 모든 것이 흘러갔다. 살아남은 적은 더 빨리 남동쪽으로 흘러갔고 적의 시체와 적선의 잔해들은 천천히 명량 바다를 벗어나 흘러가고 있었다. 이순신은 아직도 몸을 뒤틀고 있는 명량의 물살을 내려다보았다. 기적이었다. 이 물살 위에서 적을 맞고 적을 물리친 것, 그것은 바로 기적이었다. 홀로 이 급류 위에 서서 몰려오는 적을 보았을 때의 그 아득함이 다시 떠올라 이순신은 눈을 질끈 감았다.

2. 힘을 집중하라

13척의 배로도 싸울 수 있다

이순신이 명량을 선택한 이유는 무엇일까? 첫째는 물길이 좁아 아무리 적이 많이 몰려온다 해도 실제로 전투를 벌일 수 있는 적선은 10여 척 내외로 제한될 것이라고 판단했다. 둘째, 조류의 방향이 아군에게 유리해진다면 쉽게 적을 밀어붙일 수 있을 것으로 생각했다. 셋째, 적에게 포위될 염려가 없었다. 좁은 물길 때문에 적은 오로지 정면에서만 접근해올 것이다. 배후 걱정 없이 정면의 적만 상대하면 되었던 것이다. 넷째, 암초가 많은 지형이라 물길을 잘 아는 조선 수군이 유리하다고 판단했다. 그리고 무엇보다, 수적 열세의 아군 전력을 가장 잘 집중할 수 있는 곳이었기에 이순신은 명량을 선택했던 것이다.

사실 이순신은 12척의 판옥선을 인수하면서 명량을 생각했다. 그래서 그는 회령포에서 어란진 벽파진을 거쳐 천천히 서쪽으로 물러나면서 적을 기다렸다. 특히 이순신은 명량과 지척의 거리인 벽파진에서 보름 이상을 머물렀다. 그것은 기다림이었다. 그 기간 동안 판옥선 한 척을 더 보강하기도 했지만 이순신은 벽파진에서 기다리며 적을 명량으로 유인하고자 했던 것이다.

오래전 이순신은 명량을 다녀간 적이 있었다. 1591년 진도 군수로 발령받았을 때 명량을 보았으며 이후 1596년 도체찰사 이원익이 전라도 일대를 순시할 때 그를 수행하여 명량에 다시 와 보았다. 그리고 위기의 순간, 그는 명량을 떠올렸고 선택했다. 그곳이야말로 조선 수군의 힘을 집중하기에 가장 좋은 곳이기 때문이었다.

고금의 전투에서 힘을 집중하는 것은 바로 승부와 연결되었다. 아무리 많은 병력을 갖고 있어도 그 힘이 분산된다면 전력을 효과적으로 사용할 수 없다. 그래서 수많은 전쟁 영웅들이 적의 힘은 분산시키고 아군의 힘은 최대한 집중하기 위해 애를 썼다. 적의 힘을 분산시키기 위해 위계를 사용하고 거짓으로 후퇴했으며 뛰어난 기동력으로 전선을 분산시켰다. 그런 연후에 아군의 힘을 집중시켜 적의 가장 약한 고리를 치고 들어가 승리를 움켜쥐었던 것이다.

이름난 장군들 중에도 힘의 집중 원리를 가볍게 여겨 패배한 경우가 적지 않다. 코끼리 부대를 앞세워 로마군을 짓밟던 카르타고의 한니발이 대표적인 경우이다. 한니발은 그의 형제에게 군대를 나누어주어 진격하도록 했다. 이는 결과적으로 전군의 병력이 전투 단위로 내려오면서 절반으로 줄어들게 했던 것이다. 이로 인해 초반의 승승장구에도 불구하고 마침내 그는 로마의 네로 장군에게 대패했다.

힘을 집중하는 데도 원리가 있다

반면, 이 힘의 집중 원리를 잘 이용한 장군들은 전투와 전쟁을 승리로 이끌 수 있었다. 나폴레옹 역시 이 힘의 집중 원리를 누구보다 신봉하던 정복자였다. 그는 적이 주둔하고 있는 두 부대 사이로 기마병을 앞세워 질풍같이 쳐들어갔다. 그리하여 적의 부대를 분리시킨 후, 차례로 격파했다. 나폴레옹 부대는 기마병을 중심으로 힘이 집중되어 두 부대 사이의 약한 고리를 끊고 들어갈 수 있었다. 그런 다음 적의 부대가 연합하지 못하도록 한 후 상대를 차례로 격파했던 것이다. 뾰족한 창날처럼 적진을 깊숙이 찌른 후 공격함으로써 적의 전력을 절반 이하로 약화시켰을 뿐만 아니라 적에게 공포심을 심어주기에도 충분했다.

위대한 정복자 칭기즈칸 역시 이 힘의 집중과 분산의 원리를 전장에 그대로 적용했다. 그는 빠른 몽골 기마병의 기동력을 이용, 적의 전선 여기저기를 공격하면서 상대를 혼란에 빠뜨렸다. 그런 다음 주력군을 한 방향으로 집중시켜 마침내 적진을 돌파하는 전법을 즐겨 사용했다.

힘의 집중 원리는 이순신이 보여주는 바와 같이 방어전에서도 위력을 발휘했다. 마라톤의 기원이 된 페르시아와 아테네의 마라톤 전투, 페르시아군은 약 1만 5,000명, 아테네군은 1만 1,000명, 병력뿐만 아니라 군사 개인의 전투력 면에서도 페르시아는 아테네를 압도했다. 누가 보아도 공격하는 페르시아의 낙승으로 보였다.

바로 이 순간 아테네군은 기발한 방어 태세를 들고 나왔다. 그것은 자신의 방패로 자신만 보호하는 것이 아니라 옆 사람도 함께 보호하도록 했던 것이다. 즉, 방패의 절반은 자신을 가리고 나머지 절반은 옆 군사를 가리게 했다. 이렇게 방패를 겹치게 하자 군사들은 더욱 밀착하게 되었다. 페르시아군이 공격을 해도 이 밀집 대형은 흩어지지 않았다. 이 전투에서 페르시아군은 6,000여 명이 전사하고 아테네군은 200명이 희생하여, 방패를 붙인 아테네군이 대승하였다. 힘의 집중은 생각보다 훨씬 강력한 힘을 발휘하는 것이다.

우리 조상들도 이런 힘의 집중 원리를 체득하고 있었다. 고구려의 대중국 방어 전략은 농성籠城 전략이었다. 견고한 성을 쌓고 대군을 맞아 군건히 지키는 전략을 즐겨 사용했다. 성이라는 좁은 지역에 모든 전력을 집중한 채 적을 맞았던 것이다. 이는 수·당의 대군을 효과적으로 막았다.

전략이 필요할 때, 지금 바꿔라

초등학교 시절, 다방면에서 두각을 드러낸 사람이 있다. 공부도 잘하고 운동도 잘하고 미술대회나 백일장 같은 데 나가서 심심찮게 상도 받았을 것이다. 그런데 지금도 그러한가? 여전히 팔방미인인가? 혹시라도 하는 일마다 제대로 되는 일이 없는 건 아닌가. 틀림없이 잘할 수 있다고 생각하고 덤볐는데 번번이 결과가 시원찮은 것은 아닌가.

만약 그렇다면 틀림없이 힘이 분산되었을 것이다. 이것도 찔끔 저것도 찔끔, 아니라고 부정할지 모르지만 자신의 모든 역량을 쏟아부어 한 군데 집중하지 못한 것이 패착일 것이다. 바꿔야 한다. 지금이라도 전략적으로 사고하고 전술적으로 힘을 집중해야 한다.

그저 그런 상품 백 가지보다 한 가지 일류 상품을 만드는 회사가 살아남는 세상이다. 그것도 갈수록 더욱 세분화·전문화되고 있다. 분산된 힘은 더 이상 힘이 아니다. 물론 분산해야 할 시점도 있을 것이다. 때에 따라서는 힘을 분산, 시기를 기다려야 할 때도 있다. 그러나 이것도 결국은 집중을 위한 준비 단계라는 것을 잊어선 안 된다.

이순신 장군이 명량을 선택한 이유, 그것은 조류를 이용하려는 이유도 있었겠지만 그보다 명량이야말로 아군의 힘을 저절로 집중시킬 수 있는 곳이라 믿었기 때문이다. 그 시점에서 조선 함대에 힘을 집중해야 한다고 아무리 말로써 명령을 내려봐야 제대로 먹혀들었겠는가? 이순신은 힘을 분산하려야 할 수 없는 곳을 선택했던 것이며, 여기에 위대한 전략가로서 그의 진면목이 있는 것이다. 부디 집중하라! 힘과 전력을 분산시키지 마라. 나 자신의 능력도 분산시키지 마라. 방패를 붙이면 더욱 견고하다.

판옥선과 안택선

폭 14미터 길이 약 30미터, 엄청난 크기였다. 16개의 노와 64명의 격군이 움직이는 전함, 바로 조선의 판옥선이었다. 높은 갑판에는 최대 20문의 총통이 설치돼 있었으며 포수 외에도 활을 쏘는 사수들도 배치돼 있었다.

널따란 갑판 위에는 누각을 만들어 지휘소로 사용했다. 갑판에 집을 지은 구조, 그래서 판옥선板屋船이라 불렸다. 임진왜란 당시 이순신 함대의 주력 전투선인 판옥선, 일본의 대형 전선인 아다케부네安宅船와 크기는 비슷했으나 성능은 압도적이었다. 또한 일본군의 주력 전투선이었던 세키부네関船보다 훨씬 크기가 컸기 때문에 전투 능력에서도 비교가 되지 않았다.

판옥선 이전 조선 전기의 전함은 대맹선, 중맹선, 소맹선 등 세 종류였다. 전국적으로 이들은 약 1,000여 척이 존재했다. 그러나 이들 맹선은 군용과 조운을 겸용하는 선박이었다. 즉 유사시에는 전투선으로, 평시에는 쌀 등 조세를 실어 나르는 수송선 역할을 했다. 이러다 보니 아무래도 전투 능력은 떨어질 수밖에 없었다. 특히 중종 대와 명종 대의 삼포왜란, 을묘왜변 때 제대로 구실을 하지 못했다.

"새로운 전투함을 개발하라!" 이런 필요성에서 1555년(명종 10년) 획기적인 군함이 등장했으니 이것이 판옥선이었다. 예전의 맹선은 선체 안에 병사들이 발을 붙이고 싸울 수 있도록 적당한 높이에 갑판을 깔고, 배를 움직이기 위해 여러 개의 노를 달아놓는 평선平船인 데 반해, 판옥선은 선체 위 전면에 걸쳐 상장上粧, 즉 나무판자로 만든 담장을 둘러 2층으로 만든 옥선이었다.

판옥선의 가장 큰 특징 중 하나는 선체 하부가 평저선이라는 점이다. 즉 배 밑바닥을 대바구니처럼 평평하게 만들었다. 이렇게 하는 것이 우리의 남서 연안 바다에 적합했기 때문이다. 밀물 썰물 차이가 큰 남서해안, 바닷물이 빠져나갈 경우 판옥선은 갯벌에 그대로 앉았다가 물이 차오르면 그대로 떠올랐다.

반면 일본 배들은 밑바닥이 뾰족하게 생긴 첨저형인 안택선이었다. 첨저형은 배가 바다에 깊이 잠기기 때문에 파도가 거친 대양을 항해하는 데 유리했고, 속도도 빨랐다. 대신 밀물 때는 바닷물을 따라 나가야 했다. 갯벌에 그대로 정박했다가는 바람이 불면 옆으로 자빠질 수 있는 구조였다. 또한 첨저형은 회전반경이 큰 약점이 있어서 방향을 돌리는 데 시간이 오래 걸렸다.

절이도해전
끝까지 포용하라

　　1598년 7월 18일, 이순신 함대가 완도의 고금도에 주둔하고 있을 때 일본 전선 100여 척이 고흥의 녹도를 침공했다.

　　당시 이순신은 85척의 판옥선을 보유하고 있었다. 10개월 전 명량대첩 때의 12척에 비하면 엄청난 함대였다. 여기에는 이순신의 독려와 조선 수군의 노력 외에 백성들의 전폭적인 지원이 숨어 있었다. 일본군도 100여 척의 함대를 동원, 고금도에 주둔하고 있는 이순신 함대를 노리고 녹도를 먼저 공격해올 정도로 전력을 회복하고 있었다.

　　이순신은 즉각 함대를 출동, 고흥반도와 장흥 사이에 있는 금당도에 진을 쳤다. 그러고는 녹도와 금당도 사이의 절이도에 척후선을 파견, 적의 동태를 살피게 하였다. 이 출동에는 진린의 명나라 수군도 함께 출전했다.

　　다음 날 새벽, 100여 척의 일본군 전선이 금당도의 조선 수군을 공격하기 위해 녹도를 출발했다. 척후장 녹도 만호 송여종이 이를 즉시 이순신에게 알렸고 이순신은 함대를 이끌고 절이도 앞바다에서 일본군과 조우, 교전을 벌였다. 이 교전에서 조선 수군은 적선 50여 척을 불태웠다. 그리고 적의 수급 71개를 벴다. 빛나는 전과였다.

　　이때 명나라 도독 진린은 전투에 직접 참가하는 대신 군사들과 멀찍이서 관망만 한 것으로 전한다. 문제는 해전이 끝난 다음 벌어졌다. 전공이 필요했던 진린은 이순신에게 일본군 수급을 요구했다. 이순신은 진린에게 수급 40개, 또 다른 명나라 장수에게 수급 5개를 주었다. 그리고 자신은 26개를 벴다고 장계에 올렸다.

　　그런데 이 사실이 그만 문제가 되고 말았다. 명나라 안찰사가 이 사실을 알게 된 것이다. 안찰사는 조선 조정에 사실 규명을 요구했다.

이에 이순신은 두 개의 장계를 조정에 올렸다. 즉 하나는 가장계(거짓 장계)로 진린이 수급 40개, 자신은 26개를 수습했다는 내용이었다. 이것은 조선 조정이 명나라 안찰사에게 보여주어 진린이 벌을 받지 않도록 하기 위한 것이었다.

또 하나는 실장계(진짜 장계)를 올려 진린에게 수급을 탈취당한 사실을 조정에 알렸다. 이 실장계는 조선 수군들의 불만을 무마하기 위한 것이기도 했다. 조선 장수와 수군들은 전투에서 땀 한 방울 흘리지 않은 명나라 도독이 수급을 40개나 요구하는 것을 보고 분통을 터뜨렸던 것이다. 이순신은 실장계로 보고하는 것으로 조선 수군의 사기를 고려했던 것이다.

절이도해전, 빛나는 전과와 함께 오만불손한 지원군 장수까지 포용한 이순신의 포용력이 빛나는 전투였다.

1차 예교해전
행동으로 보여라

1598년 9월 20일, 이순신과 명나라 진린의 연합 함대는 광양 앞바다의 유도에 도착했다. 그리고 순천 예교성의 고니시 유키나가 군을 공격했다. 본국으로부터 철수 명령을 받았던 일본군은 각지에서 돌아갈 준비를 서두르고 있었다. 순천 예교성의 고니시 유키나가 역시 마찬가지였다.

이순신은 이들의 철수를 막기 위해 유도에 진을 치고 예교성 공략에 나섰다. 다음 날 9월 21일 다시 출전, 그러나 적의 척후선 한 척을 나포하는 전과에 그쳤다. 예교성의 지형을 이용하여 굳건히 농성만 하는 일본군을 공격하기란 쉽지 않았다. 다음 날 9월 22일의 공격도 마찬가지였다.

약 일주일 동안 휴식을 취하며 전황을 살핀 이순신은 10월 2일 다시 예교성 공격에 나섰다. 이날의 전투는 치열했다.

일본군은 전선을 신성포라는 포구에 정박시키고 그 앞에 목책을 설치해두었다. 조선 수군들이 목책 제거에 나설 때마다 조총으로 집중 사격을 했다. 포구에 배를 감추고 그 앞에 장애물을 설치하는 것은 웅천해전 때와 양상이 같았다. 거제 장문포 전투 때는 일본군들이 뗏목으로 장애물을 설치하여 나름대로 효과를 보기도 했다.

전투는 치열했다. 오전 6시부터 정오 무렵 썰물 때까지 진행된 이 전투에서 이순신 휘하의 사도 첨사 황세득과 군관 이청일, 그리고 29명의 수군이 전사했다. 부상병도 속출했다. 이순신 휘하의 단위 지휘관과 군관이 전사한 것이다. 이는 매우 드문 일이었다. 한산도 안골포 등의 해전에서도 지휘관이 전사하는 일은 없었다. 적어도 이순신이 지휘할 때는 그랬다. 그만큼 이날의 전투는 치열했고 힘들었던 것이다.

이순신이 이렇게 고전한 데에는 명나라 육군 유정의 책임도 적지 않았다.

명나라 육군은 전투가 벌어졌는데도 예교성을 공격할 생각은 않고 멀찍이서 관망한 것으로 전해진다. 이것을 바라본 이순신의 울분은 짐작하고도 남는다.

직접 전투를 참관했던 이덕형은 명나라 제독 유정이 공격 명령도 내리지 않고 후퇴 명령도 내리지 않았다고 기록하고 있다. 그들에게 이 싸움은 강 건너 불구경에 지나지 않았던 것이다.

그러나 이순신은 최선을 다해 싸웠다. 적지 않은 희생을 치르면서도 끝까지 전투를 수행한 이순신, 그는 어쩌면 명나라 제독 유정에게 전투를 통해 자신의 간절함을 보여주려 했는지 모른다. 실제로 다음 날 유정은 이순신에게 서한을 보내 예교성을 함께 야습하자고 했다. 행동으로 보여준 이순신에게 감화를 받은 것일까.

16
예교해전

1. 승리는 굴욕의 눈물을 먹고 자란다

1598년 10월 3일, 이순신의 조선 함대는 순천 앞바다 유도에 임시로 주둔하고 있었다. 이미 계절은 늦가을, 바닷바람이 제법 차가웠다. 해 질 무렵, 1만 6,000여 조선 수군이 바닷가에 정렬했다. 또다시 출전 명령이 내린 것이다. 목표는 순천에 있는 예교성. 지난 9월 20일 이후 다섯 번째, 명나라 제독 유정이 전투를 외면했던 다음 날이었다.

전열을 가다듬고
"전군 승선하라!"
이순신의 명령이 떨어지자마자 조선 수군들은 각자 자신의 판옥선에 올랐다.
"닻 들어라!"
85척의 판옥선에서 물기 머금은 거대한 닻이 끌어올려졌다.
"돛을 올려라!"
곧이어 각 판옥선의 돛이 오르고 이내 돛은 팽팽하게 바닷바람을 안기 시작했다. 이순신은 천천히 함대를 순천을 향해 항진시켰다. 이순신은 첨자진을 펼친 채 항진하는 조선 함대를 그윽이 바라보았다. 85척의 함대는 지난 일 년, 그와 조선 수군의 피땀의 결실이었다. 기적 같은 승리를 일군 명량해전 이후 일 년여, 이순신은 혼신을 다해 조선 수군을 재건했다. 명량해전 직후 이순신은 함대를 목포 앞 보화도로 옮겼다. 보화도에 수군 기지를 건설한 후 전선 건조에 박차를 가했다. 보화도 주둔 약 4개월 동안 이순신은 30여 척의 판옥선을 건조했다. 한겨울 동안 이루어진 작업이었다.

어느 정도 군세가 회복되자 이순신은 기지를 완도의 고금도로 옮겼다. 그것이 1598년 2월의 일이었다. 이 무렵 전남 순천에는 일본군 고니시 유키나가가 주둔하고 있었다. 사실상 적의 본거지였다. 고흥의 고금도에서 이순신은 약 5개월 동안 다시 조선 수군의 재건에 박차를 가했다. 여기에서 이순신은 40여 척의 판옥선을 더 건조했다. 그렇게 해서 지금 조선 수군은 판옥선 85척의 당당한 함대가 되었던 것이다.

이순신의 조선 함대 옆에는 또 다른 함대가 항진하고 있었다. 대선 25척과 중선 70여 척의 대함대였다. 그들은 도독 진린이 지휘하는 명나라 수군이었다. 명나라 수군, 그들이 조선군과 연합 작전을 펼치기 시작한 지 4개월이 지나고 있었다. 전쟁이 막바지로 치닫고 있던 1598년 명나라군이 다시 전선에 투입되었다. 그중 명나라 수군은 도독 진린을 지휘관으로 5,000여 병력이 이순신 진영에 합세했다.

또 하나의 짐, 명나라군

그러나 명나라 수군의 합세는 이순신에게 또 하나의 짐이었다. 명나라 도독 진린은 매우 오만불손했다는 기록이 여러 곳에 보인다. 조선의 지방관을 구타하기도 했으며 벼슬아치의 목에 새끼를 매고 끌고 다녔다는 기록도 남아 있다. 명나라 군사 역시 마찬가지였다. 개전 초부터 그들은 육해군을 막론하고 조선에 엄청난 민폐를 끼쳤다. 약탈, 살인, 방화, 폭행이 수도 없이 자행되었다. 진린의 명나라 수군 역시 마찬가지였다. 이들을 먹이고 재우는 일은 모두 조선군의 부담이었다. 처음 진린을 맞이했을 때 이순신은 그를 위해 잔치를 베풀었다. 진린은 흡족해하는 듯했다.

이순신은 명나라 수군의 뒷바라지에 최선을 다했다. 조선 수군의 군량미를 풀어 명나라 군사를 먹였다. 조선 수군은 굶주려도 명나라 군은 든든히 먹였다. 조선 수군 사이에는 불만의 분위기가 팽배했다. 그러나 이순신은 묵묵히 명군의 뒷바라지에 최선을 다했다. 만에 하나 명나라 군사와 진린이 전투를 피하거나 이순신의 활동을 제약하는 일이 일어나지 않도록 세심히 배려했다. 이순신에게는 고통의 시간이었다. 스스로 제 나라를 지키지 못한 것이 죄라면 죄였다.

시간이 갈수록 명나라군의 약탈 행위는 도를 지나쳤다. 인근 백성들의 원성이 높았다. 명나라 군사들이 조선군에게 가하는 행패도 날로 심해졌다. 마침내 이순신은 결심했다. 그는 명나라군 주변의 조선군 막사를 모두 철수하라고 지시했다. 이 소식을 들은 진린이 이순신에게 연유를 물었다.

"소국(조선)의 백성들은 천장(명나라군의 대장: 진린 도독)이 오자 부모처럼 우러렀소. 그러나 지금은 천병들의 노략질이 심해 모두 도망가려 하니 대장인 나 혼자 남을 수 없어 나 역시 배를 타고 다른 곳으로 옮기려는 것이오."

그러자 진린은 명나라 군사들 중에 약탈 행위가 심했던 군사를 처형하기도 했다. 그렇다고 해서 이들의 태도가 바뀐 것은 아니었다.

이즈음 고흥의 절이도로 일본군이 쳐들어왔다. 명량해전 이후 본격적인 해전이 다시 시작된 것이다. 이순신은 이 해전에서 적선 50여 척을 불태우고 적의 머리 70여 개를 베었다. 대단한 전과였다. 이제 조선 수군이 완전히 재기했다는 것을 말해주는 해전이었다.

이순신은 수습한 적의 수급 중에서 40여 개를 진린에게 주었다. 이때 진린의 함대는 직접 전투에 참가하지 않고 멀리서 참관만 한 것으로 전한다. 그런데도 이순신은 그에게 수급을 주면서 달랬던 것이다. 명목상의 조·명 연합군 작전권은 도독 진린에게 있었다. 그가 협조하지 않는다면 이순신의 행보가 매우 어려워질 것이기에 이순신은 장수들의 반대에도 불구하고 진린을 회유하기 위해 조선 수군보다 더 많은 수급을 주었던 것이다. 이순신과 조선 수군으로서는 치욕적인 일이었다. 진린에게 바친 전공, 그것은 조선 수군 목숨의 대가였던 것이다.

전쟁은 막바지로 치닫고

그러던 1598년 8월, 드디어 도요토미 히데요시가 죽었다. 일대를 풍미하던 풍운아요 조선으로서는 불구대천의 원흉인 그도 세월을 이기지 못했던 것이다. 모든 영화가 이슬 같다는 절명시를 남긴 채 도요토미 히데요시는 죽었다. 그는 죽으면서 조선에 있는 모든 일본군의 철수를 명령했다. 전황은 급박하게 변했다. 이제 일본군에게는 안전 철수라는 과제가 생긴 것이다. 이때 고니시 유키나가의 일본군은 순천의 예교성에 주둔하고 있었다. 전선 100여 척에 1만 5,000여 병력이었다. 이들도 철수를 서둘렀으나 문제는 바다를 봉쇄하고 있는 이순

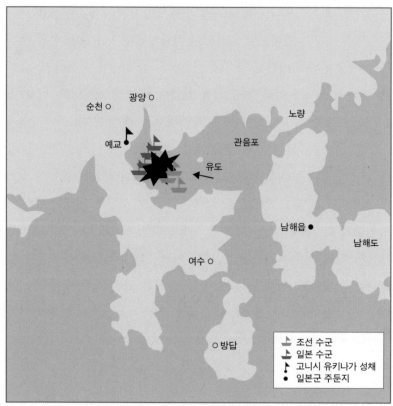

예교해전 명나라 육군의 비협조로 어려운 싸움을 진행했다.

신이었다. 더구나 명나라 육군 유정부대까지 순천 예교성을 압박하고 있었다. 이제 고니시 유키나가의 운명은 끝장난 것처럼 보였다. 명나라 육군과 조·명 연합 수군이 합동으로 예교성을 친다면 그 결과는 보지 않아도 뻔했다.

그러나 명나라 지휘부의 태도는 애매했다. 어쩐 일인지 명나라 육군 제독 유정은 순천성 공격에 적극적이지 않았다. 진린 또한 이순신의 출전을 은근히 방해하고 있었다. 당시 진린의 수군은 병력 5,000여 명에 대선 25척, 중선 70여 척이었다. 그러나 배의 전투력은 조선 판옥선에 비해 형편없었다. 진린은 자신의 군세로는 조선 수군을 제압하면서 전투를 주체적으로 치를 수 없다고 판단한 듯했다. 더구나 앞선 전투에서 수급 40여 개를 얻었는데, 그만한 전과를 올릴 수도 없을 것 같았다. 명나라군은 차라리 일본군이 그냥 철수하는 것을 원했는지도 모른다. 명나라 육군이 전투에 소극적인데도 불구하고 이순신은 예교성의 고니시 유키나가를 치기 위해 출전을 감행했다.

1598년 9월 20일, 21일, 22일, 그리고 10월 2일, 그리고 오늘 10월 3일의 출전까지. 그러나 명나라 육군 제독 유정은 번번이 협공 약속을 어겼다. 마지막 전투에서는 아예 예교성에서 철수를 해버렸다. 육군과의 협공이 없는 상태에서 전투는 힘겨웠다.

드디어 저 멀리 어둠 속에 솟아 있는 예교성이 눈에 들어왔다. 이미 일본군 척후선 몇 척은 조선 함대를 보자마자 예교성으로 뱃머리를 돌려 퇴각해버린 후였다. 이순신은 새삼 예교성을 바라보았다. 예교성은 어둠 속에서 거만하게 솟아 있었다.

예교성은 천혜의 요충지였다. 바다가 육지로 깊숙이 들어간 곳의 높은 언덕에 예교성은 자리 잡고 있었다. 예교성은 높고 바다는 낮았다. 더구나 예교성은 삼면이 바다로 둘러싸여 있었다. 얼핏 수군이 공격하기 좋아 보이지만 그것이 아니었다. 바로 예교성을 둘러싼 바다가 문제였다. 이 바다는 얕고 갯벌이 넓게 형성되어 있었다. 따라서 이순신 함대는 밀물 때만 공격하고 물이 빠지면 철수할 수밖에 없었다.

일본군은 절대 바다로 나오지 않았다. 성문을 굳게 걸어 잠근 채 원거리 사격으로 대항했다. 전선은 예교성 옆에 호를 파고 깊숙이 감춰두었다. 따라서 이순신 함대는 일본 전선에 직접 공격하기 위해서는 적진 깊숙이 전진해야 했다. 육지의 공격을 감수하면서 적선을 공격해야 했던 것이다. 밀물 때를 맞춰 쳐들어갔다가 썰물이 되면 후퇴하는 지리멸렬한 전투가 그동안 계속되었다.

'과연 명나라 육군 유정 제독이 약속대로 협공을 해줄 것인가?'

10월 3일, 유정은 육지에서 공격하겠으니 조·명 연합 수군도 바다를 통해 공격하라는 연락을 해왔다. 이순신은 이 약속을 믿고 출전했다. 한편 이즈음 명나라 육군 제독 유정과 수군 도독 진린 사이에는 보이지 않는 알력이 있었다. 즉 누가 더 많은 전공을 세우는지를 두고 보이지 않는 경쟁을 하고 있었다. 따라서 진린은 유정보다 먼저 고니시 유키나가를 잡고 싶어 했다. 이순신은 이것을 경계했다. 이순신은 진린에게 예교성 앞바다는 갯벌이 넓으므로 지나치게 깊숙이 들어가면 안 된다고 충고했다. 깊숙이 들어갔다가 썰물을 맞춰 빠져나오지 못하면 전함들이 갯벌 위에 얹히게 될 것이다. 그렇게 되면 일본군에게 꼼짝없이 당할 수밖에 없다고 충고했던 것이다. 그러나 당시 진린은 어쨌든 상륙해서 유정보다 먼저 예교성으로 들어가 고니시 유키나가를 잡을 생각뿐이었다.

명나라군의 위기, 그러나 구해야 한다

"전 함대 공격하라!"

드디어 이순신이 공격 명령을 내렸다. 전투는 오후 8시경부터 자정까지, 약 네 시간 정도 진행되었다. 조선 수군은 용맹하게 싸웠다. 이순신 함대의 포격이 예교성 곳곳을 파괴했다. 심지어 고니시 유키나가가 머물던 천수각까지 조선군의 장군전이 파괴했다. 일본군의 저항도 필사적이었다. 선택의 여지가 없는 싸움이었다. 이제 일본군은 살아남기 위해 싸우고 있었다. 이순신은 적의 철수를 막기 위해서는 적선을 파괴해야 한다고 생각했다. 배가 없는 그들은 예교성에 고립될 수밖에 없을 것이고 그렇다면 올겨울을 넘기지 못할 것이라 판단했다.

"적선을 파괴하라! 적선을 끌어내라!"

조선 함대 일부가 일본군의 전선이 정박하고 있는 신성포로 접근했다. 신성포는 예교성 옆에 있는 깊숙한 포구였다. 일본군은 포구에 진지를 설치하고 저항했다. 조선군은 포구와 예교성의 협공을 받으면서도 끈질기게 적선을 향해 접근했다. 그리고 포격으로 10여 척의 적선을 파괴했다. 그때 명나라 도독 진린은 예교성을 향해 상륙을 감행하고 있었다. 이미 물이 빠지기 시작하는 상황이었다. 이순신은 퇴각 신호를 보냈으나 진린은 막무가내였다. 오로지 전공만을 생각해서 위험하기 짝이 없는 상륙을 시도하고 있었던 것이다.

그러나 결과는 참담했다. 미처 육지에 닿기도 전에 명나라 전선들은 갯벌에 갇히고 말았다. 배가 갯벌에 갇히는 것, 그것은 맹수가 덫에 걸린 것이나 다름없었다. 그대로 두면 일본군의 근접 공격에 전멸할지도 모르는 상황이었다.

이순신은 결단을 내려야 했다. 진린을 두고 그냥 퇴각할 것이냐, 아니면 그들을 구할 것이냐 만약 그들을 그대로 두고 퇴각한다면 책임을 면하기 어려울 것이었다. 어쨌거나 진린은 조·명 연합군의 수장이었다. 이순신은 자신의 퇴각 신호를 무시한 진린이 야속하기까지 했다. 전공에 눈이 어두워, 그리고 자신이 주장이라는 자만심으로 스스로 위험을 자초한 진린, 더 지체하다가는 조선 함대들도 갯벌에 갇힐 우려가 있는 절체절명의 순간, 이순신은 마침내 결단을 내렸다.

"진 도독을 구하라!"

이순신은 판옥선 7척을 진린에게 접근시켰다. 판옥선은 배가 높아서 갯벌에 갇히더라도 하나의 성처럼 어느 정도 버틸 수 있으리라 판단했다. 명령을 받은 조선 수군은 이미 물이 빠진 갯벌 쪽으로 배를 몰았다. 자살 행위나 다름없었다. 배에서 내린 일부 조선군은 사력을 다해 명나라군의 배를 밀었다. 기회를 포착한 일단의 일본군들이 성을 빠져나와 갯벌로 진격해왔다. 그들은 조총과 활을 쏘며 진린을 구하기에 여념이 없는 조선 수군을 공격했다. 일부는 배에 갇힌 명나라 군사들을 도륙하기 시작했다. 배에 갇힌 명나라 수군은 일본군의 파상 공격에 속수무책이었다. 진린은 간신히 조선 판옥선으로 옮겨 타 위기를 모면했다. 조선 수군의 헌신적인 구조 활동으로 진린은 목숨을 구할 수 있었다.

그러나 이 과정에서 명나라 수군은 엄청난 피해를 입었다. 대선 25척 중 19척이 파괴되었고 약 2,500여 명의 병력이 전사했다. 명나라 수군의 절반 이상이 무너진 것이다. 조선 수군도 120여 명의 전사자를 낸, 임진왜란 막바지에 만난 고전이었다.

2. 굴욕을 견뎌라

오만한 명 장수의 마음을 잡기 위해서라면

이순신은 여섯 차례에 걸친 예교성 전투를 스스로 평가하면서 '통분한다'고 했다. 그는 왜 통분痛憤했을까? 물론 뜻한 대로 순천 왜성의 고니시 유키나가 군대를 섬멸하지 못한 것이 가장 큰 이유일 것이다.

처들어갈 때마다 웅크리고 있는 얄미운 일본군, 그러나 이순신이 통분했던 이유는 다른 데 있지 않을까? 그는 명나라 수군을 최선을 다해 지원했다. 그러나 전투에서 그들은 변변한 전과를 올리지 못했다. 오히려 조선 수군의 작전에 걸림돌이 되었다. 진린이 무리한 상륙을 시도하다가 갯벌에 갇히게 되자 이순신은 구출을 명령한다. 이 과정에서 조선 수군의 피해가 적지 않았다. 자신의 작전대로 따라주지 않는 명나라군에 대한 분노가 그를 통분하게 했을 것이다.

그리고 또 하나, 이순신은 최선을 다해 명나라군의 군수품을 지원했다. 조선 수군은 굶주리고 민간인은 먹지 못해도 명나라군은 먹였다. 그 과정에서 겪은 고통은 이루 말할 수 없었다. 그런데도 명나라군은 전투에는 소극적이었다. 눈앞의 적은 급한데 정작 우군은 딴짓만 하고 있으니 얼마나 통탄할 일이었을까? 일본군에 대한 분노와 명나라군에 대한 분노, 그리고 희생당한 조선 수군에 대한 아픔에 이순신은 '통분'했던 것이다. 또한 자신에 대한 통분이기도 했을 것이다. 약소국 장수라 스스로 나라를 지킬 힘이 없는 장수로서 자신에 대한 울분이기도 했을 것이다.

예교성 전투 이후 이순신 함대는 일시 바다 봉쇄를 풀고 고금도로 귀환했다. 그러나 약 한 달 반이 지나, 순천의 일본군이 철수를 시도한다는 급보가 전해졌다. 이순신은 그들을 봉쇄하기 위해 출전을 감행했다. 그러나 이번에도 역시 진린은 소극적이었다. 다시 해상 봉쇄 작전에 들어가기는 했지만 진린의 반응은 미적지근했다. 적을 치자는 이순신의 제안을 번번이 거절했다.

이순신은 마지막으로 진린에게 승부수를 던졌다. 그것은 조선 판옥선을 제공하는 것. 이순신은 마지막 싸움을 앞두고 머뭇거리는 진린에게 판옥선 두 척을 주겠다고 했다. 모든 휘하 장수들이 펄쩍 뛰었다. 판옥선이 어떤 배인가. 일본군이 가장 두려워하던 조선 주력 전함이자 조선 수군의 피와 땀이 스민 배가 아닌가. 그러나 이순신은 고집을 꺾지 않고 진린을 찾아가 판옥선 두 척을 주겠다고 했다. 진린의 입이 함지박만 하게 벌어졌다. 그도 조선의 판옥선을 매우 탐내고 있었던 것이다. 자신들의 배와는 비교도 안 되는 크고 강력한 전함, 그것을 이순신이 주겠다는 것이 아닌가.

이순신의 이 결정을 장수와 군사들은 어떤 심정으로 바라봤을까. 차라리 명나라 수군을 먼저 치고 일본군을 치자는 사람은 없었을까. 이순신도 이런 분위기를 알았을 것이다. 그런데도 그는 판옥선을 진린에게 주었다. 이제 조선 수군의 판옥선은 85척에서 83척으로 줄어들었다. 전투에서 잃은 것이 아니라 오만하고 소극적인 연합군 장수를 위해 제공했다. 그것도 명분만 앞세우며 사사건건 조선 수군과 이순신 자신의 발목을 잡는 상대에게 준 것이다. 그날 밤 이순신은 남몰래 피눈물을 흘렸을지 모를 일이다. 마지막 해전 노량해전을 이틀 앞둔 날의 상황이었다.

차라리 굴욕을 즐겨라

세상에 쉽게 이루어지는 일은 없다. 자신이 목표한 바를 이루기 위해서 꼭 건너야 할 것이 있다. 바로 굴욕의 강이다.

시인 박목월은 '굴욕의 강을 건너 아버지가 왔노라'고 노래했다. 아홉 켤레의 신발이 뒹구는 댓돌을 올라서며 아버지는 그 아홉 켤레를 위해, 아홉 켤레의 가족을 먹여 살리기 위해 밖에서 갖은 수모와 굴욕을 견뎠던 것이다. 박목월이라면 어느 자리를 가도 '시인' 대접을 받으며 사람들로부터 존경을 받았으리라. 그런 분도 알게 모르게 굴욕의 시간이 있었던 모양이다. 습작시를 내놓고 조마조마하게 평을 기다리기도 했을 것이고, 이것도 시라고 썼느냐는 핀잔도 받았으리라. 쥐꼬리만 한 원고료를 위해 문예지 관계자에게 아쉬운 소리도 했으리라.

지하철이나 버스 속에 섞이면 그저 그런 사람들 중의 하나인 보통 사람들은 어떨까? 평범한 사람이 건너야 할 굴욕의 강은 훨씬 깊고 넓을 것이다. 그러나 건너야 한다.

과거는 잊어라! 배경이든 학교든, 가진 것이 얼마나 되든, 일단 잊어라! 그리고 진정으로 자신이 품은 뜻을 펼치고 싶다면 굴욕을 굴욕으로만 받아들이지 마라. 수모 앞에 기죽지 마라. 차라리 그것을 즐겨라. 세상이, 적이 얼마나 나를 더 비참하게 하는지 오히려 즐기며 받아들여라! 또한 언젠가는 이 굴욕을 고스란히 되돌려주겠다는 식의 값싼 감정에는 매몰되지 마라. 감당하지 못할 시험은 없으며 굴욕도 수모도 나를 단련시키는 훌륭한 교범일 뿐이다.

한 되짜리 그릇에는 한 되밖에 담지 못한다

한나라의 장수 한신은 때를 기다리기 위해 불량배들의 가랑이 사이를 기었다. 사람들은 그런 한신을 보고 모두 비웃었다. 그러나 그 굴욕의 세월을 견딘 한신은 마침내 자신의 뜻을 세상에 펼쳤다. 김춘추는 고구려에 구원병을 청하러 갔다가 첩자로 몰려 감옥에 갇히는 수모를 당했다. 김춘추가 어떤 인물인가. 그가 바로 나중에 백제·고구려를 통합하는 태종무열왕이다. 그러나 그는 구원병이라는 목적을 달성하기 위해 굴욕적인 청병 외교에 스스로 나섰던 것이다.

이순신의 숙적인 도요토미 히데요시는 젊은 시절, 주군이었던 오다 노부나가의 신발을 가슴에 품고 있다가 내놓은 일화로 유명하다. 아무리 주군이라지만 남의 신발을 가슴에 품은 채 온기를 간직하는 것이 쉽게 할 수 있는 일이겠는가? 그런데도 그는 가슴에 야망을 감춘 채 남의 비웃음을 견뎌냈던 것이다.

이순신은 갖은 횡포를 부리는 명나라 도독 진린을 묵묵히 받아들였다. 명목상 그가 작전권을 가지고 있었기 때문만은 아니다. 만에 하나 진린과 갈등을 겪게 되고 그것이 조·명 사이에 외교적인 문제로 비화한다면 왜적을 섬멸하겠다는 자신의 목적을 이룰 수 없다는 것을 이순신은 잘 알고 있었다. 자신이 뜻한 바를 이루기 위해 그는 판옥선을 바치는 수모와 굴욕까지 견뎠던 것이다.

한 되짜리 그릇에는 한 되밖에 담을 수 없다. 그 한 되에 어찌 자존심과 우월감만 담겠는가? 만약 내 그릇이 한 되밖에 안 된다면 그릇을 키워라. 이제는 수모와 굴욕도 담을 수 있는 공간을 마련하라. 거저 얻어지는 것은 없다. 굴욕의 강을 건너지 못한다면, 수모의 고갯길에서 주저앉고 만다면 아무것도 얻지 못할 것이다. 당장의 수모와 굴욕을 이기고 견뎌낼 때 성공할 수 있다.

17
노량해전

1. 바람 앞에 맨몸으로 설 때
비로소 인생의 주인이 된다

1598년 음력 11월, 순천 앞바다에는 긴장감이 팽팽했다. 어떻게든 살아서 돌아가려는 일본군과 그들을 끝내 살려 보내지 않겠다는 이순신의 조선 함대가 팽팽하게 대치하고 있었다.

고니시 유키나가는 이순신에게도 사자使者를 보냈다. 살아서 돌아가게 해달라는 것이었다. 이순신은 단호하게 거절했다. 그러나 문제가 생기고 말았다. 순천 왜성에 갇혀 있던 일본군 연락선 두 척이 명나라군 진영을 통해 빠져나갔다. 고니시 유키나가의 회유에 넘어간 진린이 일본군의 연락선이 통과하는 것을 묵인해주고 말았던 것이다. 이순신은 아연 긴장했다. 일본군 연락선의 임무는 뻔했다. 그것은 구원군 요청일 것이다. 이제 사천, 고성 등지에서 철수 준비를 하던 일본군들이 고니시 유키나가를 구하기 위해 달려올 것이다.

적을 살려 보내지 않겠다

이순신은 오히려 협공을 받게 된 상황이었다. 사천 등지에 모여 있는 적선은 최소 200여 척, 순천 왜성에는 1만 5,000여 명의 일본군이 있었다. 반면 조선 함대는 판옥선 83척에 명나라 전선 십수 척이 고작이었다. 만약 앞뒤로 협공을 당한다면 조선 수군 역시 큰 피해를 입을 수 있는 상황이었다. 어떻게 할 것인가? 이순신은 뒤에서 접근하는 적이 더 위협적으로 느껴졌다.

1598년 11월 18일, 늦은 오후, 이순신은 전군에 명령을 내렸다. 즉각 순천 앞바다 봉쇄를 풀고 전 함대를 노량으로 진격하도록 했다. 사천의 적이 순천 앞바다로 진격해올 수 있는 길은 두 갈래였다. 하나는 남해 섬 먼바다를 돌아 미조 상주 지금의 남해군 남면과 서면을 거쳐 오는 길이 있었고 또 하나는 가장 짧은 길인 노량으로 들어오는 길이 있었다. 보통의 경우 적은 가장 짧은 해로인 노량을 거쳐 올 것이다.

그러나 이순신은 신중했다. 함대의 일부를 미조 앞바다로 보내 혹시라도 아군의 허를 찌르기 위해 먼 길로 우회하는 적이 있는지 살피도록 했다. 그러고는 주력 함대는 노량으로 진격시켰다. 경남 하동과 남해가 마주 보는 좁은 뱃길, 남해대교가 놓여 있는 그곳이다. 많은 적을 감당하기 위해서는 역시 좁은 물길이 유리했던 것이다.

이미 바다는 칠흑처럼 어두워져 있었다. 별다른 탐조 시설이나 레이더 같은 첨단 시설이 없는 상태에서의 야간 항해는 위험이 뒤따랐다. 그러나 그런 점을 염두에 둘 여유가 없었다.

일본군도 마지막 격전을 위해 야간 항진을 하고 있을 것이다. 이순신은 최대한 침묵 항해를 지시했다. 열여드렛 날 달이 바다를 비추고 있었다. 이순신은 함대를 섬 그늘로 바짝 붙여 항진시켰다. 어느 전투나 마찬가지지만 누가 먼저 적을 발견하느냐, 그래서 누가 선제공격을 하느냐 하는 것은 매우 중요한 문제였다.

노량이 다가오고 있었다. 바다에는 팽팽한 긴장이 감돌았다. 이순신의 조선 수군은 1만 6,000여 명, 이때 명나라군은 이순신 함대와 한참 떨어져 있었다. 앞선 순천 왜성 전투에서 심각한 피해를 입은 명나라 수군은 전투력이 형편없이 떨어져 있었다. 그들은 구원병이라기보다는 차라리 이순신 함대의 짐이었다.

조선 수군들도 본능적으로 느끼고 있었다. 이것이 마지막 싸움이 되리라는 것을! 백전노장의 그들이었지만 긴장감은 어느 때보다 더했다. 적 역시 결사의 자세로 전투에 임할 것이다. 패하고 돌아가는 그들, 본국에서는 어떤 운명이 기다리고 있을지 모르는 상황, 만약 여기서 누군가가 이순신의 목을 가져간다면 그는 전쟁 영웅이 될 것이다. 비록 조선 명나라 정벌은 실패했지만 그들의 가장 큰 걸림돌이었던 이순신의 목을 가져간다면 그는 일약 영웅이 될 수도 있는 상황, 그래서 그들은 더 적극적일 것이다. 조선 수군의 목이라는 전리품을 챙길 수 있는 마지막 기회였다.

치열한 마지막 전투

이순신 역시 만감이 교차했다. 지난 7년, 숱한 목숨을 저 바다에 묻지 않았던가? 그 길고도 참혹했던 전란이 이제 끝나려 하고 있었다. 마지막 승전고를 울릴 수 있을 것인가? 이 전란은 나에게 어떤 의미로 남을 것인가? 전쟁 중에 자신의 분신과도 같았던 조선 수군을 모두 잃는 아픔을 당했다. 비록 자신은 백의종군의 몸으로 묶여 있었

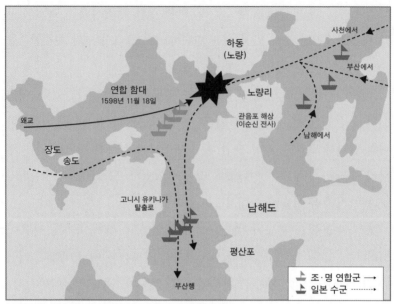

노량해전 이순신이 전사한 임진왜란 최후의 전투였다.

지만 지난해 여름, 조선 수군의 칠천량 참패 소식에 그는 아득한 절망
감을 느꼈다. 그리고 기적처럼 수군을 재건하여 이제 마지막 전투를
앞두고 있는 것이다.

　개인적으로도 전쟁은 그에게 시련을 안겨주었다. 어머니를 잃었고
사랑하는 막내아들을 잃었다. 지난 7년, 아니 무관이 되어 북방으로
떠돌던 저 30대 초반부터 20여 년, 그에게는 따뜻한 가정이란 없었다.
아랫목에 앉아 가족들과 저녁을 함께했던 적이 있기나 했던가? 이기
리라, 이겨야 하리라! 단 하나의 적도 돌려보내지 않을 것이다. 이 바
다를 가득 메운 원혼들을 달래기 위해서라도 저들을 그냥 돌려보내
지 않으리라. 이순신은 노량에서 기다렸다. 내일 아침이면 이 바다는
어떤 얼굴을 하고 있을 것인가. 달빛이 부서지는 저 바다 멀리, 일본

군의 선단이 검은 그림자로 나타나기 시작했다.

"방어래를 물려라!"

방어래는 군사들의 잡담을 막기 위해 입에 물리는 나뭇가지였다. 이순신은 섬 그늘에서 기다렸다. 이순신과 조선 수군들은 적을 기다렸다. 얼마나 많은 적이 몰려오는지 가늠조차 할 수 없었다. 드디어 일본군 선단의 앞머리가 노량의 좁은 물길로 접어들고 있었다. 일본군들은 사방에다 대고 조총 사격을 가하면서 다가왔다. 조선 수군을 발견한 것이 아니라 혹시라도 매복이 있을지 몰라 반응을 살피려는 의도로 보였다. 밤하늘을 찢는 듯한 조총 소리가 높았다.

"기다려라!"

이순신은 긴장하는 수군들을 진정시켰다. 드디어 총통 사거리까지 적의 함대가 들어왔다. 그러나 아직은 적 함대의 선두, 적의 허리를 잘라야 한다. 이순신은 기다렸다. 드디어 거대한 함대 무리가 노량의 한가운데로 들어왔다.

"방포하라!"

이순신이 낮고도 짧게 명령했다.

"방포하라!"

그러자 장수들이 이순신의 명령을 크게 복창했다. 조선 수군들의 손길이 바빠졌다. 화포장은 화약 심지에 불을 붙였다. 심지가 타들어가는 것과 동시에 이미 장전하고 있던 수많은 발사체가 밤하늘을 날았다. 대장군전과 장군전, 그리고 단석이 날아올랐다. 천지를 진동하는 방포 소리가 밤바다를 뒤덮었다. 이순신은 전 함대를 적의 허리를 향해 진격시켰다. 조선 판옥선의 포격을 받은 적함들은 허둥대기 시작했다. 조선 수군의 포격은 여전히 위력적이었다.

적선에 명중한 장군전과 단석들은 곧바로 적선에 타격을 입혔다. 일본군도 조총과 활로 대응사격을 했다. 그러나 조선 수군들은 전혀 위축되지 않았다.

"적의 허리를 잘라라!"

이순신은 곧장 근접전을 시도했다. 전에 없던 전술이었다. 거북선이 있을 때는 거북선을 적진 깊숙이 돌격시켰지만 지금은 판옥선밖에 없는 상황, 근접전은 포격전에 비해 아군의 피해가 늘어날 수밖에 없는 전법이었다. 그러나 노량의 좁은 바다에서 적을 완전히 섬멸하기 위해서는 근접전밖에 없다는 것을 이순신은 알고 있었다. 이순신이 바라는 것은 왜적의 전멸! 결국 근접전을 감행할 수밖에 없었다.

적의 함대는 선두와 후미로 분산되었다. 얼핏 보기에도 300여 척이 넘는 적선, 노량의 좁은 바다는 곧 치열한 접전장으로 변했다. 곳곳에서 조선 판옥선이 적선을 들이받는 소리가 났다. 우지끈 돛대가 부러지고 일본 전선의 뱃머리가 부서졌다. 일본군의 조총 사격에 조선 수군들도 쓰러져갔다. 이순신도 직접 활을 잡았다. 시위를 놓을 때마다 적이 쓰러졌다. 그러나 물리쳐도 물리쳐도 적은 줄어들지 않았다. 조선 판옥선으로 등선登船을 시도하는 일본군도 있었다. 판옥선 갑판에서는 처절한 백병전이 벌어지기도 했다. 조선 수군과 일본군은 한 덩어리가 되어 흘러가면서 싸웠다.

깊은 슬픔이 승전의 기쁨을 덮다

자정쯤 시작된 전투는 여명이 밝아올 때까지 계속되었다. 피아간에 사상자가 얼마인지 알 수조차 없었다. 다만 눈앞에 적이 있었고 그 적을 물리쳐야 한다는 생각밖에 없었다. 길고 긴 밤이었다. 옆에 있던 전우가 쓰러져갔다. 호령하던 장수가 전사했다. 적은 눈빛을 읽을 수 있을 만큼 가까이 있었다.

명나라 도독 진린은 전투 초반, 멀찍이서 지켜보기만 했다. 그러나 그도 장수였다. 용맹한 조선 수군들의 분투를 보고 그도 마침내 출전 명령을 내렸다. 그러나 진린은 곧 일본군에게 포위되어 위기에 빠졌다. 이순신은 일본군의 포위망을 뚫고 진린의 전선을 구해냈다. 진린은 새삼 이순신을 바라보았다. 저토록 뛰어난 장수가 어찌하여 조선에 났던가? 대국 명나라에서 태어났더라면 더 큰 영화를 누릴 수 있었으리라……

멀리 동녘 하늘이 밝아오기 시작했다. 전세는 기울고 있었다. 일본군은 퇴로를 찾으려 했다. 그들은 관음포로 몰려들어 갔다. 관음포는 남해 섬의 깊숙한 만이었다. 얼핏 보면 이 바다와 저 바다가 연결된 것처럼 보이지만 실제로는 물길이 막힌 곳이었다. 일본군은 그곳을 물길이 뚫린 곳으로 착각했다. 관음포로 몰려들어 간 일본군은 앞길이 막히자 최후의 발악을 하기 시작했다.

이순신은 천천히 전장을 둘러보았다. 이제 적의 주력군은 완전히 갇혔다. 저들만 섬멸한다면 이 전란은 우리의 승리로 끝날 것이다. 아침 해가 떠올랐다. 찬란한 빛이었다. 눈부시도록 찬란한 빛이었다. 이제 저 빛이 새로운 조선의 앞날을 밝혀줄 것인가.

"전 함대 총공격하라!"

이순신은 총공격 명령을 내렸다. 조선 수군들은 느낄 수 있었다. 이 싸움은 우리가 이겼다는 것을, 마침내 이 전란을 우리 손으로 끝낼 수 있다는 것을…… 조선 수군은 이순신 대장선 뒤를 따라 관음포로 돌격해 들어갔다. 마지막 힘을 내고 있었다. 관음포에 갇힌 일본군은 필사적으로 활로를 찾고 있었다. 일부 적선이 조선 수군의 포위망을 뚫고 나가고 있었다.

"잡아라! 단 하나의 적도 살려 보내지 마라!"

이순신은 직접 독전고 북채를 쥐었다. 그리고 북을 두드리기 시작했다.

그 순간이었을까. 도망치던 일본 전선의 후미에 조총수들이 배치되는 게 보인 것이. 뿌연 포연 속에서 일본군 조총이 이순신을 노리고 있었다. 혼전 중이라 아무도 눈치채지 못한 순간, 어쩌면 이순신은 자신을 노리는 적의 총구를 보았는지 모를 순간, 일본군 조총에서 불을 뿜었다. 그와 동시에 이순신은 가슴에 묵직한 통증을 느꼈다. 그리고 쓰러졌다. 즉각 조카가 달려오고 부장들이 달려왔다. 조선 수군들은 방패로 이순신을 둘러쌌다. 조카 이완이 이순신을 부축했다.

"숙부님……."

"싸움이 급하다. 나의 죽음을 알리지 마라."

이순신의 유언대로 그의 죽음은 즉각 알려지지 않았다. 조선 수군은 전투를 마무리하고 있었다.

정오가 되기 전, 노량 앞바다에 포성이 잦아들었다. 대신 조선 수군의 함성 소리와 감격에 겨운 눈물이 가득했다. 일본군은 수백 척의 피해를 남기고 퇴각했으며 순천 왜성에 숨어 있던 고니시 유키나가도 남해 먼바다를 통해 도망쳐버리고 말았다.

"장군, 이겼소이다. 우리가 이겼소이다."

사사건건 이순신의 발목을 잡던 명나라 도독 진린이 이순신의 대장선으로 다가왔다. 그러나 그는 곧 청천벽력 같은 소식을 들어야 했다. 이순신의 전사 소식이었다. 그 소리를 들은 진린은 세 번이나 쓰러지면서 이순신의 시신 곁으로 다가왔다.

이순신의 전사 소식은 곧 조선 수군 전체에 알려졌다. 승전고 높던 노량 관음포 바다에는 깊은 슬픔이 흘렀다. 조선 수군들은 갑판에 주저앉아 통곡했다. 승전의 기쁨보다 장군을 잃은 슬픔이 더 컸던 것이다. 우리 손으로 전란을 끝냈다는 자랑보다 어버이 같은 이순신을 잃은 슬픔으로 조선 수군들의 통곡은 오래도록 그칠 줄 몰랐다.

임진왜란을 통틀어 가장 길고 치열했던 노량해전, 조선 수군의 승전과 조선국의 승리, 그리고 이순신의 전사로 노량해전은 끝났으며 마침내 길고 길었던 임진왜란도 그 대단원의 막을 내렸다.

2. 인생은 스스로 완성하는 것이다

전란의 끝, 권력의 소용돌이에서

이순신의 최후, 그것은 우리 민족사에서 가장 극적인 장면 중의 하나였다. 그가 마지막으로 남긴 말,

"싸움이 급하다. 나의 죽음을 알리지 마라."

그렇게 이순신은 전사했다. 조선국朝鮮國 삼도수군통제사로서 제1선에서 적과 싸우다가 전사했다. 해군 최고 사령관이 전장에서 죽어간 것이다. 이순신이 죽고 그날로 임진왜란은 끝이 났지만 그의 죽음을 둘러싸고 숱한 논란이 있었다. 논란의 첫 번째 근거는 이순신이 전사 당시 갑옷을 입지 않았다는 것이다. 갑옷을 벗은 채 붉은 철릭만 입고 있었다고 전해진다. 전투가 한창인 때, 적과 바로 마주한 백전노장 이순신이 왜 갑옷을 벗었을까? 이를 두고 어떤 이들은 이순신의 자

살설을 제기하기도 했다. 죽고 싶었다는 것이다. 아니 자신은 오늘 이 자리에서 죽어야 한다고 판단했다는 것이다. 그 이유를 당시의 최고 권력자 선조와 연관해서 해석하는 시각이 적지 않다.

이미 선조로부터 두 번이나 백의종군을 명 받았던 이순신, 무군지죄, 즉 임금을 업신여겼다 하여 죽음 직전까지 내몰렸던 이순신, 과연 선조는 이순신을 어떻게 생각하고 있었을까. 조선 조정의 일부 대신들은 이순신을 어떤 존재로 여기고 있었을까.

전쟁 막바지, 임금과 조정 대신들은 전후 권력이 어떻게 개편될 것인지에 더 관심이 있었을 것이다. 전후 복구 문제를 거론하는 대신조차 없었다. 힘의 향방이 어디로 쏠릴 것인가, 선조와 왕세자 광해군의 관계는 어찌 될 것인가, 어느 붕당이 득세할 것인가가 더 큰 관심사였는지 모른다. 이런 분위기의 핵심에 이순신이 있었다. 본인은 의도하지 않았지만 이순신은 선조를 비롯한 조정 대신들의 주목의 대상이었다.

누가 뭐래도 이순신은 전쟁 영웅이었다. 그야말로 풍전등화의 나라를 오로지 혼자 막아내지 않았던가? 7년 내내 단 한 번의 패전도 없이 남해와 서해 바다를 굳게 지킨 덕에 종묘사직을 보존할 수 있지 않았던가? 더구나 이순신에게는 임금도 조정 대신도 갖지 못한 것이 있었다. 그것은 바로 민심이었다. 전란 내내 조선 백성들은 이순신을 따랐다. 이순신이 가는 곳에는 백성들이 구름처럼 몰려들었다. 적어도 이순신 옆에만 있으면 죽지는 않는다는 믿음이 그들에게 있었다. 임금도 조정 대신도 이것을 가장 두려워했을 것이다. 이순신이 전쟁 영웅이 되어 한양으로 개선하는 날이면? 더구나 이순신이 불측한 마음을 품고 1만 6,000여 조선 수군, 그 백전노장 강병을 이끌고 한강을 거쳐 한양으로 들어온다면 누가 그를 막을 수 있을 것인가.

나는 조선의 장수다

그렇다면 이순신은 무슨 생각을 했을까. 이순신의 생각은 단순했다. 눈앞의 적을 무찔러야 했다. 결코 적을 살려서 돌려보낼 수는 없었다. 지금 저들을 고스란히 살려 돌려보낸다면 내년 봄 또다시 쳐들어올지 모르는 일이었다. 이순신은 어디까지나 조선 수군 삼도통제사였다. 무인이었다. 무인은 적과 싸워야 하고 싸우면 반드시 이겨야 한다는 생각만이 그를 지배하고 있었다.

물론 이순신도 많은 생각을 했을 것이다. 장수들 중에는 더 이상 싸우지 말자고 건의하기도 했을 것이다. 이긴다 하더라도 조선 수군도 피해를 입을 것이다. 그럴 바에야 고니시 유키나가의 요구대로 길을 열어주는 것이 낫지 않겠느냐는 의견도 있었을 것이다.

임금과 조정이 자신을 의심하고 있다는 것도 알았을 것이다. 자신이 이 전쟁에서 영웅이 되는 것이 무한한 영광을 보장하지 않는다는 점도 알았을 것이다. 언젠가는 정치와 권력 투쟁의 희생물이 될 수도 있다는 것도 짐작했을 것이다. 그의 나이 54세, 세상의 이치를, 권력의 속성을 누구보다 잘 알 수 있는 연륜이었기에.

일부 역사학자들은 노량해전은 치르지 않아도 좋을 전투였다고 한다. 돌아가기를 간청하는 일본군을 그냥 돌려보낸다 해서 누구도 이순신을 원망하지 않았을 것이었다. 명나라도 조선 조정의 일부도 반대하던 전투가 아니던가. 그러나 이순신은 자기의 길을 끝내 외면하지 않았다. 그는 장수로서, 조선의 장수로서 마지막까지 자신의 임무에 충실했다. 운명 같은 자신의 길을 끝까지 걸어갔다. 그것은 아름다운 완성이었다. 그는 적과 싸웠고 그리고 이겼다. 그리고 전투의 막바지에 그는 전사했다. 그것으로 그는 영원의 삶을 살게 된 것이다. 만약 이순신이 마지막 노량해전을 피했다면 어찌 되었을 것인가. 그동안 이순신이 쌓은 모든 업적이 빛바래지는 않았을까.

나 자신의 길을 걸어라

마지막 순간까지 포기하지 않을 때, 자신의 원칙을 지키고, 자신의 길을 충실히 걸을 때, 그 사람의 인생은 완성된다. 오늘날 이순신이 우리에게 다시 울림을 주는 것은 고집스럽게 자신의 길을 걸어간 그 용기 때문이 아니겠는가? 세상의 수많은 의혹의 시선과 의심의 논리를 그는 간단하게 제압해버렸다. 자신을 향해 불어오는 바람에 맨몸으로 섰던 그 용기로 그는 스스로 인생을 완성했던 것이다.

일생을 살다 간 사람에게 남는 이름은 무엇인가. 사람들은 자신이 걸어온 길로 평가받기를 원한다. 정치인은 정치인으로, 경제인은 경제인으로 완성되기를 바란다. 그러나 자신의 길 위에서 아름다운 정점을 맞는 사람을 보기가 쉬운가. 한때는 화려했으나 말년은 비참했던 인물들이 얼마나 많은가. 숱한 정치가들이 살다 갔지만 정치에서 인생을 완성했다는 평가를 받는 사람은 드물다. 평생 기업을 꾸리며 경제인으로 살다 갔지만 훌륭한 경제인으로 평가받기는 쉽지 않다.

누구나 자신의 길 위에서 죽기를 원한다. 운동선수는 그라운드에서 쓰러지겠노라 장담한다. 그것은 그라운드에서 심장마비로 죽겠다는 뜻은 아닐 것이다. 가장 훌륭한 선수로 기억되기를 원한다는 말일 것이다. 그러기 위해 최선을 다하겠다는 다짐일 것이다. 자신의 일에 모든 노력을 경주하는 일, 그리고 마침내 가치를 남기고 죽는 것, 그것이야말로 인생의 완성일 것이다.

신은 공평하여 누구에게나 가치 있는 삶을 부여했다. 그것을 완성하는 것은 오로지 인간의 몫이다. 지금 나의 삶은 가치 있는 것인가? 그렇다면 그것의 완성을 향해 가라. 아무도 대신 갈 수 없는 좁고 고통스러운 그 길을 뚜벅뚜벅 걸어가라. 내 앞에 남아 있는 생, 그것의 주인은 나 자신이며 그것을 완성해야 할 의무가 나에게 있다.

지금도 바람은 분다. 피할 수도 없고 피해서도 안 된다. 나에게 불어오는 고난과 고통의 바람, 그 앞에 맨몸으로 서라. 그것이 진정한 용기이다.

이순신 영정.

이순신의 리더십

이순신에게 배울 것은 그의 리더십이라고들 한다. 그런데 무엇을 배
운단 말인가? 이순신은 이미 420여 년 전의 인물, 눈에 보이는 적과
싸워 이기는, 어쩌면 단순하고 원시적이기 그지없는 전투를 치렀다.
그런 이순신에게 훨씬 치열한 일상의 전투, 일상의 전쟁을 치르는 현
대인들이 무엇을 배운단 말인가? 차라리 이순신이 다시 부활하여 우
리에게 무언가를 배워야 하는 것은 아닐까? 우리가 역사 속 인물의
리더십을 살펴보는 것은 그가 가진 리더십을 몰라서가 아니다.

거의 모든 매체가 거의 매 시간 리더십을 쏟아내고 있는 오늘날,
우리가 모르는 리더십은 없다. 다만 역사 속의 리더십을 통해서 다시
확인하고 환기하자는 것이다. 그런 의미에서 420년 전 이순신의 리더
십은 21세기에도 유효하다.

어찌 보면 이순신 리더십은 간단할 수 있다.

첫째는 자신의 정체성에 투철했다는 것이다.

나는 조선의 장수다. 장수는 전장에 나가야 되고 나가면 이겨야
한다.

이순신은 이기기 위해 '올인'했다. 이기기 위해 부하들도 가혹하게 다루고 거북선도 만들고 수많은 작전을 짰다. 오로지 이기는 것만이 조선 장수 이순신의 임무였고 그는 여기에 충실했다.

또 하나, 부하들을 믿고 맡겼다. 전문가들을 믿었다는 것이다. 판옥선을 업그레이드하고 거북선을 창제할 때는 나대용이라는 인물에게 전적으로 맡겼다. 나대용은 말 그대로 배에 미친 민간인 과학자였다. 제 발로 찾아온 나대용에게 일을 시켜보고는 나중에 그에게 벼슬까지 준 이순신이었다. 남해안 지형과 물길에 대해서는 어영담과 이운룡 등에게 맡겼다.

이순신의 조방장 중에 정걸이라는 장수가 있었다. 처음 전라좌수사가 된 이순신, 고흥에 있는 정걸을 만났다. 당시 이순신 나이 47세, 정걸은 77세, 요즘 나이로 거의 100세에 가까운 노장이었다. 이순신의 하급군관 시절 정걸은 이미 조선 군사직의 요직을 다 거친 채 은퇴하여 고향 고흥에서 말년을 보내고 있었다. 이순신은 정걸에게 조방장, 요즘으로 치면 작전참모를 제안했다. 정걸도 대단했다. 30년 군 후배의 요청을 받아들였다. 전란 전에는 여수에서 이순신을 보좌했다. 이순신은 '영공'이라며 정걸을 극진히 대우했다. 정걸은 한산해전에서 부상을 입기도 했으며 다음 해에는 충청수사로 나갔다.

이순신 리더십 중에서 가장 빛나는 것은 소통이었다. 한산도에 가면 당시 장군이 군 작전사령부로 쓰던 건물이 있다. 제승당制勝堂, 처음 이순신이 붙인 이름은 운주당이었다. 운주運籌란 깊이 궁리한다는 뜻, 이순신은 그 궁리를 위해 주변 인물들과 늘 함께 의견을 나눴다. 생각해보라, 420여 년 전 이른바 봉건시대에 이순신의 마인드는 거기까지 가 있었던 것이다. 지금이야 리더들이 '모든 것을 함께하겠다'

라고 하는 게 너무나 평범한 가치관이지만, 그 옛날 엄격한 신분질서 속에서 더군다나 군 조직에서 전쟁 중에 장군이 이런 마인드를 가졌다는 것은 당시로서는 매우 파격적이고 새로운 것이었다.

이런 그의 마인드 덕분일까? 《난중일기》를 보면 곳곳에서 부하 장수들이 '찾아와서' '함께 이야기하고' '활을 쏘고' '술을 마셨다'는 기록이 곳곳에 나온다.

또 하나, 이순신은 '기준'을 바꿨다. 옛날 싸움에는 적의 머리를 베서 갖는 것이 매우 중요했다, 그 머리 개수로 전공을 인정해주기 때문이었다. 그러다 보니 배에 탄 모든 승조원이 적의 머리만 베려고 하여 조직력이 무너지기 일쑤였다. 포수도 사수도 심지어 노꾼까지도 적의 머리를 서로 가지려고 아웅다웅했다.

앞으로 적의 머리는 인정해주지 않겠다. 누가 가장 힘껏 싸웠는지, 누가 적의 배를 많이 깨뜨렸는지를 평가하겠다.

이렇게 기준을 바꾸자 각 판옥선마다 조직력이 되살아났고 전투력이 향상되었다. 기준 하나 바꾸는 것이 이렇게 중요했다. 21세기 지금은 아니 그러한가? 기준을 바꾸면 사람의 생각이 바뀌고 생각이 바뀌면 조직 문화가 바뀌고 나아가 사회와 국가가 달라지지 않겠는가?

또 하나 빼놓을 수 없는 것이 이순신의 장계다. 이순신은 전투를 치를 때마다 임금한테 장계를 올렸다.

삼가 적을 무찌른 일로 아뢰옵니다.

이순신의 첫 승전보는 '파옥포왜병장'이었다. 의주까지 도망가 있던 선조는 이순신의 첫 승전보를 접하고 감격했다. 즉각 이순신을 가선대부에 봉한다고 했다. 그런데 이순신의 장계가 매우 상세하다. 함대 출발 일자, 항해 시간, 적의 동태, 전투 상황 등이 매우 상세하게 기록돼 있다. 전과와 전리 품목도 빼놓지 않고 보고하고 있다. 특히 눈에 띄는 대목은 부하 장수들과 병사들이 올린 전과와 전공이었다. 누구는 적선 1척을 깨고 누구는 포로를 구출하고 누구는 적병의 목을 두 개 베고…… 이런 식으로 부하들의 전과와 전공을 낱낱이 실명으로 보고하고 있다. 그리고 왕이 멀리 있어 행정력이 미치지 못할 때는 자기가 먼저 공을 세운 부하들에게 포상을 한다고 보고했다. 나중에 선전관이 와서 이들에게 따로 포상을 하기도 했다. 부하들 입장에서는 멀리서 상만 내려준 왕보다는 뒤에서 옆에서 묵묵히 자신을 알아봐 주고 인정해준 이순신을 더 믿고 따를 수밖에 없었던 것이다. 바로 이런 점이 이순신 부대가 전투를 치르면 치를수록 더 강한 군대가 될 수 있게 했던 것이다.

이순신의 리더십, 우리가 모르는 리더십이 어디 있는가. 문제는 아는 것이 아니라 실천하는 것! 이순신은 자신이 인식했든 못했든 21세기 오늘날에도 여전히 유효한 리더십을 발휘하고 있었던 것이다. 이것이 여전히 우리가 이순신을 놓지 못하는 까닭이다.

불패의 리더
이순신

1판 1쇄 펴낸날 2014년 7월 30일
1판 3쇄 펴낸날 2017년 6월 10일

지은이 | 윤영수
펴낸이 | 조현주
펴낸곳 | 도서출판 하늘재

편집 | 이범수
북디자인 | 꼬리별

등록 | 1999년 2월 5일 제20-140호
주소 | 서울시 마포구 망원1동 384-15 301호
전화 | (02)324-2864
팩스 | (02)325-2864
이메일 | haneuljae@hanmail.net

ISBN 978-89-90229-42-7 03320
값 13,000원

이 도서의 국립중앙도서관 출판예정도서목록(CIP)은 서지정보유통지원시스템 홈페이지(http://seoji.
nl.go.kr)와 국가자료공동목록시스템(http://www.nl.go.kr/kolisnet)에서 이용하실 수 있습니다.
(CIP제어번호: CIP2014022180)